Buch

Im Jahr 2003, auf dem Höhepunkt seiner steilen Karriere, unternahm der renommierte Zürcher Herzchirurg Dr. med. Markus Studer einen spektakulären Spurwechsel. Gerade 57 Jahre alt geworden, tauschte er das Skalpell mit 460 Pferdestärken, den weißen Arztkittel mit einem blauen Overall, die begrenzte Welt des Krankenhauses mit dem weiten Ausblick aus der Fernfahrerkabine. Seither fährt er mit einem silbernen Stern an seiner Zugmaschine kreuz und quer durch Europa.
Der Autor Markus Maeder ließ sich vom Fernfahrer mit Doktortitel auf den Platz des Beifahrers bitten und kutschierte mit ihm von der Schweiz bis ans Mittelmeer und an die Nordsee. Dabei erlebte er den Alltag der Fernfahrer, die Kilometer fressen, um uns unseren gewohnten Alltag zu garantieren, hautnah mit.
Geschlafen wurde im Truck, geredet während der Fahrt, getankt dort, wo der Diesel am günstigsten ist. Die Verpflegung erfolgte am Steuer, in Lastwagenkneipen oder an einem der Plätze, die Dr. Studer während seiner 500 000 Kilometer, die er inzwischen durch ganz Europa gefahren ist, aufgespürt hat.

Autor

Markus Maeder, geb. 1945, studierte in Zürich Literatur und Geschichte. Nach Aufenthalten in Afrika, Indien und China arbeitete er als Redakteur beim Zürcher »Tages-Anzeiger« und führte bei zahlreichen Dokumentarfilmen fürs Schweizer Fernsehen Regie. Als freier Journalist schrieb er für die NZZ, »Das Magazin«, »Die Weltwoche« und »Die Zeit«. 1987 gewann er den Zürcher Journalistenpreis. Er schrieb Hörspiele sowie Beiträge für Sachbücher. Seit über zwanzig Jahren arbeitet er als freier Texter und Konzepter sowie als literarischer Ghostwriter.
www.nightwriter.ch

Markus Maeder

Vom Herzchirurgen zum Fernfahrer

Der Spurwechsel des Dr. med. Markus Studer

GOLDMANN

FSC Mix
Produktgruppe aus vorbildlich
bewirtschafteten Wäldern und
anderen kontrollierten Herkünften

Zert.-Nr. SGS-COC-001940
www.fsc.org
© 1996 Forest Stewardship Council

Verlagsgruppe Random House FSC-DEU-0100
Das FSC-zertifizierte Papier *München Super* für dieses Buch
liefert Arctic Paper Mochenwangen GmbH.

1. Auflage
Taschenbuchausgabe Juli 2010
Wilhelm Goldmann Verlag, München,
in der Verlagsgruppe Random House GmbH
Copyright © 2008 der Originalausgabe
by Wörterseh Verlag, Gockhausen
Umschlaggestaltung: UNO Werbeagentur, München
in Anlehnung an die Gestaltung der Hardcover-Ausgabe
(Thomas Jarzina, Holzkirchen)
Umschlagfoto: Marcel Studer, Zürich
Fotos im Bildteil: Matthias Just, Reutlingen,
mit vier Fotos von Markus Studer (gesondert gekennzeichnet)
Karte: Sonja Schenk, Zürich
KF · Herstellung: Str.
Druck und Bindung: GGP Media GmbH, Pößneck
Printed in Germany
ISBN: 978-3-442-15621-4

www.goldmann-verlag.de

*»Nur wer seinen eigenen Weg geht,
kann von niemandem überholt werden.«*

Marlon Brando

Niederlande

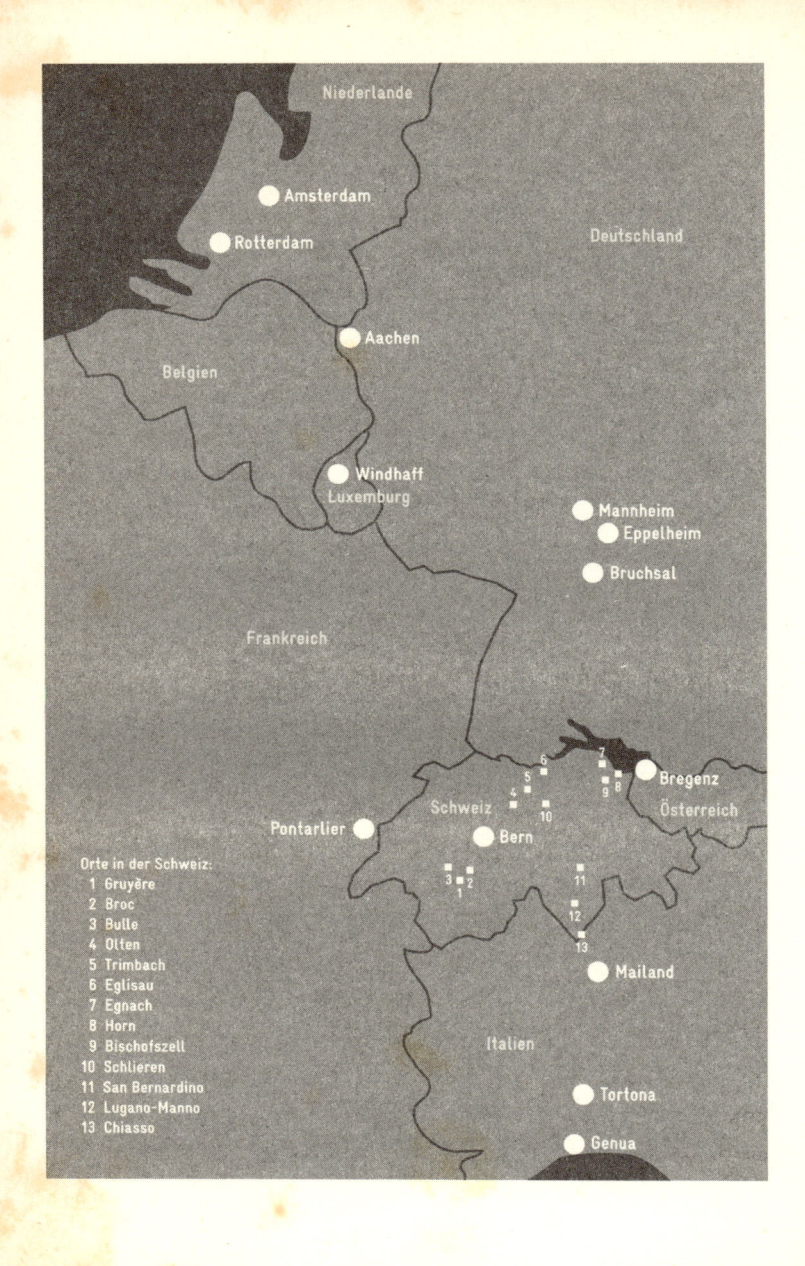

Amsterdam
Rotterdam

Deutschland

Aachen

Belgien

Windhaff
Luxemburg

Mannheim
Eppelheim
Bruchsal

Frankreich

Bregenz
Österreich

Pontarlier
Schweiz
Bern

Orte in der Schweiz:
1 Gruyère
2 Broc
3 Bulle
4 Olten
5 Trimbach
6 Eglisau
7 Egnach
8 Horn
9 Bischofszell
10 Schlieren
11 San Bernardino
12 Lugano-Manno
13 Chiasso

Mailand

Italien

Tortona

Genua

Inhalt

Vorspiel im Festsaal 9

Sonntagabend 12
Asphaltfresser

Montag.. 14
Lugano – Genua – Lugano · Lehrfahrt · Hobby und Beruf ·
Hafenromantik · Walo lädt ab · Torturen vor Tortona · Der
Traum vom großen Geschirr

Dienstag 49
San Bernardino · Nur noch bergab · Warten · Trucker-Elend

Mittwoch/Donnerstag/Freitag 68
Hauseckenfahrten · Tanken · Kunstfehler · Die Metapher
vom halb vollen Glas · Im Dschungel der Gesetze · Euroklassen, Lohndumping und Dieselabgaben · Wolfgang und
die »Drei Eidgenossen«

Samstag/Sonntag 97
Kleine Autobiografie · Aufstieg nach Samedan · Knochenschlosser Noldi Huggler · Zeitmanagement · Christiaan Bar-

nard und Ake Senning · Birmingham, Alabama · Das Herzzentrum Hirslanden · Ein Auto zur Belohnung · Mehr Power für eine Superzeit

Montag 124
Olten – Aachen · On the Road Again · Schlafapnoe · Rollen, plaudern · Downshifting. Paradigmenwechsel

Dienstag 154
Aachen – Amsterdam – Luxemburg · Fernweh · Seekrank · Filefrij · Steigungen, Neigungen · Windhaff

Mittwoch 183
Luxemburg – Gruyère · Plädoyer · Kleiner Zoll · Zwangspause

Donnerstag/Freitag 201
Gruyère – Eppelheim · La donna è mobile · Radio Googoo, Radio Gaga · Autobahn zurück in die Zukunft · Autohof

Das Nachwort 221

Vorspiel im Festsaal

»Zwanzig Jahre am Puls« stand auf der Einladungskarte. Es war ein herzlicher, würdiger Akt, mit dem der runde Geburtstag des Herzzentrums Hirslanden gefeiert wurde. Das Kongresszentrum Lake Side, direkt am See inmitten des größten Zürcher Parks, gab den gebührenden Rahmen ab. Damen und Herren in Kammgarn, Samt und Seide stießen in einem Frühlingsblumenmeer auf das Erreichte an. Es gab Champagner und Reden zum Thema Medizin im Spannungsfeld von Forschung, Qualität und Ökonomie. Jubiläen seien stets ein Anlass zu selbstbewusster Rückschau und Vorschau, erklärte der Leiter der renommierten Privatklinikgruppe: »Die Bilanzierung des Erreichten formt zusammen mit einem Blick zurück die Gegenwart und gibt die Gestaltung der Zukunft vor.« Wohin das bei jedem Einzelnen führt, ist das nicht eine der Fragen, die sich jeder mal stellt und selten gültig beantworten kann? Eine Frage, die sich einer der Feiernden einmal noch entschiedener als andere gestellt hat. Ohne dass der Name Markus Studer fiel, wandten sich die Blicke des großen Auditoriums verstohlen Richtung rechte vordere Mitte, wo ein stattlicher Herr aufrecht sitzend im dunklen Anzug die Beine übereinanderschlug.

Dann fasste der Redner die Daten und Fakten zusammen: »Kaum ein anderes Ereignis führt den erfolgreichen Werdegang und die heutige Präsenz des Herzzentrums Hirslanden so klar vor

Augen wie dieses Jubiläum. Während zweier Dekaden vermochten die Gründer und deren Nachfolger die ursprüngliche Idee eines Kompetenzzentrums für Kardiologie und Herzchirurgie auf einer privatwirtschaftlichen Basis erfolgreich umzusetzen und dem Herzzentrum dank höchstem Engagement und persönlicher Hingabe ein eigenes Gesicht zu verleihen und den Erwartungen von Medizin, Wissenschaft, Betriebsökonomie und Humanität gleichermaßen gerecht zu werden. Heute, nach zwanzig Jahren, zeigt sich das Herzzentrum als führendes und hoch qualifiziertes Unternehmen von beinahe einzigartigem Rang, das insbesondere von Kompetenz und Persönlichkeit gekennzeichnet ist.«

Das Publikum ließ sich die Preisung der Leistung, zu der die meisten persönlich beigetragen hatten, nicht ungern gefallen. Powerpoint rückte eine Reihe von Kurven und Tortendiagrammen in den Mittelpunkt des Geschehens. Die zugrunde liegenden Zahlen sprachen für sich. Innert kurzer Zeit war das Team der fünf Gründer auf über zwanzig Mitarbeiterinnen und Mitarbeiter angewachsen. Der Redner sagte: »So durften in den letzten zwanzig Jahren über 53 000 Patienten behandelt und 12 269 Herzoperationen, 32 012 Herzkatheteruntersuchungen, 11 138 perkutane koronare Interventionen mit 6451 Stenteinlagen sowie 1633 Schrittmacherimplantationen durchgeführt werden.«

Es erging ein Dank an alle, ohne deren Einsatz und Unterstützung eine solche Leistung nie hätte erbracht werden können. Nicht zuletzt an die treuen zuweisenden und weiterbetreuenden Kollegen. Zuallererst indessen an die fünf Herren Doktoren Gründungspartner. Der Redner fuhr fort: »Zu ihnen zählt seit der ersten Stunde der Herzchirurg Markus Studer.« Ein Räuspern, Köpfedrehen und Sesselrutschen ging durch den Saal. »Markus Studer spielte eine entscheidende Rolle in der Embryonalzeit des Zentrums sowie als sein Leiter in den letzten fünf Jahren seiner Tätigkeit.« Auf ein Handzeichen erhob sich der Geehrte. »Seine Leistungen sind nicht hoch genug einzuschätzen. Leider hat er uns nach sechzehn sehr erfolgreichen Jahren verlassen.« Markus Studer schaute in die Runde und verneigte sich mit Schalk im Blick. »Er hat sich vor vier Jahren entschieden …« – und schon ging ein zustimmendes Lachen durchs Auditorium. Applaus dem Helden, der seinem Herzen folgte und seine eigenen Wege ging.

Sonntagabend

Asphaltfresser

»*Ich weiß das Datum noch so gut wie meinen Geburtstag. Am 16. Februar 1987 eröffneten wir das erste integrale Herzzentrum in Europa: ein Meilenstein in meinem Leben. Wenn ich noch ein zweites Mal Geburtstag hatte, dann am Tag, als ich in meinen Sattelschlepper umstieg. Am 1. Mai 2003 bin ich Meilenfresser geworden.*«
Markus Studer

Eine Fahrt vom Mittelmeer an die Nordsee ist kaum ein Ereignis, aber wenn vor dem Fenster ein Leben vorbeizieht, oder zwei, kann man doch einen Blick darauf werfen, besonders aus der höheren Warte eines Sattelschlepperfahrers. Das Geschirr, wie Markus Studer in nostalgischer Fuhrhalterseligkeit sagt, wartet an einem späten Sonntagabend im April in Lugano-Manno auf uns: hinter Maschendraht, zwischen weitläufigen Lagerhäusern und Siloanlagen im Dunkel des Neumonds. Nichts bewegt sich, auch nicht in der nahen BP-Tankstelle, nichts ist zu hören, es sei denn hie und da das einsame Zirpen früher Grillen. So sehen die Orte aus, an denen in Krimis Morde passieren.

»Markus Studer, Internationale Transporte« steht quer über dem Kühlergrill, Schneeweiß auf Blutrot. Der Chromstahl des

Aufliegers ist auf Hochglanz poliert, das ist selbst im Dunkeln erkennbar. Markus sagt: »Unter uns Truckern sagt man sich du.« Ich bin gerührt, dass er mich gleich mit in seinen Kreis aufnimmt, und sage, auch ich heiße Markus. Schön. Dann schreitet er auf seinen Mercedes zu wie auf eine Geliebte, die er kurz zuvor verlassen hat und die wiederzusehen er kaum erwarten kann. Noch aus dem Schwung der Bewegung heraus tritt er mit dem Fuß gegen einen der Reifen, geht von Rad zu Rad, und weiter von Detail zu Detail, auf allen vier Seiten: »Man weiß nie, ob noch alles dran ist. Die Heckleuchten, die Spiegel. Der Reifen sah etwas platt aus von Weitem, aber es scheint nichts geklaut worden zu sein, alles okay.«

Weil er am Freitag noch im französischen Zentralmassiv unterwegs gewesen und dann abends um zehn an den Schweizer Ruhezeitbestimmungen hängen geblieben war, wie Unkraut in einem Rechen, musste Markus am Samstag per Bahn von Lugano heim nach Zürich fahren. Jetzt drückt er auf den elektronischen Schlüsselhalter. Die Geliebte, die nun mich neben ihm zu dulden hat, begrüßt uns mit einem Klicken und einem Blinzeln der geröteten Augen ihrer Blinklichtanlage. Augenblicklich ist das riesige, ruhende Wesen hellwach und heißt uns mit offenen Türen willkommen. Der Fußboden der Kabine liegt etwa auf Augenhöhe, und der Weg von draußen nach drinnen führt über eine senkrechte fünfsprossige Leiter. Der Türgriff liegt nur wenige Zentimeter über der Türschwelle, die liegt allerdings so hoch über dem Rad, dass ich mich zum Öffnen strecken muss wie ein Kind an der Haustür. Ich suche an der senkrechten Treppe Halt für Hände und Füße, irgendwie kriege ich im Dunkeln den Schlafsack aus der Tasche, schlüpfe aus den Hosen und hinein in die Pritsche, die mir so eng vorkommt wie ein Schuh.

Montag

Lugano – Genua – Lugano

Warum wir schon bei der ersten Dämmerung aufstehen müssen, begreife ich erst allmählich im Laufe der Woche. Das tückische Regelwerk, dem das Gewerbe der Fahrenden Genüge tun muss, verlangt es so, das weiß ich irgendwie aus den Medien. Aber warum Markus sich keine Privilegien gönnt, lässt sich nirgends nachlesen. Vier Jahre ist es her, seit er umsattelte, sich auf dem Höhepunkt seiner Medizinkarriere eine Zugmaschine kaufte und mit einem Auflieger kreuz und quer durch Europa zu ziehen begann. Warum? Auf mich wirkt es, als hätte er das schon immer gemacht. Während er auf der kleinen Stehfläche zwischen den Sitzen den Hosengurt festzurrt, werfe ich einen Blick auf die Szene rundum.

Das fast mediterrane Tessiner Morgenlicht verzaubert das Grau in Grau der Lagerhallen und Lastwagenparkplätze in eine Palette von Goldtönen und taucht die Kabine in den samtenen Glanz eines Thronsaals. Der König der Landstraße und ich sitzen auf luftgefederten, ergonomischen Sitzen. Wir haben Kühlschrank, Fernseher, alles ist da, sogar Gardinen zum Ziehen, wie es sich für ein richtiges Häuschen gehört, bloß eine Toilette fehlt – was sich gegen Morgen unangenehm bemerkbar macht.

Als Markus in Jeans und T-Shirt mit einer Plastikflasche Mineralwasser aus der Kabine springt, über den ölverfleckten Asphalt geht, um sich bei Sonnenaufgang drüben am Rand zur Wiese beim Maschendraht die Zähne zu putzen, und seine große, schlanke Gestalt einen langen Schatten wirft, streift mich eine Ahnung: Da geht einer, der das Erbe von Lucky Luke, dem guten alten Lucky Luke, in sich trägt, Tag für Tag auf seinem Klepper zu einem fernen Glück jenseits des Horizonts unterwegs, stets erkennbar an jenem schmalen Strich zwischen Himmel und Erde und an einer Zigarette im Mund.

Markus kommt mit Walo vom Zähneputzen zurück. Walo fährt wie Markus flüssige Lebensmittel für die Firma Transfood, wie der Schriftzug auf dem Auflieger zeigt. Walo soll uns heute mit seinem Sattelschlepper nach Genua begleiten und wieder zurück nach Lugano-Manno. So heißt der Ort, wo wir jetzt stehen. Jetzt warten wir, bis das Sonnenblumenöl aus unseren Tanks in die Silos hier abgepumpt ist. Das kann noch etwas dauern, und jede Minute, die wir warten, ist für die Kasse der Fahrer verschenktes Geld.

»Kennst du Genua?«, fragt Markus Walo. Ich freue mich auf wertvolle touristische, kulinarische oder kulturelle Tipps eines alten Europakenners.

»Zweimal war ich dort«, sagt Walo auf irgendwie Süddeutsch, »das letzte Mal war prima. Morgens früh hier laden, weg, verzollen, abladen, und abends gegen sechs stand ich in Horn am Bodensee vor dem Tor.«

Markus steckt sich die erste Zigarette an.

»Du rauchst wieder?«, sagt Walo.

»Waldluft«, sagt Markus, »Dunhill mit Menthol.«

»Na gut, du bist der Doktor, du musst es wissen.« Walo dreht einen Gabelschlüssel zwischen den Fingern. »Reinigen musst du nicht in Mailand.«

»Wo denn?«

»Nirgends, wir laden ja in Genua wieder das gleiche unappetitliche Zeug, das wir hier abladen. Mit dem gleichen dicken Bodensatz.«

»Sonnenblumenöl roh«, sagt Markus, »Lebensmittel.«

»Na und, das kontrolliert in Genua kein Schwein.«

»Meinst du, wir schaffens auch heute Abend bis Horn?«

Nach einer alten Regel der Kino-Dramaturgie sind Dialoge nicht der Rede wert, es sei denn, unter dem Tisch brenne eine Zündschnur. Das fällt mir ein, als sich die beiden so wortkarg den Tag zurechtlegen. Und ich habe den Eindruck, da knistere etwas, aber ich weiß nicht, was. Wahrscheinlich höre ich die Zeit zerrinnen und das Einkommen zerfressen. Auf einer Betonwand steht in schwarzer Farbe gespr ayt: »Hic leones sunt. A. C. Milan«.

Walo vibriert vor Morgenfrische. Er hat übers Wochenende ganz allein in seiner Kabine gewohnt, weil sich der Weg zu seinem Wohnort Singen und zurück nicht gelohnt hätte – und er scheint es genossen zu haben. Er holt eine massive Spiegelreflexkamera aus seinem Auto, dessen Auflieger noch länger ist als der unsere, und zeigt uns die Früchte seines Müßiggangs auf dem Display. Mit dem Makro hatte er Marienkäferchen, einen Feuersalamander und eine Hummel fotografiert, die sich so weit in eine Sumpfblüte verkriecht, dass nur noch ihr geringeltes Hinterteil aus den Staubblättern guckt. Nicht weit hinter dem Parkplatz hat Walo eine sooolche Forelle in einem Flüsschen entdeckt.

»Das ist der Ticino«, sagt Markus. Einen Augenblick lang stellen wir uns diese Forelle brutzelnd in der Bratpfanne vor. Markus schaut beiläufig auf die Uhr, tritt etwas unruhig von einem Fuß auf den andern und klappert mit dem Zündschlüssel. Wenn wir nicht in Genua oder auf dem Heimweg am Zoll in Chiasso stecken bleiben wollen, sollten wir bald aufbrechen. Aber noch sind die beiden Autos erst halb entladen. Sie stehen vor einem Silo und werden immer noch leer gepumpt. Mit dem Sonnenblumenöl fließen auch die Minuten dahin. Ich begreife, dass Fahren zwar die schönste, aber nicht die einzige Truckerpflicht ist. Um uns die Zeit bis zum Start totzuschlagen, gehen wir alle für Kaffee und Cornetti hinüber in die Tankstellenbar. Dort säuselt Roberta Flacks Stimme:

Strumming my pain with his fingers,
Singing my life with his words,
Killing me softly with his song,
Telling my whole life…

Der Charme des Girls an der Bar verpufft wirkungslos an ein paar Latzhosen-Männern, die schlapp und ausdruckslos über der »Gazzetta dello Sport« hängen. Danach hämmert *It's a Man's World* in den Montagmorgen, der so heraufschleicht wie ein Sattelschlepper an einer gröberen Steigung. Als die Tanks endlich leer sind, ist in den Kaffeebechern schon lang nichts mehr drin. Markus knistert vor Energie. Von Weitem klickt er die Tür auf, um seine Geliebte zu wecken, und schwingt sich die fünf Tritte hoch Richtung Sitz. Noch bevor er ganz oben ist, greift er mit langem Arm um die Lenkkonsole herum, um dem Sekundenzeiger vorauszueilen und unverzüglich den Motor anzuschmeißen. Ein sattes Brummen steigt aus den Eingeweiden des Gefährts auf, während die Hydraulik unter unseren Thronen allmählich Druck aufbaut, sodass wir in einer Art Levitation sanft noch ein paar Zentimeter höher schweben. Und los gehts, hinter Walo her.

Lehrfahrt

»Schau, obs rechts gut ist«, sagt Markus. Bei der Ausfahrt aus dem Lagergelände kann er von seinem Platz aus die Einmündung rechts hinten nur schwer überblicken. Ich drücke auf den Scheibenknopf und strecke den Kopf aus dem Fenster. Die Straße ist übersichtlich und schnurgerade. Es ist »gut« fast bis zum Horizont. Dort flimmert etwas Chrom in der Sonne. Ich sage: »Rechts ist gut.« Bis Markus Gas gegeben, am Lenkrad gekurbelt und den Auflieger in unserem Rücken ganz um die Kurve gezogen hat, wartet das flimmernde Chrom in Form eines Opel-Kapitän-Oldtimers stehend darauf, wieder Fahrt aufzunehmen. So schnell steht man im Weg, wenn man so lang und langsam ist wie ein Sattelschlepper.

Von so hoch oben kommt mir alles ziemlich unwirklich vor, wie damals in den ersten Fahrstunden, mit zwanzig, als mir die Fahrzeuge mit ihrem Gewicht und ihrer Energie, die Scheiben und die Spiegel bloß virtuell vorhanden zu sein schienen. Ich hätte sie wie in den einfachen Computerspielen, die in den Spielsalons damals die Jumbo-Flipperkästen abzulösen begannen, ohne mit der Wimper zu zucken, rammen und umstoßen können, und wenn ich mein virtuelles Leben verwirkt hätte, für eine Scheidemünze von Neuem beginnen. Bloß vor den Lastwagen hatte ich damals etwas mehr Respekt. Jetzt, an Markus' Seite, ändert sich die Perspektive, aus der Position der Stärke heraus haben die kleinen Fahrzeuge etwas Bedeutungsloses, Seelenloses, Vernachlässigbares an sich. So etwa könnten in vergangenen Zeiten die Ritter hoch zu Ross das gemeine Fußvolk eingeschätzt haben. Eine Dosis Sporen, und die Meute stob auseinander.

Drei Ampeln und eine Baustelle später habe ich mich ans Privileg der großen Übersicht gewöhnt. Der Rest ist Rollen. Leer, wie wir sind, rollen wir vorbei an gelangweilten Beamten durch den Personenwagenzoll in Chiasso, Richtung Italien, während sich die Beladenen von Norden wie von Süden her in kilometerlangen Kolonnen mühselig Richtung Schranke quälen.

Wir rollen durch die letzten Tunnels der Alpenverwerfungen und hinunter in die Poebene, wo sich der dichte Verkehr von der Schweiz her in die Breite der Autobahnen um Mailand ergießt. Von unserem Hochsitz aus kommt es mir vor, als ständen wir still und rollte die Erde unter uns weg. Links und rechts und vorne und hinten wimmeln die kleinen, lebendigeren Blechgeschöpfe um unsere Behäbigkeit herum, als wären wir ein Elefant. Schon bei leichtester Steigung scheinen wir noch größer, noch behäbiger zu werden: ein Mammut.

Von hinten und schräg oben betrachtet, wirken Personenwagen wie ein Schwarm von Insekten, die sich nach unergründlichen, immer wieder überraschenden Mustern bewegen. Jederzeit kann eines zu einem tödlichen Angriff ansetzen. Trucks folgen leichter erkennbaren Gesetzen. Rechte Spur, Einerkolonne, 89 km/h. Wenn einer nicht mithalten kann, setzen die schnelleren zum Elefantenrennen an. Es lebe die Steigung. Sie selektiert. Asphaltfresser. Kilometermillionäre. Noch mal vier Jahre, und auch Markus wird zu ihnen gehören.

Natürlich ist die Fahrt ein Genuss. Der Thron mit allen Schikanen der Ergonomie, die göttliche Übersicht über das Gewimmel, ein Hochsitz, man fühlt sich als Jäger mit Lizenz, Radler, Fußgänger und anderes Niedrigwild straflos abschießen zu dürfen. Das alles führt zu einer Art Trance, die sich unter den wohligen Vibrationen des Motors in Gebiete des Körpers verteilt, die mit anderen Mitteln kaum zu erreichen sind.

Wir rollen weder schnell noch langsam, sondern am äußersten Limit. Achtzig ist gesetzlich erlaubt, doch kaum ein Trucker, der seinen rechten Fuß nicht schwer auf das Pedal abstützt und damit genau die 89 km/h erreicht, auf die jeder Vierzigtonner amtlich geeicht ist. So bummeln und brummeln die Elefanten unablässig in Einerkolonne hintereinander her, kreuz und quer durch Europa, und wenn einer doch etwas mehr mag, ein anderer auf 87 oder 88 blockiert ist, kommen die schier endlos scheinenden Elefantenrennen ins Rollen.

Das Gefühl, dem anderen überlegen zu sein, ist mit vierzig Tonnen Gold nicht aufzuwiegen.

Hobby und Beruf

Markus und ich können stundenlang fahren und schweigen. Im Herzklopftempo scheppert von der Stereo-Bordanlage so etwas wie

> *All we hear is Radio Gaga Radio Googoo Radio Gaga*
> *All we hear is Radio Gaga Radio Blahblah*

Von Chiasso bis weit um Mailand herum zieht sich links und rechts der Autobahn die Agglomeration bis hin zum Horizont. »Nichts Schönes, wirklich nichts Schönes«, sagt Markus, und ich sage, um etwas zu sagen, in ein paar Jahren könnte die Poebene eine von Autobahnen durchzogene Betonfläche wie etwa der Großraum von Los Angeles werden.

Die vier Rückspiegel rechts vervierfachen die Hässlichkeit in grotesker Verzerrung – und behalten in Selbstbespiegelung das eigene Blechkleid aus allen möglichen Winkeln im Blick. Es gibt den Seitenspiegel, den Weitwinkelspiegel und den Rampenspiegel, der die Sicht von oben aufs Rad der Vorderachse erlaubt. Darin kann ich die Fahrspur verfolgen und staune, wie passgenau Markus Kilometer um Kilometer dem Randstrich entlangfahren kann.

Der Totwinkelspiegel unten rechts von der Frontscheibe zeigt Fahrräder und Fußgänger, die sich hinter dem Blech der Tür und den fünf Einstiegsstufen verbergen. Niedrigwild, das sich nahe an der Front aufhält oder nahe seitlich der Kabine parallel mitfährt, lebt gefährlich. Auch das ein Grund, warum einen in der Kabine immer ein bisschen die Angst begleitet. Um Kinder zu sehen, die hinter dem Auflieger spielen, schaltet mit dem Rückwärtsgang automatisch eine Kamera ein. Es wäre zu schlimm, sich aus Unachtsamkeit schuldig zu machen. Doch sieht die Kamera auch unter die Karosserie? Markus sagt, nein.

Drei Raststätten früher hat das Navigationsgerät Stau um Mailand angezeigt. Nun ist die Meldung weg. Auf einen Stau aufzulaufen gilt für Markus wie für jeden Fernfahrer als persönliche Schlappe. Mit etwas Voraussicht lässt sich das vermeiden, davon ist Markus überzeugt. Es sei denn, die Ausweichstraßen seien für den Schwerverkehr gesperrt. Aber bis jetzt läuft alles rund. Mit etwas Glück können wir heute tatsächlich noch laden in Genua, denn eben ruft Michi von Transfood aus Frauenfeld an. Michi ist der Disponent einer Flotte von über einem Dutzend Fernfahrern und meldet, dass wir die Tanks nicht zu reinigen brauchen. Die Zeitersparnis verlängert den Tag um zwei bis drei Stunden.

Wir rollen und rollen, bummeln und brummeln in gebührendem Abstand hinter Walos Heck her. Nach Mailand wird die Agglo allmählich zur Landschaft. Reis und Raps folgen sich in rechtwinkligen Flächen, die sich in der Perspektive zu Trapezen verziehen, darüber Hochspannungsleitungen unter einem schweflig diesigen Himmel. Area Servizio, Total Servizio. Gelati Motta. An den Wiesenböschungen blüht der Klatschmohn fast im gleichen Rot wie unser Blechkleid.

Später, in den zerklüfteten Hügeln, welche die Poebene von Genua trennen, heulen drei Polizeiautos mit Vollgas und Blaulicht an uns vorbei. Markus scheint eine Rechnung offen zu haben, sei es mit der Polizei, sei es mit Italien überhaupt. Er sagt: »Wahrscheinlich fahren sie zum Mittagessen.« In den Serpentinen, hinunter Richtung Genua holen wir sie wieder ein. Sie haben bei einem Brückenkopf geparkt, beugen sich über das Geländer und schauen, immer noch bei Blaulicht, unverwandt hinunter in eine endlos tiefe Schlucht. Die Fantasie serviert mir andere Geschichten als die vom Mittagessen.

Um mich für den Panoramablick auf Genua etwas zurückzulehnen, heble ich an der Mechanik des Sitzes. Unser Mercedes ist wie ein Hightech-Gerät bis zum Rand mit Elektronik gefüllt. Unversehens macht die Heizung Feuer unter dem Arsch, mitten in diesem schwülwarmen Tag.

»Du hast den falschen Knopf erwischt«, sagt Markus.

»Ja klar, aber welcher ist der richtige? Es gibt so viele Knöpfe, so viel zu lernen.«

Markus lacht durch die Frontscheibe in einen imaginären Fluchtpunkt: »Das ging mir genauso, das hält einen frisch. Als ich auf den Sattelschlepper umstieg, das ist jetzt vier Jahre her, hatte ich zuvor einen Crash-Kurs in Fernverkehr zu bestehen. Erst fuhr ich jede zweite Woche. Seit bald zwei Jahren, nachdem mein Kumpel ausgestiegen ist, Woche für Woche. Fünfzig Wochen im Jahr. Ich lernte von Kollegen und von den eigenen Fehlern. Unterdessen kann ich eine halbe Million Kilometer Erfahrungen weitergeben.«

Ich rechne kurz: »Bei einem Erdumfang von vierzigtausend Kilometern wärst du ein gutes Dutzend Mal rund um die Erde gefahren.«

Markus sagt nach einer Weile: »89 km/h sind keine Geschwindigkeit, aber in vier Jahren kommt man damit doch ziemlich weit.«

Später sagt er unvermittelt: »Einfach ein schönes Gefährt.«

Ich nicke: »Man kann süchtig werden nach diesem Fahrgefühl.«

Wieder lacht Markus durch die Frontscheibe.

Hafenromantik

Genua hat nichts von seiner sperrigen Hässlichkeit verloren, seit ich zum letzten Mal dort war. Verwitterte, von Feuchtigkeit, Öl und Ruß zerfressene Fassaden der grob hingeklotzten Gebäude, die fast auf Griffweite an die Serpentinen der holprigen Autobahn am Rand der Berge heranreichen.

»Möchtest du so wohnen?«, fragt Markus und schüttelt den Kopf. Nun meldet sich Walo, der uns immer noch vorausfährt, über Handy: »Habt ihr das gesehen?«, ruft er fröhlich. »Die hängen die Wäsche zum Trocknen raus. Stellt euch das vor. Die ist so toxisch, wenn sie die wieder anziehen, fällt ihnen die Haut in Fetzen vom Leib.«

In der Stadt wartet Walo auf uns, führt uns zielstrebig zum Hafen. Markus schaut auf sein Navigationsgerät. Es weist uns den genau gleich verschlungenen Weg um Lagerhallen, Siloanlagen und abgestellte Güterwagen herum. Die einzige sichtbare Orientierung bietet die Laterna di Genova, der mächtige alte Leuchtturm am Hafenrand. Wir kurven hinter Walos schwer schaukelndem Auflieger her, über Schlaglöcher, um verbeulte Container, gespenstisch kaputte Fassaden, um Berge von Schrott herum, auf einen Parkplatz am Rande eines zerbröselnden Backsteingebäudekomplexes. Die Tanks stehen wie überdimensionierte rostende Konservendosen vor der Kulisse des mediterranen Himmels. Markus parkt rückwärts nach allen Regeln der Kunst, sauber mit Walo koordiniert, der Pas de deux eines Sattelschlepperballetts.

Unsere Lagertanks stehen unmittelbar am Hafenbecken, wo die Fähre nach Algerien und die großen Kreuzfahrtschiffe zum Auslaufen bereit liegen. Das Blau des Wassers und die schneeweißen Rümpfe gaukeln den Hauch einer besseren Welt vor. In den Lärm der Lastkräne und den Geruch der Dieselabgase mischt sich der Geruch von Sonnenblumen, als wiegten sich ihre Blüten goldgelb bis hin zum Horizont im Wind. Wer weiß, woher unsere Ladung für Horn am Bodensee kommt, vom Schwarzen Meer oder von der Ukraine? Häfen, denke ich, Häfen sind ja auch so Herzen. Sie pumpen Rohstoffe in die Fabriken und pumpen Waren aus den Fabriken hinaus in die Märkte der Welt, zu ihrer Endbestimmung in den Verbrennungsanlagen.

Es gibt eine ganze Reihe von Schläuchen, durch die wir unser Sonnenblumenöl hätten einfüllen können, aber nur eine der Pumpen ist in Betrieb. Nichts zu machen. Mittagspause. Im Dauerrennen, das Trucker im Kampf um Minuten gegen die Uhr fahren, ist gegen Italien nichts zu gewinnen. Markus erledigt die Formalitäten an einem Schmuddelschalterchen in einer zugigen Schattenecke und übersetzt für Walo. Im Übrigen sucht Walo eine Antwort auf die Frage, wo er tanken kann. Als Angestellter von Transfood muss er bei Tankstellen der Marke Q8 Oils auffüllen, weil Transfood bei dem Label Verträge zu günstigen Konditionen hat. Markus ist Selbstfahrer. Er wirtschaftet auf eigene Rechnung, auch beim Diesel.

»Gibt es nicht in Tarragona Q8?«, fragt Walo.

Markus denkt kurz nach: »Meinst du vielleicht Tortona?«

Walo windet sich. Die Verwechslung ist ihm peinlich: »Dieser Hafen macht mich konfus.«

Walo lädt ab

Walo und ich setzen uns auf zwei rostige Poller am Quai, während Markus wieder mit Papieren von Schalter zu Schalter unterwegs ist. »Der Markus ist spitze«, sagt Walo unvermittelt ins Blaue des Wassers hinaus, »er hat das so richtig angenommen von uns, das, hm, Proletarische. Absolut solidarisch. Echt.« Walo sagt oft »echt«, obwohl er keinen Verdacht der Unechtheit erweckt. Aber wenn es um Markus geht, fühlt er sich zu Nachdruck verpflichtet: »Markus ist wie wir. Sogar noch mehr. Er ist einer von uns – und die Respektsperson, die kühl und unbestechlich zwischen den Parteien vermittelt. In seiner ruhigen Art holt er für uns immer wieder mal was heraus: beim Spediteur, beim Verband, bei der Polizei, beim Zoll. Einer wie er ist Gold wert für uns. Und wir – wir sind ja fast, das kann man schon sagen, Geächtete, Aussätzige, am Rand der Städte, wir stinken nach Pisse, nach Scheiße und Diesel, denkt mancher, ohne uns näher zu kennen. Wir haben herzuhalten als Sündenböcke für Staus, für die Verstopfung der Straßen, für den Klimawandel… Einfach für alles. Man hält uns für die Parias der Gesellschaft, die Aussätzigen, die an den Rand der Städte in Dauerquarantäne gehören. Einunddreißig Jahre auf dem Bock sind genug, jetzt höre ich auf, bevor ich nicht mehr sitzen kann.«

Markus hat mich gewarnt, dass Walo stets vom Aufhören redet, obwohl er weiß, wie schwierig es ist, sich von einer so langen Gewohnheit zu trennen, auch wenn er sie als schlechte Gewohnheit, ja fast als chronische Krankheit bezeichnet. Irgendwie versteht er es, seinen Frust zur Freude an der bunten Vielfalt des wirklichen Lebens zu verdichten. Er sieht mir wohl an, dass ich seinen Ausbruch für einen Ausdruck von momentanem Verleider und sein Schimpfen und Klagen eher für ein Stilmittel der Unterhaltung halte.

Walo sagt: »Die Politiker treten auf uns herum, wir werden schikaniert und zur Kasse gebeten, auf Gedeih und Verderb. Ich geb dir ein Beispiel. Mit Sensoren quer über die Straße messen sie deinen Achsdruck.«

»Meinen waaas?«, frage ich.

»Deinen Achsdruck. Jede Achse messen sie einzeln.« »Sie« erweist sich als gängiges Synonym für die Polizei oder die Polizisten. »Nach der nächsten Kurve stoppen sie dich. Ich war in Deutschland mit meiner Schweizer Nummer unterwegs. Sie dachten, den nehmen wir, der kommt nicht aus der EU. Die hintere Achse der Zugmaschine hatte 1,4 Tonnen zu viel. Das fällt bei vierzig Tonnen kaum ins Gewicht. Man verschätzt sich leicht, weil die Waagen an den Ladestellen nur das Gesamtgewicht wiegen, nicht aber den Achsdruck. Sie knöpften mir zweitausendeinhundert Euro ab für mein Vergehen. Schwupps, waren ein paar Tage Einkommen weg. Direkt von der Kreditkarte. Das nur als Beispiel, keine drei Wochen ists her. Sollen wir wieder mal streiken? Es ist bewiesen. Die Welt hat ein Dieselherz. Diesel pumpt die Waren in den Wirtschaftskreislauf. Per Container von Kontinent zu Kontinent, auf der Straße, den Kapillaren des Systems, bis an die Rampen der Fabriken und weiter in die Gestelle der Supermärkte, in Hongkong, in Java, in Chile und Schanghai.«

Die Reminiszenz an Melina Mercouris Lied passt in den Hafen, in dem wir stehen, und Walo freut sich, dass ich lache. »Ohne uns geht gar nichts«, sagt er, »stell dir vor, ich fahre mit Frischmilch, Salat oder lebenden Tieren. Und stell dir vor, wir fahren alle zur gleichen Stunde nicht mehr. Bleiben einfach stehen, basta. Nach zwei bis drei Tagen Lieferstopp beginnt die Welt stillzustehen. Zugegeben, ob wir unbedingt Milch aus Neuseeland brauchen und ob wir deutsche Kartoffeln nach Süditalien karren müssen, um sie auf EU-Normgröße zu hobeln, ist eine andere Frage. Aber ändern können wir auf unseren Böcken das genauso wenig wie die Abhängigkeit der Milch von der Kuh und der Kuh vom Heu, das sie frisst. Die Milch wächst nun mal nicht im Supermarkt, das Benzin kommt nicht durch die Röhren der Wasserversorgung ins Haus. Jemand muss die Dinge holen und bringen. Den Kreislauf in Gang halten. Ist das so schwer zu begreifen? Die Tankstelle liegt nicht am Bahnhof. Der Bauernhof hat keinen Gleisanschluss.«

Weiter hinten im Hafen hebt ein giraffenähnlicher Laufkran Stück für Stück Container wie Legoklötze aus einem Schiffsbauch und schichtet sie zu einer gigantischen Mauer auf. Walo hat das wohl schon tausendmal gesehen, er nimmt es kaum wahr. Er sagt: »Womit haben wir die Schikanen und die ganze schlechte Behandlung verdient, wofür verachtet man uns? Um die Welt zu versorgen, das hinterste Dorf, die letzte Fabrik am Ende der Welt, reißen wir uns täglich den Arsch auf der Straße auf. Warum? Nein, ich will keinen Dank, aber ich will meinen Lohn und einen gewissen Respekt. Das wäre nicht mehr als Anstand. Wir sind nicht der Dreck, für den man uns hält.«

Ich habe Mühe, Walo zu verstehen, nicht weil er undeutlich spricht, sondern weil ein Abbruchbagger in der Nähe beim Rückwärtsmanövrieren unermüdlich schrill piepst und auch weil mir seine Truckerwelt noch zu wenig vertraut ist. »Die meisten von uns haben etwas gelernt. Markus sowieso. Aber auch ich zum Beispiel, ich bin Automechaniker und habe erst kurz vor dem Abitur die Schule geschmissen. Bin ich etwa nicht konversationsfähig? Sind wir etwa dumm, bloß weil man uns nicht denken sieht und reden hört, hoch oben hinter dem Blech der Kabine. Gut. Klar, dumm ist es schon, dreißig Jahre lang dranzubleiben, Autobahn auf und Autobahn ab durch Europa. Sag mir ein Land der EU, in dem ich nicht war. Und dann? ›Nach so langer Zeit können die nicht mal unsere Sprache‹, wirft man uns vor. Wie sollten wir auch. Das ist gar nicht möglich. Französisch, Italienisch, Polnisch, Finnisch, Rumänisch... Wie denn? Wer spricht denn so viele Sprachen? Nicht einmal Markus. Frag ihn mal etwas auf Serbokroatisch.«

Ich schaue dem Abbruchbagger zu, der bei jedem Richtungswechsel aufheult und eine schwarze Dieselwolke ausstößt. Walo folgt seinen Gedanken weiter: »Wenn ich heute noch fahre, fahre ich einzig fürs Geld. Und das ist kaum mehr zu verdienen. Als ich anfing, war ich einundzwanzig und meine Freundin schwanger. Die Entscheidung, auf die Straße zu gehen, fiel rasch. Als Fahrer kriegte ich das Doppelte eines Mechanikers. Dann bin ich hängen geblieben, obwohl mir heute kaum mehr halb so viel bleibt wie damals. Doch was soll ich tun?«

Während Walo spricht, geht mir immer die gleiche Frage durch den Kopf. Markus, Markus, warum tust du das? Warum tust du dir das an?

Walo hat noch andere Zeiten erlebt. Er kommt fast ins Schwärmen: »Angefangen habe ich auf einem Scania. Die Kabine war eine enge Zelle ohne jeden Komfort. Rechts neben dem Sitz lag der Motor in einem Tunnel; der wurde so heiß, dass wir Spiegeleier brieten darauf. Die ›schwedische Folterkammer‹ hieß der Scania damals im Truckervolksmund. Die Achsen hatten sechzehn Blattfedern aus hartem schwedischem Stahl. Das Einzige, was federte, war die Luft in den Reifen. Wir saßen auf Scherensitzen. Wenn die Mechanik ausgeleiert war, schlug sie durch. Wir fielen ungedämpft auf den Asphalt – und fühlten uns wie rohe Eier im freien Fall. Humpty Dumpty, du weißt schon. Ja, so fing das an. Ich habs überlebt, mit einem Bandscheibenschaden.

Die Scherensitze haben mich unters Messer gebracht. Als man mir sagte, was mich auf dem Schragen (dt. OP-Tisch) erwartete, wurde mir heiß und kalt und so schlecht wie noch nie. Das Rückgrat liegt hinter dem Bauch, eben im Rücken, aber damit ich wieder geradeauf sitzen konnte, musste der Chirurg den Bauch von vorne aufschlitzen, die Innereien beiseiteräumen und dann mit Säge und Skalpell die Nerven freilegen. Freilich pennte ich, als ich meine offene Bauchhöhle dem Werkzeug darbot. Die Operation dauerte fünf Stunden. Zwei Bandscheiben wurden miteinander verschraubt, damit sie nicht mehr aneinanderscheuern können. Als mir der Chirurg im Nachhinein erzählte, dass eine Schwester die Sehnen mit einer Pinzette festhalten musste, wurde mir grad noch einmal schlecht. Gewiss, es kam wieder gut, wie jedermann sieht. Bloß, nach wie viel Zeit. Anderthalb Jahre ging ich am Stock. Kururlaub, Physiotherapie, liegen, liegen, liegen. Oft dachte ich da: Weshalb haben sie mich nicht wie einen Sportwagen etwas tiefer gelegt. Am besten gleich einen Meter achtzig.«

Markus, der unterdessen triumphierend mit den Papieren winkend vom Parcours durch die Schalter zurückgekommen ist, meint: »Du hättest mit dem Eingriff noch ein paar Jahre zuwarten sollen.«

»Bei Schmerzen wie von einer glühenden Zange im Rücken?«

»Du wurdest noch nach der alten Methode operiert. Heute, mit dem Endoskop, bräuchte es nicht mehr als drei schmale Schnittchen. Da stehst du noch am gleichen Tag auf und gehst bald wieder heim. Das wäre für die Rekonvaleszenz schon damals besser gewesen – dich sofort wieder zu bewegen.«

Walo schwenkt testweise sein Becken, Markus meint: »Auch das Endoskop muss nicht sein. Es lohnt sich nicht, an den Sitzen zu sparen, auf denen man so manche Stunden den Arsch drauf hat.«

»Wie beim Schreiben«, füge ich an. »Die Hauptarbeit in den meisten Berufen leistet der Arsch.«

Warten, warten, warten. Wir sehen zu, wie die Mannschaft auf dem Feuerwehrschiff am Quai aus Rohren und Schläuchen Wasser ins Wasser spritzt und wie sich die Container zu einer Mauer ins Blaue hoch stapeln. »K« Line, UASC, Hanjin, Yang Ming, China Shipping. Wie viele Container fasst ein Schiff der Super-Panamax-Klasse? Über siebeneinhalbtausend Container. Wie viele die Malakka-Max-Klasse? Bis zu achtzehntausend. Und jeder dieser Container wird einzeln ins Verkehrsnetz eingespeist, um irgendwo auf der Welt eine Zelle des ökonomischen Organismus mit Nährstoff zu versorgen. Sie sehen winzig aus, wenn die Laufkatze sie durch die Luft schweben lässt, aber auf einem Sattelschlepper ist jeder einzelne Container ein Ungetüm, mächtig genug, um eine Autobahn zu blockieren. Mit dem Inhalt unseres Aufliegers verhält es sich ähnlich. Was eine Stunde braucht, um den Leerraum zu füllen, ist im Silo von Genua kaum mehr als ein Tröpfchen.

Immer noch hängt der gleiche Wagen am Einfüllstutzen. Die anderen stehen mit laufendem Motor bereit. Um auf dem Sprung zu sein, wenn die Reihe an uns kommt, bleiben wir in der Nähe und vertreten uns in einem zugigen Durchgang die Beine. Es ist laut, feucht und riecht schlecht. Zwischen den Backsteinwänden und Gitterglasfenstern sehen wir einen Schlitz tiefblauen Himmel und Möwen, die mit bebend ausgebreiteten Flügeln auf dem Luftstrom des Seewinds balancieren. Das ist tröstlich. Es gibt eine Welt jenseits der Ladestationen.

Walo spendiert uns einen Automatenkaffee: »Kannst wählen, ob es dir vom Warten oder vom Kaffee schlecht werden soll.« Ich bekomme einen Cappuccino Chocolate Dolce, und Walo bekommt recht. Die Flüssigkeit sieht aus und schmeckt, als sei sie auf Sonnenblumenölbasis hergestellt.

»Einen Euro für diese Brühe«, sagt Walo.

Markus und ich im Duett: »O Walo, wir bezahlen ihn dir gerne.«

»Nein, nein, so ists nicht gemeint. Ich meine nur, alles wird teurer und teurer, bloß unser Einkommen schrumpft.« Und weiter geht die Litanei. Ich staune so harmlos in die Welt, dass Walo es nicht lassen kann, mich in die Härte der praktischen Straßengesetze einzuführen: »Es gibt keine Tarife, und ein Spediteur ist der Feind des andern. Der stärkere der Feind des starken. Wie draußen im Dschungel. Sie unterbieten sich gegenseitig. Gnadenlos. Und die neuen EU-Länder erhöhen den Druck. Die EU subventioniert ihre Autos großzügig, die Fahrer arbeiten zu Dumpinglöhnen und zersetzen den Markt.« Wir zerknüllen die Plastikbecher und schmeißen sie unter die Rampe, auf die wir uns gesetzt haben.

»Die Holländer waren die Ersten, die gleich nach dem Fall des Eisernen Vorhangs ihre Fahrer entließen, um Polen und Tschechen anzuheuern. Das Beispiel hat auch bei Letten und Litauern Schule gemacht. Heute sind Deutsche oder Schweizer schon fast von den Böcken verschwunden.«

Markus hat die besseren Zeiten gerade noch erlebt: »Die Osterweiterung der EU 2004 hat eine Lawine ausgelöst: Große Spediteure heuern Vertragsfahrer aus Osteuropa für elfhundert Euro im Monat an und verderben die Preise. Menschenschinderei ist das. Es finden sich immer welche, die noch billiger fahren. Sei es in Rumänien oder in Bulgarien. Oder sonst wo. Man erkennt sie von Weitem. Ihren osteuropäischen Zugmaschinen ist ein deutscher oder ein schweizerischer Auflieger aufgesattelt… Wir brauchen Agreements über Minimalansätze, um Fairness für die Fahrer zu schaffen. Oder sind wir im Wilden Westen? Müssen wir wirklich täglich um unser Territorium kämpfen? Das ist für niemanden gut. Heute wären die Holländer froh, sie wüssten, wie sie die Osteuropäer wieder loswerden könnten. Es gibt Kunden, die lassen keine Leute aus Osteuropa mehr an ihre Rampen.« Das weiß auch Walo: »Das ist unsere letzte Chance. Die aus dem Osten werden ihre sozialistische Arbeitsmoral nicht los. Für schlechte Bezahlung muss eine schlechte Leistung genügen. Schlampen, lügen und klauen ist ihnen in die Gene übergegangen. Nicht nur den Fahrern. Wir hatten mal Sonnenblumenöl roh aus der Ukraine geladen. Es schwammen Plastiktüten und Stofffetzen drin.«

Markus meint, darum komme das Öl ja auch zur Reinigung in die Raffinerie. Walo schüttelt eine Weile den Kopf und kämmt sich danach mit dem Rechen seiner Finger die Frisur zurecht. Walo fragt sich wie ich, warum Markus mit der Truckerei angefangen hat: »Ehrlich, ich verstehe es nicht. Ich kanns nicht verstehen. Bei uns Gewöhnlichen ist es klar. Wir sitzen fest. Wir kleben am Bock und kommen nicht mehr weg von der Straße. Aber du, Markus, du willst das, lässt nicht locker und ziehst es durch, als gäbe es nur dieses eine für dich. Warum? Dass du es nötig hast, kannst du nicht behaupten.«

Markus entwischt Walos Inquisition, weil ihn der Disponent

der Abfüllanlagen mit seinem Wagen zur Laderampe aufbietet. Er klettert wie eine Katze nach Beute die Tritte zum Lenkrad hoch, parkt zentimetergenau und flanscht dann auf dem Dach des Tanks die Schläuche zusammen. Im Grau des verrußten Betons, des verwitterten Aluminiums und der Verruchtheit eines aus den Fugen fallenden Hafens scheint er sich zu Hause zu fühlen. Wenn er die Ärmel hochkrempelt, packt er seine Arme wie zwei Geschenke aus. Anpacken, da kann er der Welt etwas mit auf den Weg geben. An den Schlüsselstellen der handfesten Wirtschaft, dort, wo die Waren umgeschlagen werden und einzig menschliche Hände die entscheidenden Griffe zu leisten vermögen, zeigt sich Markus als der Mann, der die Pflichten eines Chauffeurs zu seiner Kür gewählt hat. Im Überkleid tanzt er förmlich die Leiter hoch, zu den Einfüllstutzen, die Leiter runter und hin und her von Schalter zu Schalter. Eine Performance in proletarischem Realismus, fast wie auf den Propagandaplakaten aus den roten Zeiten Moskaus und Pekings.

Um halb fünf hat auch Walo geladen. Wie zwei Rennwagen bereit zum Start, stehen unsere Autos nebeneinander am Ausgangstor. Doch wo bleibt Walo? Schließlich kommt er ziemlich geknickt durch die weiße Staubwolke über den weiten Platz, auf dem noch immer der Bagger piepst. »Finish«, sagt Walo. »Finish« habe der Mann im Kabäuschen gesagt. Keine Papiere mehr.

»Das vertrage ich schlecht«, sagt Markus, »wenn man mich stehen lässt. An der Grenze, an einem Binnenzoll oder irgendwo an einem Fabriktor, bloß für einen Stempel. Ich reiß mir den Arsch auf, hole, bringe und muss mir dann an der Rampe sagen lassen: ›Ach, tut uns leid, heute können wir nicht abladen, unser Tank ist noch voll.‹ Das hebt mir den Deckel.«

Fahrer sein heißt stehen bleiben – und randständig werden. Hat

Walo nicht genau das gesagt heute Nachmittag? Markus hat es da gelegentlich etwas besser. Er mobilisiert die natürliche Autorität eines Chirurgenteamleiters.

»Kannst du Italienisch?«, hatte ihn Michi, der Disponent von Transfood, schon am Morgen am Telefon gefragt.

»Genügend, um jedem Italiener Schimpf und Schande zu sagen«, hatte Markus versichert. Von seinen italienischen Privatpatienten beherrscht er aber auch die feineren Töne.

»Italien, das halte ich im Kopf nicht aus«, klagt Walo – und ist doch eine Frohnatur von Geburt.

Noch einmal warten, und siehe da, Markus in Überhosen und im Triumphmarsch zurück aus der Papierschlacht. Nun klappts. Einfach anständig bleiben, solange es geht. Ein Wort von Markus, und Walo hat die nötigen Stempel auf den Papieren. Ob unsere Tanks gereinigt sind, hat keinen der Beamten gekümmert. Nichts mehr »finish«. Kurz vor fünf. Er gehe noch tanken und warte in Tarragona, sagt Walo. »Tortona«, lacht Markus.

Torturen vor Tortona

Genua, addio. Walo fährt voraus – und schüttelt uns gleich nach der Hafenausfahrt ab. Wir wundern uns. Wie hingezaubert, steht eine Q8-Tankstelle gleich außerhalb der Hafenanlage. Warum hat Walo nicht hier haltgemacht, wo die gesuchte Diesel-Zapfsäule förmlich auf ihn zu warten scheint. Warum will er weiter nach Tortona? Er wird sich in den Ruhevorschriften verstricken und hängen bleiben. Markus sagt: »Verschiebe die Dinge nur mit triftigen Gründen. Natürlich kommt immer wieder eine Tankstelle. Aber weißt du, wann das ist?« Doch Walo setzt seine Prioritäten anders. Er liebt den Nervenkitzel: Reicht es bis zur nächsten Tankstelle? Schafft er es doch noch über den Zoll? Wenn ja, feiert er einen Sieg. Wenn nicht, freut er sich, was Meister Zufall ihm beschert.

Leer oder voll, das ist wie der Unterschied zwischen einem scharfen Messer und einem stumpfen Messer. Wie Tanzen und Kriechen. Leer sind wir weich wie Butter, dem Horizont entgegengefedert. Es ist eher ein Summen als ein Brummen, eher wie das intensive, geschäftige Treiben der Bienen im Mai. Voll beladen, schlägt das Gewicht hart auf die Achsen, der Motor singt nicht, er knurrt und keucht die Hügel hinauf. Die Leeren schweben mit ihren 89 km/h links an uns vorbei, dafür haben wir mehr Zeit, uns der Betrachtung der toxischen Wäsche zu widmen. Nun kriegt sie auch von uns ihr schwarzes Teil ab.

Wenn Sattelschlepper Elefanten wären, könnten sie brummen und schnurren wie Raubkatzen, und wenn sie Raubkatzen wären, fragt es sich, warum sie Pferdestärken haben. Metaphern haben immer etwas Schiefes an sich, aber so langsam unterwegs auf die nächste Hügelkuppe zu, schleppen sich manchmal merkwürdige Gedanken ebenso träge dahin. Als Michi anruft, haben wir die Steigung hinter uns, den Abend vor uns. Es gibt eine kurze, effiziente Durchsage zum Notwendigen, wie einst am Ops-Tisch (dt. OP-Tisch): »Salut Michi. Wir sind zurück Richtung Mailand. Werden noch heute verzollen. Tschüss Michi.«

Überraschungen vorbehalten. Kaum liegt die Poebene vor uns, verspricht eine Anzeigetafel quer über die Autostrada »2 km di coda«. »Coda« ist Stau. Nanu, wenns nichts Schlimmeres ist, kommen wir heute glimpflich davon. Von Stau weit und breit keine Anzeichen. Vorläufig. Auch das Navigerät zeigt nichts an. Ach, das ist doch vorbei. Diese Italiener. Die haben doch einfach die Tafel auszuschalten vergessen – bis wir doch auf eine stehende Kolonne auffahren. Mindestens drei Glimmstängel Waldluft lang. Stehen. Stehen. Stehen. Dann folgt eine Umleitung mitten durch die Reisfelder und Rapsfelder, die auf der Hinfahrt wie Kulisse ausgesehen haben. Die Landwirtschaft macht sich so breit, dass die Straße gerade noch knapp Raum für zwei Fahrzeuge lässt. Markus schaut auf die Uhr, aber gibt sich gelassen. Im nächsten Dorf winkt er einen Fußgänger über den Zebrastreifen. Es ist ein älterer Herr, der uns zuwinkt und sich höflich mit »Buona serata« bedankt. »Für einen Fußgänger warten, das tut hier sonst keiner«, sagt Markus. Warum sollten wir nicht. Es geht sowieso nicht voran. Markus ist in Gedanken versunken: »Lebensmittel sind gut«, sagt er halb zu sich, halb zu mir. »Sie sind nie giftig. Für Gefahrengüter sind manche Straßen gesperrt. Mit Gefahrengütern würden wir jetzt vollends stecken bleiben.«

Wir schauen der Sonne beim Sinken und Rotwerden zu. Zurzeit kommen wir auch mit unseren Lebensmitteln nicht mehr weiter. Ich spüre, allmählich beginnt es sanft zu brodeln in Markus' Brust. »In Holland ist das besser«, sagt er, »bei jeder Unfallmeldung rücken Sanität, Polizei und Abschleppdienst unverzüglich im Dreierpaket aus. Wahrscheinlich neun- von zehnmal umsonst. Dafür steckst du kaum je in einer ›coda‹. In Deutschland gehören zehn und zwanzig Kilometer Stau zum Alltag eines Chauffeurs. Und hier?« Er presst die Lippen zusammen. Wir werden sehen. Das GPS zeigt uns, wo wir stehen. Vierzehn Kilometer vor der nächsten Einfahrt in die Autostrada. Der Name, der bisher bloß eine Folge von Buchstaben war und wie Tarragona klingt, bekommt unversehens Bedeutung. Tortona. Stehen, rollen, stehen, rollen im Schritttempo. Dafür können wir nach dem Flieder in den Vorgärten greifen.

Markus findet es zum Kotzen. Ob wir das Auto abstellen? Aber was du gefahren bist, bist du gefahren. Auf einem Ferienfährtchen kommt es auf ein paar Stunden nicht an. Da kannst du fahren, so lange du willst. Wir aber bleiben stehen, abends um zehn. Zack, ein Entscheid. Markus stellt den Motor ab. Schluss mit der Arschvibrationsmassage. Göttliche Ruhe. Bis zu den nächsten Metern durchs nächste Rapsfeld. Und ständig liegt eine andere Frage in der Luft: Wie lange wohl Walo der Diesel noch reicht? Das Navigerät schickt uns links auf eine Abkürzung. Höhe bis zwei Meter sechzig. Da kommt kein Vierzigtonner durch. Wir haben drei Meter siebenundachtzig.

Fast eine Stunde später stehen wir vor einem Rotlicht, das die Kreuzung mit einem unbefahrenen Schottersträßchen regelt. Es schaltet in kurzen, gleichmäßigen Abständen von Rot auf Grün und von Grün auf Rot. Markus entlädt seine Spannung mit einem Schlag auf den Mercedes-Stern auf dem Lenkrad: »Ein Polizist würde reichen. Ein einziger Polizist, der dieses dumme Rotlicht ausschaltet – und wir wären demnächst in Chiasso.« Aber es ist nicht nur dieser eine fehlende Polizist. Noch ein Lichtsignal und noch eins und noch eins. Markus sagt: »Gopferteckel, jetzt reichts. Wenn wir jetzt noch in die Ruhepausenvorschrift reinlaufen, hats uns erwischt.«

Dann ruft Walo an, grinsend: »Arschloch klingt so wunderschön auf Italienisch, nicht wahr?«

So, und jetzt. Gewonnen. Als wir die Autostrada wieder erreichen, steht die Sonne noch wenige Zentimeter über dem schnurgeraden Horizont. Großes Aufatmen. Es könnte uns noch reichen zurück in die Schweiz. Markus hatte erst kurz nach neun daran gedacht, die Scheibe laufen zu lassen. Das kommt uns nun zustatten. Es wird knapp, wenn wir noch vor Ablauf der zulässigen Arbeitszeit über die Grenze kommen, aber es könnte reichen. Sechs Tage fahren sind pro Woche erlaubt. An vier Tagen während insgesamt neun Stunden, an zwei Tagen während insgesamt zehn Stunden. An wahlweise drei Tagen haben elf Stunden Ruhezeit zwischen Abfahrt und Ankunft zu liegen, an drei Tagen pro Woche reichen neun Stunden.

Die Befreiung aus dem Blechkorsett des Staus motiviert uns, Beethovens Sechste in den CD-Schlitz zu schieben. David Zinmans Zürcher Tonhalle-Orchester klingt so frisch und scharf wie das Aftershave heute Morgen. So feiern wir die heiteren Gefühle bei der Ankunft in Tortona und das lustige Zusammensein der Landleute auf den Reisfeldern beidseits der Pannenstreifen. Auf der Hülle ist Beethoven zitiert: Die Szene am Bach haben die Goldammern da oben, die Wachteln, Nachtigallen und Kuckucke ringsum mitkomponiert. Gerade als nach Gewitter und Stau der Hirtengesang beginnt, ruft der Werkstattchef von Mercedes in Schlieren an. Nun sei klar, warum beim manuellen Schalten der Gang manchmal rausfalle. Es hapere bloß an einem elektronischen Teil, nicht größer als eine Zigarrenschachtel, sehr teuer, aber schnell montiert. Er habe sich im Werk in Deutschland erkundigt. Markus solle vorbeikommen, wenn er mal in der Nähe sei.

Markus hängt ein und schüttelt den Kopf: »Nach über vier Jahren! Wieso haben die sich nicht schon früher schlaugemacht? Wie oft haben wir deswegen Tempo verloren und Diesel verschwendet, um wieder auf Touren zu kommen. Vor allem auf langen Steigungen irgendwo in den Ardennen oder den Pyrenäen.« Oft ist Markus deswegen in der Werkstatt gewesen, wo aufs Geratewohl und erfolglos dieses und jenes ersetzt wurde. Ein Telefon nach Wörth hätte ihm viel Ärger erspart. Der Servicevertrag verpflichtet Mercedes zur Übernahme sämtlicher Kosten.

Ich gebe mich den frohen und dankbaren Gefühlen nach dem Sturm und Stau hin. Markus kommt noch nicht von Rotlichtern und »der Zigarrenschachtel« los: »Die Lässigkeit ist es, die mangelnde Neugier, die einen angurkt«, sagt er, »nur Bosheit gurkt einen noch mehr an.« Er hat ja recht. Vollkommen recht. Ein Polizist pro Rotlicht würde reichen. Die vierhundertsechzig Pferde in der Raubkatze des Elefanten schnurren wieder wie eh und je, als ginge sie das alles nichts an. Sie laufen ihre neunundachtzig, nicht mehr und nicht weniger. Vielleicht haben Motoren doch keine Seele.

Markus sagt: »Ich möchte einfach noch über diese Grenze heute Abend. Das Puff (dt. hier: der Stau) morgen früh in Chiasso will ich mir partout nicht antun. Schon lange vor sechs Uhr stehen sie kreuz und quer.«

Wie Walo wohl das Puff vermeiden will? Warum hat er die Q8-Tankstelle gleich am Hafenausgang ausgelassen? Nun wird ihm die Zeit fehlen, die er dort eingespart hätte. Er hat Stress, weil er auf der Autobahn eine Möglichkeit finden muss. Wenn er Pech hat, geht ihm der Diesel aus, oder er muss einen Zwischenhalt einschalten, um woanders etwas Reserve zu tanken. Auch Walo weiß doch, dass Unterlassungen sich rächen können.

So ist das eben, und es beginnt schon morgens früh. Markus hat das mit der ersten Tankfüllung als Sattelschlepperfahrer gelernt. Man rasiert sich etwas zu lang, der Kaffee kommt zu heiß aus dem Automaten: Fünf dumme Minuten verplempert, und man steht eine halbe Stunde vor einem Autobahnkreuz. Der Frühverkehr kann innert Augenblicken von praktisch null auf Maximalstärke anschwellen. Lieber kommt man zehn Minuten zu früh und muss dann warten, bis die Schranke oder das Fabriktor aufgeht, als dass man sich wartend hinter zwei oder drei Klügere, Disziplinertere einreihen muss.

Über der Poebene schwebt eine Akazienduftwolke, süß wie Honig, intensiver als Diesel und reiner als der Schweinetransporter, der uns auf dem Weg in den Schlachthof bei einem Elefantenrennen vernaschte. Wären wir nicht zur Blütezeit unterwegs, es wäre mir nie aufgefallen, wie viele Akazien in Italien wachsen, aber jetzt, da ich es schreibe, tippe ich eher auf Robinien, die ähnlich blühen, mindestens so stark duften und sich gerne an Straßenrändern, Bahndämmen und trockenen Wäldern ausbreiten, aber nicht über einen so verklärten Namen verfügen. Wer kauft schon Robinienhonig, und wer weiß, ob er auch wirklich Akazienhonig bekommt, wenn Akazienhonig draufsteht. So drehen sich die Gedanken mit den Rädern.

Warum hält Markus diesem Bock so unverbrüchlich die Treue? Alles in allem dürfte es ihm kaum an etwas fehlen. Nötig hat er die Fahrerei kaum, nach zehntausend Operationen am offenen Herzen – Bypässe, Geburtsfehler, Klappenfehler – Stück für Stück, zwei bis drei jeden Tag, vorwiegend an bestens versicherten privaten Patienten, gut und gern zwanzig Jahre lang, und das in den goldenen Börsenjahren der letzten Jahrzehnte, als die günstigen Winde der Wirtschaft auch kleineren Vermögen tüchtig unter die Flügel griffen. Nein, nötig kannst du es nicht haben, denke ich, aber ich frage nichts, und er sagt nichts. Ein Steckenpferd gönnt er sich, könnte man sagen, wenn er in seinem Sattel säße, als Herrenreiter, und nicht als Kutscher fremder Herren auf dem Bock eines fünfachsigen Vierzigtonner-Sattelschleppers Autobahnen polierte.

Walo hat unterdessen schlappgemacht. »Ich gebe auf«, hat er übers Handy kurz vor Mailand gesagt, etwas frustriert, aber wohlgemut. Bis er endlich getankt hatte, wies ihn die Scheibe in die Schranken. »No trespassing«. Gesetzlich mögliches Tagessoll erfüllt. Er parkt beim nächsten Autogrill und steht an der Kaffeebar, während wir nun schon bald zwölf Stunden in Italien sind und noch nicht mal einen Espresso gerochen, geschweige denn getrunken haben, nur diesen Automatenkaffee auf Sonnenblumenölbasis. Also denn, Walo, genieß es, bis morgen in Lugano. Espresso hin oder her, für heute gilt: The winner is ... Markus Studer, Internationale Transporte.

Walo wird morgen früh vor fünf Uhr aufstehen, um Markus wieder einzuholen, doch selbst wenn er das schafft, wird Markus schon wieder eins weiter sein mit seinen Gedanken. Er sagt, er fahre strategisch: »Beim Operieren muss man immer zwei, drei Schritte vorausdenken. Alle möglichen Situationen antizipieren und für jede Möglichkeit verschiedene Szenarien entwickeln. Das ist auch das Geheimnis am Lenkrad. Voraussicht ist die beste Vorsicht.«

Das ist wohl eine Tugend, der einige seiner Herzpatienten ihr Leben verdanken. Und die uns jetzt gebührenden Vorsprung eingebracht hat. »Wir ziehen es durch«, sagt Markus, »Scheibe hin oder her. Weit ist es nicht mehr bis Lugano, und auf einem Autobahnparkplatz übernachten, das geht mir gegen den Strich.« Nein. So was tut Markus nicht. Stilfrage. Noch eine halbe Stunde einer Doppelkette von Rücklichtern hinterherfahren, rund um Mailand, in die Abenddämmerung hineinfahren, das Lucky-Luke-Gefühl mit einem Waldluftstängel intensivieren – et voilà. Chiasso by night. Es riecht nach Pisse, irgendwo in der Nähe schlägt laut Metall auf Metall. Kaum sonst irgendwo wirkt die Schweiz so gespenstisch international wie an den bald letzten Zollübergängen innerhalb Europas. Die düsteren Asphaltwüsten, die uniformierten Gestalten, die im Flutlicht ihre Schatten werfen und ihre Pistolen vom Gurt baumeln lassen, so selbstverständlich, als wäre das ihr

Gehänge, aus dem sie pinkeln. Der Ort wirkt so unwirklich und doch so bedrohlich, fast als wäre unsere Frontscheibe eine Cinemascope-Leinwand für einen Agentenfilm aus dem Kalten Krieg. Wie wir über die Grenze gekommen sind, weiß ich nicht mehr. Es ist weggefallen aus dem Gedächtnis, wie die Film-Enden beidseits eines Schnitts. Als Nächstes sind wir wieder dort, wo wir heute Morgen, vierhundertfünfzig Kilometer früher, begonnen haben. Beladen mit Sonnenblumenöl roh in Lugano-Manno.

Der Traum vom großen Geschirr

Markus stellt den Motor ab. Die Sitze sacken hydraulisch zusammen. Es ist, als hätte man uns die Luft rausgelassen. Endlich Ruhe. Endlich schlappmachen dürfen. Rund um uns herum Asphalt und Beton, der gleiche wie gestern Abend, kein Strauch, kein Baum, und die Grillen sind auch wieder da, ganz in der Nähe. Nur zwei oder drei, gerade genug, um uns die Sinne zu öffnen für die Werte jenseits des Pannenstreifens. Markus knipst die Vierundzwanzig-Volt-Lämpchen in der Kabine an. Sie werfen ein fahles Licht auf die graue Plastik-Innenverschalung. Immerhin, wir sitzen nicht im Dunkeln, und auf eine fast abenteuerliche Weise wird es sogar gemütlich. Es hat noch Brötchen und Camembert im Kühlschrank, und wenn man tiefer greift, gelangt man zum Bier. Markus schnappt sich ein Fläschchen und sagt: »Ich hatte immer gesagt, 2003 ist der Studer nicht mehr am Herzzentrum. Ich hatte meinen Traum vom großen Geschirr. Katharina war es, meine Frau, die mir den Anstoß gab: Nicht nur reden davon, sagte sie. Jetzt tu es.«

Später sagt er: »Unterdessen habe ich das ganze Alphabet. Oder mindestens die erste Hälfte. Alle Fahrprüfungen von A bis F. Als Letztes kamen der Lastwagenbrief, der Anhängerbrief und der Brief für den Sattelschlepper und den Bus. Ich fragte mich: Was ist gut für einen älteren Knaben wie mich. Flüssiges fand ich prima. Das musst du nicht selber auf- und abladen. In flüssigen Lebensmitteln sah ich meine Zukunft. In Hygiene kannte ich mich schon aus. Was wollte ich lieber als ein Tankfahrzeug. Heute Fruchtsaft, morgen heiße Schokolade und übermorgen... Immer etwas Flüssiges halt. – Möchtest du einen Schokoriegel? Die habe ich letzthin in Broc bei Cailler gekriegt.«

Aber gerne doch. Bettmümpfeli nennen wir diese süßen Nachspeisen vor der Nachtruhe. Wir lassen die Schokolade zergehen. Dann sagt Markus: »Natürlich bin ich ein Exot in der Branche. Uns Schweizer kannst du bald an einer Hand abzählen.«

»Und Frauen?«, frage ich dazwischen, »ist Lastwagenfahren immer noch Männerdomäne?«

»Genau wie die Herzchirurgie«, sagt er, »die lange, unregelmäßige Arbeitszeit fast rund um die Uhr schließt Frauen von vornherein aus. So wie sie von klein auf lernen, mit Nadel und Faden umzugehen, wären sie prädestiniert für die Arbeit am offenen Herzen – aber außerstande, sich dazu auch noch um ihre Kinder zu kümmern.

Als bei uns die Kinder draußen waren, fühlte ich mich endlich frei – und bereit zum großen Sprung. Um mir als selbstständigem Camionneur die Existenzgrundlage zu sichern, suchte ich einen Spediteur, bei dem ich unter Vertrag fahren konnte. Ich hatte die Wahl zwischen dreien: Einer ging unterdessen kaputt, einer liegt in der Westschweiz, und der dritte, Transfood, in der Ostschweiz.

Erst teilte ich die Aufträge mit meinem Partner Bruno Bopp, einem ehemaligen Swissair-Piloten. Ich wollte vier Jahre fahren und schloss mit ihm einen Vertrag ab. Wir kauften diese Sattelzugmaschine und mieteten den Auflieger von Transfood dazu. Der Vertrag sah vor, vier Jahre gemeinsam zu fahren. Wer vorher ausstieg, dem sollte es wehtun. Bopp stieg trotzdem aus. Er wurde Gemeinderat und privatisiert. Nun fahre ich seit bald zwei Jahren allein. Das werde ich auch weiterhin tun. Das Geschäft läuft gut. Aber die Preise sind tief. Immerhin: Zwanzig Tage nach Monatsende habe ich das Geld auf dem Konto. Immer. Das ist in der Branche nicht selbstverständlich.«

Das Brummen von Dieselmotoren und die hellen Lichtkegel eines Konvois von fünf Sattelschleppern unterbrechen das Gespräch. Sie kommen auf unser Gelände und parken uns gegenüber. Auf den Aluminiumtanks steht »Tatratrans«. »Siehst du«, sagt Markus, »aus Ungarn. Fünf von Tausenden, die uns die Marge verderben.«

Er zieht die Gardinen und sagt: »Gerade als ich anfing, suchte die Schweizer Detailhandelskette Migros einen Partner für ihre Straßentransporte. Fast dreißig Spediteure bewarben sich um einen Vertrag. Transfood kam zum Zug. Es war ganz einfach. Der günstigste Bewerber gewann. Fast ein Drittel unter den bisherigen Preisen. Das war ein Erfolg für Transfood. Aber es schlägt aufs Einkommen jedes einzelnen Fahrers durch. Von den rund dreißig Autos von Transfood machen rund die Hälfte sogenannte Hauseckenfahrten. Sie fahren kürzere Strecken, oft täglich dieselben. Die andere Hälfte macht die internationalen Transporte. Oft erfahre ich erst am Montagmorgen, wann es losgeht, wohin es geht und wie es danach weitergeht. Irgendwie komme ich immer zurück. Ja, bis jetzt bin ich immer zurückgekommen. Auch das ist nicht selbstverständlich.

Der Disponent ist die Schlüsselfigur. Michi hats in der Hand, welchem Fahrer er die Jobs der ersten Wahl zuteilt. Offenbar steht er auf verlorenem Posten. Nie kann er es allen Fahrern recht machen. Weil Irren menschlich ist, trifft er nicht immer die beste Entscheidung, und weil er menschlich entscheidet, hat er Sympathien für einzelne Fahrer. Klar, dass die eigenen Leute in der Regel besser wegkommen als die Vertragsfahrer. Motzen und den Disponenten vergraulen wäre trotzdem nicht klug. Es gibt zwar tausend Möglichkeiten, ihn zu verarschen, doch hat er immer noch eine Möglichkeit mehr, sich zu rächen. Besser, man redet mit ihm, oder wenn sich nichts ändert, sucht man Unterstützung beim Chef. Aber Michi ist prima. Ich kann mich nicht beklagen über das Los, das er mir zuteilt. Immer wieder etwas Neues. Es gibt Fahrer, die Tag für Tag, gleichsam im Linienverkehr, Zucker von Rupperswil an der gleichen Rampe abladen. Stell dir vor, jeden Tag Rupperswil, jeden Tag Zucker, hin und zurück. Traumstrecken sehen anders aus. Die Route Sixty-Six zum Beispiel. *Get your kicks on Route 66!* Oder *from San Diego up to Maine.* Das sind ganz andere Dimensionen.«

Die fünf Tatratrans-Fahrzeuge stellen endlich ihre Motoren ab. Markus stiftet noch mal einen Schokoriegel und holt ein zweites Bier aus dem Kühlschrank. Es fühlt sich sehr kalt an und weckt noch einmal die Lebensgeister. »Stell dir vor, im Service-Center am Highway im San Bernardo Valley in Kalifornien stehen tausendeinhundert Plätze bereit. Für Autos, von denen wir nur träumen können. Die Zugmaschinen sind fahrende Einfamilienhäuser. Diese langen Kabinen hinter den langen Motorhauben mit dem vielen Chromstahl und den Auspuffs, die wie die Kamine von Dampflokomotiven in den Himmel ragen, mit diesem Deckelchen drauf, das unermüdlich auf und ab hüpft, solange das Triebwerk läuft. Aber diese Einfamilienhäuser sind nur in Amerika möglich, weil dort nicht die Fahrzeuglänge, sondern nur die Länge des Aufliegers begrenzt ist. Das sollte auch bei uns erlaubt sein. Allein schon aus Sicherheitsgründen. Ein Meter Knautschzone vor dem Kopf reicht einfach nicht aus. Aber seit ich meinen Sohn Christoph im Silicon Valley besucht habe, will ich nicht mehr nach Amerika. Habe ich es nötig, mir die Fingerabdrücke nehmen zu lassen, meine Iris vermessen und Hunde an mir rumschnüffeln zu lassen, um das Land als Gast zu betreten?«

»Wenn du wählen könntest, wohin würdest du fahren?«

»Hier, im guten alten Europa, hinunter in die Toskana, oder ins Burgund und weiter zu den Châteaux von Bordeaux, um Wein nach Hause zu bringen. Am liebsten aus Spanien. Aus dem Rioja. Aber Transfood wird nicht erlauben, für Dritte zu fahren, solange der Auflieger nicht mir gehört. Wäre es mein eigener, ich hätte ihn schon lange litrieren lassen. Denn anders als alle anderen Flüssigkeiten, die nach Gewicht transportiert werden, reist Wein per Liter. Und dafür braucht es eine geeichte Skala im Tank. Ja, Weinfährtchen bleiben ein Traum. Aber auch von Fahrten in den Norden träume ich hie und da. Schweden wäre schön. Oder der ganz hohe Norden. Finnland. Diese endlos langen Strecken durch die Wälder, wenn die Sonne um Mitternacht schräg zwischen den Stämmen durchblitzt. Aber dieses Geschäft haben baltische Spediteure an sich gezogen. Zu konkurrenzlosen Preisen. Ja, Finnland bleibt mein Traum. Aus Nostalgie.«

Ich halte mein Bier, bis es warm wird, in der Hand. Markus sagt: »Vor vielen Jahren, ich war noch Schüler, verbrachte ich einen Sommer in einem Austauschprogramm auf einer Insel vor Helsinki. Es gab kein Wasser, keinen Strom, aber Batterien brachten ein Grammofon und einen Lautsprecher zum Lärmen. Es war gerade die Zeit, als die Beatles mit *Michelle, ma Belle* und *I Wanna Hold Your*

Hand die Welt verzauberten. Nachts kam die Jugend des Camps in einer Lichtung am Strand zum Tanzen zusammen. Das heißt, die Mädchen kamen in Scharen. Die Boys waren zu faul, um Händchen zu halten, und die Mädchen nur allzu begierig, gehalten zu werden. So tanzten die Mädchen untereinander. Elfengleiche Geschöpfe von strohblond bis rabenschwarz. *I wanna be your man*. Alle sangen mit. Auch ich sang es jeder herzhaft entgegen: *I wanna be your man*. Nach Finnland möchte ich noch einmal, auf meine alten Tage. Finnland ist fast schon das Paradies. Auf einem siebenachsigen Sechzigtonner an diesen zahllosen Seen entlang, wo die Elche mit ihren Geweihen am Straßenrand stehen, als wären sie ausgestopft und hätten schon immer genau so gestanden.«

Markus sagt nichts mehr. Ich schaue zu, wie seine Zigarette aufglimmt und wieder erlischt. Aufglimmt und erlischt. Als sie zu Ende ist, lassen wir die Sitze und die Lehnen nach vorne fahren, um etwas Raum vor den Kajütenpritschen zu schaffen, räumen unsere Reisetaschen und anderen Klimbim beiseite und breiten die Schlafsäcke aus. Einer steigt raus ins Freie, während der andere sich umzieht, und umgekehrt, nicht aus Scham, bewahre, sondern um uns nicht ins Gehege zu kommen. Die Kabine hat zwar Stehhöhe zwischen den Sitzen, aber für zwei bleibt nicht genügend Bewegungsfreiheit.

Als wir im Trainer dastehen, greift Markus nach dem Baseballschläger hinter dem Sitz und sagt: »Nur für den Fall. Die Tage im Auto sind lang, die Nächte kurz, der Schlaf tief, und wie die Straße zählt auch ein Parkplatz zur Risikozone.« Ich wiege den Schläger in der Hand und versuche mir vorzustellen, wie es sich anfühlt, wenn er einen Schädel zertrümmert. Markus sagt: »Ja, man muss schon aufpassen, dass niemand die Kabine mit Narkosegas füllt und einen ausplündert. Man hört immer wieder solche Geschichten. Am besten übernachtet man zu zweit oder zu dritt und passt aufeinander auf. So kann man auch an exponierten Plätzen mal vom Auto weggehen. Wo es irgendwie brenzelt, in schäbigen Quartieren, auf einsamen, unübersichtlichen Plätzen oder so, ziehe ich zwischen den inneren Türgriffen Spanngurte quer durch die Kabine. Die reißt einer nicht so leicht entzwei.«

»Da brauchst du den Baseballschläger gar nicht.«

»Schön wärs, zum Glück ist mir bis jetzt noch nie was passiert.«

Mir kommt es seltsam vor, einen Koloss von vierzig Tonnen Stahl mit einem Baseballschläger zu verteidigen. Markus ist um die Details bekümmert: »Musst ihn wieder passgenau in die Ecke legen, sonst verklemmt er die Kühlschranktür hinter dem Stehplatz.« Danach bilden wir ein Duett sanft schnarchender Baritone.

Hie und da klettert einer von uns über die Sitze, die Tritte runter und schifft ins Gras.

Dienstag

San Bernardino

Wenn wir gestern Abend schon in Lugano stecken geblieben sind, soll es heute wenigstens bis zum Bodensee reichen. Über den San Bernardino hinüber nach Graubünden, und von dort dem Rhein entlang bis ans Ziel. Wir haben Walo versprochen, auf ihn zu warten, bis heute Morgen um acht. Wir könnten also ausnahmsweise ausschlafen – bis um sechs Uhr früh die fünf Sattelschlepper von Tatratrans aus Ungarn, die neben uns auf dem Gelände übernachtet haben, die Motoren aufbrummen lassen. Eine ganze Stunde lang. Besser als schlafen ist umladen. Einer unserer drei Tanks muss leer gepumpt und mit einer anderen Sorte Sonnenblumenöl wieder voll gepumpt werden. Los. Was zögern wir noch.

Danach gehen wir in die Tankstellenbar zu einem Cappuccino. Dass die Latzhosenmänner, ohne es zu merken, noch einmal in der gestrigen »Gazzetta dello Sport« blättern, behaupte ich nicht aus voller Überzeugung, aber es sieht ganz danach aus. Vielleicht sind es ja auch andere Latzhosenmänner.

Walo trudelt pünktlicher ein, als er es sich wohl selbst zugetraut hätte. Wie frisch geduscht. Der Star des Morgens. Aber Markus ist schon wieder einen Schritt weiter: »Ich setze jetzt auf meiner Scheibe eine Stunde Arbeitszeit ein.«

»Hm?«, fragt Walo und schaut weiterhin gleichgültig dem Girl an der Bar hinterher.

Markus sagt mit seinem klaren, ehrlichen Blick: »Ja, ich bin schließlich dran, einen Tank voll Sonnenblumenöl abzuladen und wieder Sonnenblumenöl aufzuladen.«

»Hm?«

»Ja. Einen Teil von dem, was ich über den San Bernardino schleppe, lade ich gerade hier und jetzt in Lugano.«

Walo fragt: »Schummelst du ein bisschen?«

»Aber nein«, sagt Markus. »Ich kann ja nichts dafür, dass ich umladen darf.«

Plötzlich erhellt sich Walos Gesicht: »Das S. Weil du umlädst, darfst du mit einem S über den San Bernardino.«

»So ist das.«

»Das möchte ich auch.« Er denkt einen Augenblick nach. »Kann ich nicht meinen Auftrag neu formulieren?«

»Kannst du schon«, sagt Markus. »Gilt aber als Urkundenfälschung.«

»Was solls. Ich machs.« Walo geht fast im Stechschritt zum Auto, stellt sich einen neuen Lieferschein aus und manipuliert seine Scheibe, um den Modus Arbeitszeit einzustellen. Dann hängt er wie Markus ein Täfelchen mit einem gelben S auf rotem Quadrat ans Heck.

Die strategische, ja fast philosophische Bedeutung von Walos Modifikation sollte mir erst am Fuß des Bernardino klar werden. Die Welt ist eine Scheibe. Diese bestimmt ein Truckerleben auf die Minute genau. Wehe dem, der sich nicht daran hält. So klein oder so groß wie eine CD, lässt die Tachograf-Scheibe keinen Raum für ein Alibi. Jeder Tag beginnt mit einer neuen, schneeweißen. Fahrzeit, Pausenzeit, Kilometerstand vorher und nachher, Geschwindigkeit, alles hinterlässt Spuren – und ist nicht mehr rauszuwaschen. Kein Einweichen, kein Weichspülen hilft. In der Schweiz genauso wenig wie in der EU. Neun Stunden sollst du fahren am Tag. Zwei Stunden darfst du anderweitig arbeiten, zum Beispiel warten. Von der elften bis zur vierundzwanzigsten ebenso. Und noch ein Gebot. Nach viereinhalb Stunden Fahren sollst du drei viertel Stunden pausieren. Du kannst sie auch auf fünfzehn und dreißig Minuten aufteilen. Zweimal pro Woche sind zehn Stunden Fahrzeit erlaubt. Über Nacht sind elf Stunden Ruhezeit Pflicht. Dreimal pro Woche reichen neun Stunden. Wer sich um diese und viele andere Vorschriften foutiert, wird nicht lange fahren. Die Bußen sind saftig, der Entzug des Führerscheins geht an die Substanz. Wehe dem, der glaubt, ohne Scheibe fahren zu können. Die Scheibe rauszunehmen gilt in der EU als Urkundenfälschung. Doch wer niemals eine Fünf gerade sein lässt, bringt es als Fernfahrer kaum auf einen grünen Zweig.

Jetzt, am San Bernardino, hat Walo neue Wege und ein Mittel gefunden, den Paragrafenreitern ein Schnippchen zu schlagen. Es geht darum, den sogenannten S-Verkehr zu beanspruchen. Der S-Verkehr begünstigt die Fahrer im Schweizer Binnenverkehr. Wer wie Markus heute Morgen in der Schweiz geladen hat und auch wieder ablädt, bleibt nicht an den Ausstellplätzen vor den Pässen hängen. Indem Walo mithilfe der Scheibe glaubhaft macht, in Lugano geladen zu haben, braucht er am Fuß des Passes nicht zu warten, bis sie uns alle zwei Stunden einmal in einer langen Kolonne zur Anfahrt durch den San-Bernardino-Tunnel winken.

Damit alles mit scheinbar rechten Dingen zugeht, zaubert Walo einen *Umlad* in seine Papiere, und um diesen *Umlad* mit den Angaben auf der Scheibe in Einklang zu bringen, schaltet er seine Scheibe auf den Modus Arbeitszeit. »Kreative Gesetzesinterpretation«, sagt Markus, »das würde ich nicht riskieren.«

Ich sage: »Ihr werdet gepiesackt und wollt wenigstens euren Spaß daran haben.«

Aber Walo widerspricht grinsend: »Nein, nein, die Gesetze dienen allein unserem Wohl. Wir können ihnen nicht besser dienen, als wenn wir sie so interpretieren, dass sie diesen Zweck auch erfüllen.«

Im Bündelchen der Zeitungen, das wir uns für eine ruhige Minute aus der Bar mitgenommen haben, fällt mein Auge auf die Zeile: »Was für ein Land, das die Menschen dazu zwingt, sich mit illegalen Mitteln durch den Alltag zu schleppen.« Mein naheliegender Gedanke, die Geschichte drehe sich um Trucker in Deutschland und in der Schweiz, erweist sich auf den zweiten Blick als falsch. Es geht um Pedro Gutiérrez' »Schmutzige Havanna Trilogie«, um diese literarische Dauererektion, die dem Helden Pedro Juan über vierhundert Seiten das Überleben in der täglichen kubanischen Katastrophe gestattet. Markus dreht das Radio an, und wir hören:

I've been all around this great big world
To Paris and to Rome
And I've never found a place that I
Could really call my own
But there's a place where I know
The sun is shining endlessly
And it's calling me across the sea
So I must get back to San Bernardino

Well I'm older and I'm wiser
And I've seen the light of day

And I think it's time to realize
My dreams have gone astray
But I tried so hard to reach that star
That was so far away

Truckerfreuden, dass einem fast die Tränen kommen. Wieder mal führt der Zufall Regie. Auf unseren Hochsitzen schwelgen wir in der Stimme aus dem Radio, schauen durch den Mückenfriedhof auf der Frontscheibe hinab aufs automobilistische Niedrigwild um uns herum und fressen Asphalt, um bei Bellinzona in die sich verengende Ritze des Misox Richtung San Bernardino einzurollen.

So now I gotta find that road
That's leading home to San Bernardino

Ob ich das auf der Blues Harp hinkriegte? Ich lege mir die Töne zurecht für meine Hohner in G. Nicht dass ich sie nach den Regeln der Kunst so zu quälen verstehe, dass die Herzen der Hörer zu schluchzen beginnen. Eher quäle ich damit meine eigenen Ohren – und treibe es heimlich. Wildwestmelodien sind nicht allzu schwierig. *Blood in the Saddle* zum Beispiel. Oder *Spiel mir das Lied vom Tod*. Diesen ersten Heulton in den Keller ziehen und wieder aufjaulen zu lassen, hatte ich in meinen Rucksackreisejahren ein paar Hundert Telefonstangen weit geübt. Bis die Drähte zu weinen begannen. Zu schade, habe ich dieses kleine Ding jetzt nicht dabei. *Home to San Bernardino*. Gerade, als der Refrain zum letzten Mal kommt, ruft Walo an. Er hat kalte Füße bekommen: »Du, Markus, ich glaube, ich habe Scheiße gebaut. Mein Tank ist doch plombiert. Wenn ich da erwischt werde, wirds teuer.«

»Nein, nein, lieber Walo, hast Glück«, sagt Markus nach kurzer

Überlegung und freut sich für ihn: »Es ist ja keine Zollplombe. Sie ist von der Firma. Es ist alles okay.«

Kurz darauf, am Ende der Talsohle, hält uns ein Security-Mann an: »Wo haben Sie geladen?«

Beide: »In Lugano.«

Er sagt okay und winkt uns durch. Hat der Mann nicht einen traurigen Job? Muss sich immer wieder nach Noten belügen lassen. Eine Reihe roter Plastikzylinder auf dem Asphalt weist uns nach links auf die Durchfahrstrecke. Auf der rechten Spur steht eine Kolonne von mindestens drei Dutzend Sattelschleppern. Darunter die fünf ungarischen von Tatratrans. Und tschüss. *Home to San Bernardino.*

Fünfundzwanzig Tonnen Sonnenblumenöl über die Alpen zu ziehen, ist auch für vierhundertsechzig Pferde Schwerarbeit. Ich stelle mir Rudolf Kollers Gotthardpost vor und wie breit seine Leinwand sein müsste, damit man vierhundertsechzig Pferde anschirren könnte. Lostallo, Cabbiolo, Soazza… In der ununterbrochenen Steigung kriechen und riechen wir an den Dörfern vorbei, während sich die Kühe an den Bäumen den Nacken kratzen. Ich bin schon öfter über den San Bernardino gefahren, aber noch nie mit so viel Zeit, um den Blick schweifen zu lassen. Von so hoch oben. Keine Leitplanke versperrt die Sicht in die Ferne, hinauf in die Firne. »Mit der Viper ist das anders«, sagt Markus. Sein geliebter Sportwagen. »Der Blick auf die Straße ist beschränkt, du spielst dauernd mit dem Gas und verdrehst dir Hals und Augen um den nächsten Fels.«

Das Schweizer Radio, das Markus den Hirtensender nennt, gratuliert Frau Bertha Abächerli, die eben im Alters- und Pflegeheim Sonnenruh in Amsoldingen ihren Fünfundneunzigsten feiern darf und heute Nachmittag ein Bsüechli ihrer vier Kinder, elf Enkel und sechsundzwanzig Urenkel erwartet. Nach einer Reihe Sechsundneunzig- bis Neunundneunzigjähriger folgen zwei diamantene Hochzeiten und eine eiserne. Dann erklingt *Im schönsten Wiesengrunde*, passend zum Blick hinunter auf die Moesa, die zu unserer Rechten durch den saftig-grünen Talboden Richtung Adria perlt. Weiter oben führt uns eine Barriere weg von der Autobahn auf die alte Passstraße. Auf der schmalen, gewundenen Strecke streifen uns die Lärchen und die Arven am Rand wie eine Liebkosung aus der Hand der Natur, eine Geste des Verzeihens für den Lärm und die Abgase, mit denen wir sie belästigen. In den Haarnadelkurven muss ich bei heruntergedrehtem Fenster schauen, ob kein Niedrigwild im toten Winkel rechts nach vorne huscht, aber meistens sehe ich nur den keuchenden Walo, an dem ebenfalls kaum einer vorbeikommt. Er hat einen etwas längeren Auflieger als wir; er schafft die engsten Radien nur, wenn er bis auf die Grasnarbe ausholt.

Die fünfundzwanzig Tonnen Sonnenblumenöl haben ihren Preis. Wir fahren im Gang vier/hoch, das heißt im neunten von sechzehn, nicht ganz mit Vollgas, um die vierhundertsechzig Pferde zu schonen. Durstig genug sind sie ohnehin. Die Anzeige gibt einen Durchschnittsverbrauch von 86,4 Liter Diesel auf hundert Kilometer an. Seit heute früh haben wir einundsiebzig Liter verbraten – und sind noch nicht ganz oben. Allmählich begreife ich, wie viel Walo die freie Gesetzesinterpretation und das S einbringen. Wer im Konvoi raufmuss, wie unsere fünf Ungarn, lernt leiden, besonders, wenn er etwa einen Holländer vor sich hat, der sich, ausreichend für sein plattes Land, mit dreihundertachtzig Pferden begnügt. Er bremst in jeder Kurve die Stärkeren aus, man muss schalten, wieder beschleunigen, und wenn es genügend steil ist, kommt man gar nicht mehr weg.

Markus hängt in Gedanken immer noch dem Tropfenzählsystem im Talboden nach: »Noch schlimmer ists in Biasca, Gotthard-Südrampe. Da stehen oft über hundert und warten drauf, sich um die rot-weißen Plastikzylinder eines Parkplatzes zu schlängeln, oft über Stunden. Alle paar Sekunden wirds für ein Fahrzeug grün. Nur für eins. Auch wenn die Strecke frei und kaum befahren ist. Reine Schikane. Das Gemeinste daran ist für uns, dass die Stunden auf den Abstellplätzen als Fahrzeit gelten, obwohl man nicht wirklich fährt. Kaum ist man dann wieder auf der Strecke, bremst einen die Scheibe mit ihren Ruhezeitpflichten aus.«

Aber jetzt, da der Weg weit und breit und frei von Holländern ist und sich in der Ferne gerade eine farbenfroh segmentierte Brummerschlange vom Tunnel her uns entgegenwindet, erfasst uns ein Glücksgefühl, das mich an meine ersten Autoerfahrungen in den Fünfzigerjahren erinnert, als wir unterwegs zur Gotthard-Passhöhe im VW-Käfer auf den Rücksitzen standen, den Kopf durchs Schiebedach streckten und die alpenfrische Zugluft genossen. *Freedom now*. Mein Vater zelebrierte seine Allmachtsgefühle mit einem fast kultischen Wechsel der Gänge an der Stockschaltung, rauf und runter. Er konnte es kaum fassen, dass wir diese oder jene Steigung mir nichts, dir nichts im dritten schafften und dass wir einfach so, luftgekühlt raufruckelten über das Kopfsteinpflaster, während stolze Simcas, Panhards, Borgwards und Chevrolets zischend und dampfend an einem Bach standen und Wasser über den Kühler geschüttet bekamen, um für die letzten Kehren zum Hospiz Atem zu holen. Und jetzt. Im neunten Gang bei nicht einmal Vollgas. Da mögen Neider noch so behaupten, ein Stern gehöre an den Himmel und nicht auf die Straße. Doch für uns: Ist es nicht eine Gnade, seinem Zeichen zu folgen?

Oben auf dem großen Parkplatz vor der Tunneleinfahrt vertreten wir uns die Füße zur Feier des Höhepunkts der Woche, tausendsechshundertacht Meter über Meer, dem Himmel um über tausend Meter näher als heute früh. Für diese Augenblicke lohnt es sich, Tage und Wochen zu fahren, schwärmt Markus und schaut in die Runde wie Hannibal, der eben seine Elefanten über die Alpen führt. »Brav, brav«, sagt er und klopft mit der flachen Hand auf die warme Kühlerhaube. Ein Pferd oder ein Elefant hätte jetzt ein Stück Zucker bekommen.

Kaum haben wir uns umgeschaut, springt auch Walo vom Bock, ganz aufgekratzt vom Erlebnis. »Das war was«, sprudelt es aus ihm heraus: »Schschsch… Schschsch.« Dazu schwingt er die Arme in weiträumigen Kurven: »Hast du gesehen, wie der Gummi fetzte, und hast du gerochen, wie er auf dem Asphalt verbrannte. Rauchwölklein und schwarze Spuren in jeder Kurve, wie am Grand Prix von Monaco.«

Markus meint, das habe mehr Reifen gekostet als Amsterdam retour. Ich hätte gern ein paar Fotos von den beiden Helden und ihren Gefährten gemacht, aber um sie als Pärchen vor dem Panorama des Piz Pian Grand oder des Piz Tambo in Szene zu setzen, hätten wir umparken müssen. Überdies pfeift ein bissiger Wind. Fast noch lieber hätte ich einen heißen Kaffee gehabt. Aber es ist wie auf einer Bergtour. Kaum hat man mit letzter Kraft die Spitze erreicht, zieht einen die Schwerkraft wieder nach unten, dem Rhein entlang bis zur Mündung in den seichten, schmutzigen niederländischen Niederungen. Das S brauchen die beiden jetzt nicht mehr und hängen es weg. Markus freut sich für Walo: »Vergiss bloß nicht, deinen Scheinlieferschein verschwinden zu lassen.«

Nur noch bergab

Soll noch jemand sagen, Sattelzüge seien Dreckschleudern. Bei der starken Neigung ist der Verbrauch exakt null. Nada. Niente. Schubverkehr. Die Dieselzufuhr abgeriegelt. Ein gutes Gefühl, so energisch auf der grünen Seite zu stehen. Da fällt mir ein Leserbrief ein, der unmittelbar auf den Artikel zur »Schmutzigen Havanna Trilogie« folgt und von dem ich in der Bar den Schlusssatz unterstrichen habe: »Mein VW Lupo 3L TDI bringt mich mit genau 3,4 Litern im Winter und 3,1 Litern im Sommer über die täglichen hundert Kilometer. Das ist die Messlatte.« Na, na, lieber Mario Läubli aus Diessenhofen, treten Sie mal von einer beliebigen Passhöhe aus gegen unseren Vierzigtonner-Mercedes-Actros-Sattelschlepper an, Sommer oder Winter, Sie dürfen wählen.

Im Rheinwald, gleich nach dem Tunnel, schauen wir sehnsüchtig hinüber zu einem der wenigen Routiershotels in der deutschen Schweiz. Wir träumen von einem der dreißig Sattelschlepper-Parkplätze und den dreißig spartanischen Pritschen, von denen wir je eine für dreißig Franken belegen könnten, um dem Himmel und seinen Sternen zumindest bis morgen früh etwas näher zu bleiben. Doch weil auf der Alpennordseite schwere Wolken ins Tal herunterhängen, fahren wir etwas leichteren Herzens vorbei.

Ich sage: »Hie und da könntest du dir zur Feier des Tages ein Leading Hotel of Switzerland leisten. Das ›Palace‹ in Gstaad, das ›Victoria-Jungfrau‹ in Interlaken …«

Markus macht erst mal bloß: »Hm.« Dann durchdringt mich sein Blick: »Zeig mir mal ein Fünfsternehotel in der Schweiz, das uns Routiers einen Parkplatz anbietet. In der öffentlichen Meinung der Schweiz und Deutschlands sind wir stinkende Ungeheuer, Verkehrshindernisse und Gefahrenquellen. Wo sind wir denn wirklich willkommen? Fahr bloß mal mit einem Sattelzug zum Essen. Wo wir Routiers nicht ausdrücklich willkommen sind, sind wir ausdrücklich unwillkommen. Vor vielen Lokalen verbauen uns Balken auf zwei Metern Höhe die Einfahrt. Vor den Supermärkten sind wir fast ausschließlich bei Aldi und Lidl gerne gesehen.

Anders in Frankreich. Dort werden wir als Motoren der Wirtschaft verstanden. Leclerc und Carrefour heißen uns herzlich willkommen. Bis hinab in die kleinen Dörfer, selbst vor Bäckereien, ist Platz zum Verschwenden. Für jeden Trucker sind das magische Anziehungspunkte. Den französischen Eclairs, diesen ›Liebesknochen‹ aus Brühteig, gefüllt mit Schokoladencreme, kann ich kaum widerstehen.«

Markus hupt vor jeder Kurve, dass uns das Echo von den nahen Felswänden ins Ohr zurückschlägt. Freilich hornt jeder Sattelschlepper ungefähr so, aber so nah an der Quelle des Klangs, hier oben im Cockpit, überrascht mich seine Gewalt. Ich glaube, an den Hängen rundum Gämsen vor Schreck tot umfallen zu sehen. Markus meint, das sei gar nichts. Er schwärmt von den TGV-Hörnern, die es in einschlägigen Shops in Holland zu kaufen gibt. Hundertdreißig Dezibel, das entspricht etwa dem Krach eines Düsentriebwerks. Markus sagt, als er in einer Tankwaschanlage erstmals eins gehört habe, sei er beinahe infolge Herzschlags auf den Operationstisch gefallen. Der Hall in der nackten Betonhalle verstärkte die Erschütterung zu etwas Unerhörtem, das durch Mark und Bein in die Urzelle der menschlichen Sinne eindrang.

Wir freuen uns, dass sie uns wegen einer Autobahn-Baustelle über die alte Landstraße schicken, sodass wir sehr oft hupen müssen und gar einem jener alten Scanias hupen dürfen, die Walo als schwedische Folterkammern bezeichnet hat. Das ist, als würde einem Sportwagenfreund ein Bugatti begegnen. Nufenen, Medels, Splügen, Sufers. Das Brummen des Motors, das bergab eher in ein beschwingtes Summen übergeht, widerhallt von den Trockenmäuerchen und Ferienhäuschen, und auf Waldstücken riecht es nach frischer Erde und Harz.

Markus hat wieder den Hirtensender eingeschaltet. Väter werden gesucht. Die Hörer können anrufen, um zu erzählen, wie sie von ihrer Vaterschaft erfahren hatten. Ein klassisches Radio-Gaga-Radio-Googoo-Morgenthema – und ein Männerthema, das uns in der Kabine zur unverbrüchlichen Gemeinschaft einschwört. Ein Vater sagt, bei ihm sei es umgekehrt gewesen. Was, *er* schwanger? Nein, nein, er habe ihre Mutterschaft vor ihr entdeckt, weil er Verdacht schöpfte, als ihr die Mayonnaise widerstand, die sie sonst immer zu Spargeln verschlang. Wir schmunzeln, aber sagen beide nichts. Ein anderer Vater meint, seine Frau habe es allen erzählt, bevor sie sich es ihm zu sagen getraute. Wir lachen. Vielleicht waren ja alle andern Männer eher als der eigene in Frage gekommen. Selber schuld, wenn er dann den schwarzen Peter annahm. Fast so doof wie Josef, welcher der »Jungfrau« Maria die Geschichte vom Heiligen Geist abnahm. Die Interviews verleihen dem Morgen eine fröhliche Note, doch im Grunde ist Markus nur auf die Verkehrsnachrichten aus. Zehn Kilometer Stau am Egerkinger Kreuz. Unfall an der Einmündung Dagmersellen und solche Dinge. Heute erfahren wir in bestem Schweizerradiohochdeutsch nur Gutes: »Der Vvkehr ffläuft zzei tschtöungfei.« Besser als der Hirtensender informiert etwa Radio Zürisee, wo die Hörerinnen und Hörer auch auf Radarkontrollen hinweisen, doch bleiben wir heute außerhalb des entsprechenden Sendegebiets. Frankreich scheint auch radiomäßig ein Truckerparadies. Sobald wir nach Frankreich kommen sollten, würden wir Inforoute auf 107,7 Megahertz einschalten. Da gibt es kaum eine Kontrolle, von der nicht augenblicklich fast die gesamte frankofone Welt erfährt.

In den zerklüfteten Tiefen der Via Mala bleibt dann auch vom Hirtensender nur noch ein Rauschen, nicht unähnlich dem Rauschen des jungen Rheins aus der engen, feuchtkalten Schlucht. Die »Schlechte Straße« ist der Flaschenhals, durch den sich bereits die Römer auf ihrem kürzesten Weg von Italien in die Räume von Donau und Rhein hindurchzwängen mussten, wie die Halbgalerien aus jener Zeit bis heute bezeugen. Und sie wurde zum klangvollen Titel eines mehrfach verfilmten Familiendramas des Schweizer Trivialschriftstellers John Knittel. Ich frage Markus, ob er einmal ausgestiegen sei bei der Touristenplattform, um seinen Fuß auf diese zentrale Stelle des europäischen Verkehrsnetzwerks zu setzen und hinunter in die Gischt der historischen Hexenküche zu schauen. Er verneint, krümmt seine vierzig Tonnen um die engen Kurven der alten Straße und quetscht sich durch die tief eingefressene Ritze zwischen den senkrechten Felsen durch. Wir hören uns in einer Art akustischem Spiegel. Das Drehen und Stampfen des Motors widerhallt von den schwarzen Felswänden.

Nach einem Nickerchen gegen Mittag erwache ich, schaue mich um und habe ein gutes Gefühl. An der nächsten Fußgängerbrücke über die Autobahn hängt eines der Plakate, die an vielen Stellen in der Schweiz für Sicherheit sorgen. Darauf steht: »Gratuliere. Sie fahren mit Abstand am besten«. Das muss man Markus Studer nicht zweimal sagen. Sein elektronischer Abstandsassistent hält ihn automatisch auf Distanz. Halber Tacho ist der Minimalabstand. Mit einer kleinen Zugabe sechsundfünfzig Meter bei der Höchstgeschwindigkeit von 89 km/h. Wie am Schnürchen gezogen, schnurren wir über die Autobahn im breiten St. Galler Rheintal Richtung Bodensee. Langeweile auf Rädern.

Einmal sagt Markus: »Wenn wir in St. Gallen sind, müssen wir unbedingt Walter Angehrn besuchen. Er war Kardiologe und dann Oberarzt im Zürcher Unispital. Wir hatten immer einen guten Draht zueinander. Als er in St. Gallen Chefarzt wurde, sagte er, dir schicke ich Patienten. Während meiner ganzen sechzehn Jahre im Herzzentrum hat er mir Patienten geschickt.« Dann hebt Markus die Hand an die Stirn, grüßt und lächelt.

»Sag nicht, du seist soeben Angehrn begegnet.«

»Nein, Kurt von der Transfood. Man muss die entgegenkommenden Kollegen grüßen. Sonst klingelt gleich das Handy: ›Markus, schlaaafsch?!‹«

Warten

Als wir knapp vor Mittag den Bodensee erreichen, ist der Dieselverbrauch ab Manno auf einen Durchschnitt von fünfundvierzig Litern auf hundert Kilometer gesunken. Unser Ziel heißt Sabo. Sabo ist einer der führenden Lebensmittelhersteller in der Schweiz und übernahm vor einigen Jahren die ehemalige Sais. In meinen Kindertagen kannte jeder Knirps den ultimativen Reklame-Slogan: »Wenn Öl und Fett dann Sais«. Markus sagt: »Sais-Öl, Scheiß-Öl.« Das hat er von seiner Mutter, die damit ihre gesunde Skepsis gegenüber internationalen Konzernen ausdrückte, von denen Sais damals einer der wenigen war. Jetzt stehen wir vor dem Tor und warten aufs Abladen. Frust. Der Koordinator der Spedition ist gerade beim Mittagessen und will nicht öffnen. Es ist ein breites Gittertor mit Zwischenraum, hindurchzuschaun. Wir tigern an den Stäben hin und her, aber niemand bemerkt uns. Hinter den Stäben liegt ein öder Fabrikplatz, begrenzt durch nackte Fabrikwände. Keine Bewegung – und von Walo weit und breit keine Spur. Nach ziemlich langen drei viertel Stunden, die wir am Tor wartend wie Bettler verbringen, steht er unversehens neben uns.

»Walo, wo hast denn du dich rumgetrieben die ganze Zeit?«
»Ich hab mir einen Sonnenbrand geholt.«
»Hm, wo denn?«
»Im Gras.«

Weil Walo bereits seit morgens um halb sechs unterwegs ist, musste er seine gesetzlich verordnete Zwangspause absolvieren. So hat sich die verschmähte Tankfüllung in Genua über einen Abend, eine Nacht und einen langen Morgen gerächt. Doch jetzt ist unser Vorsprung auf null geschmolzen. So vergeht unsere Zeit. Ob schnell, ob langsam, schließlich stehen wir alle vor dem genau gleichen Tor.

Natürlich hat auch Walo den alten Scania gesehen und ihm ebenso gewunken wie wir. Walo wird jedes Mal sentimental, wenn er an seine Einstiegsdroge denkt: »Ja, früher, in der Epoche vor der Servolenkung, drehten wir an einem Steuerrad, groß wie bei einer Jacht. Wir schauten zwischen den Speichen nach vorn, und jede Bewegung forderte den ganzen Mann. Das gab diese Arme, deren Ellbogen man so wirkungsvoll durchs offene Fenster schob. Einparken ging am besten im Stehen.« Es ist ihm anzusehen, wie er sich das Gefühl des Körperdrucks in Erinnerung ruft, dann fügt er an: »Da ging auch vieles kaputt.«

Später, beim Weiterwarten an den Rampen, während unser Luganeser Sonnenblumenöl abgepumpt wird, bedient uns Walo mit Gruselgeschichten aus der Truckerwelt. Dazu gibt es ein französisches Joghurt aus dem Kühlschrank, von letzter Woche. Ein schlechter Kollege hat Walo mal die Leiter herausgezogen, während er im Tank stand und die öligen Wände schrubbte. Als er merkte, dass ihm etwas fehlte, schrubbte er noch etwas weiter, ohne sich Gedanken zu machen. Als er hochschaute, gefiel ihm die Vorstellung, wie ein Frosch im Brunnen aus dem tiefen Dunkel ein Kreislein Himmel zu sehen. Als er fertig geschrubbt hatte, erschrak er zu Tode. Er saß fest. Er kam nicht raus. No way. Aus einem Vierzig-Tonnen-Sattelschleppertank kommt man ohne Leiter aus eigener Kraft nicht raus. Er wollte den Rand oben fassen, um sich rauszuziehen. Kräftig genug war er wohl, gestärkt vom Jachtrad in seinem Scania. Aber der Tank war zu groß, der Spund zu weit oben, da konnte er nicht hingreifen, auch nicht mit Springen. Walo rief nach dem Kollegen, der ihm den Streich gespielt hatte, aber der war so schlecht, dass er sich aus dem Staub gemacht hatte. Wenn er da sitzen blieb, wenn niemand hören wollte, wie er mit dem Schrubber an die Wand klopfte, oder wenn niemand es hören konnte, weil es nur innen so dröhnte… »Du kannst glatt verrecken da drin, lebendig begraben in einem geräumigen, blitzblanken Edelstahlsarg, mit einem Loch obendrin, damit sich die Seele verabschieden und rausschlüpfen kann. Ja, bei so einem Sarg braucht man nicht einmal den Deckel zu verschließen, um jemanden einzuschließen. Wie gerne wäre ich ein Frosch im Brunnen gewesen. Aber ich war der Käfer im Marmeladeglas.«

Seither weiß Walo, was Panik und Todesangst bedeuten. Klar kam Rettung, sonst könnte er die Geschichte jetzt nicht erzählen. Aber ein junger Kollege ist in so einer Geschichte gestorben. Er hatte sich über die Öffnung gehängt, um hinunterzuschauen, und das Gleichgewicht verloren. Nicht, dass er unglücklich fiel und sich das Genick brach. Auch nicht, dass der Spund zu hoch oben war, um danach zu greifen. Der Tank war ja gefüllt. Randvoll mit Maismehl. Das Maismehl hat den jungen Mann das Leben gekostet. Er versank einfach in einer Wolke feinem Pulver. Er strampelte nach einem Halt, nach einem Tritt, nichts war zu fassen in dieser nachgiebigen, staubigen Masse, und schon nach dem ersten Atemzug war er nicht mehr zu retten.

Markus sagt: »Die mikroskopischen Partikel verstopften ihm die Alveolen in den Lungen.«

Walo kennt noch eine dritte Möglichkeit, in einem Tank zu Tode zu kommen: »Der junge Mann hätte ebenso gut in Öl fallen können. In kerngesundes Raps- oder Olivenöl mit seinen vielen ungesättigten Fettsäuren: Öl ist Öl, und in Öl kannst du nicht schwimmen. Es ist leichter als Wasser, seine Dichte reicht nicht, um dich zu tragen. Du sinkst in die Tiefe und bleibst sauerstofffrei konserviert wie eine Sardine in der Dose, ganz unten am Boden, in Olio extra vergine di Olive.« Und noch eine vierte Möglichkeit. Das Gegenstück zum Ertrinken im Öl. Das Schwimmen auf Salzlake, wie im Toten Meer: »Du kannst nicht untergehen. Das Salz ist schwerer als Wasser. Es trägt dich. Aber wenn die Kammer nicht bis zum Rand gefüllt ist, erreichst du den Spund nicht. Ob du das Salzwasser trinkst oder nicht trinkst: In drei Tagen bist du tot.«

Trucker-Elend

Während das Öl durch die Leitungen gluckert, schwelgt Walo weiter in seinem Trucker-Elend. Die Horrorgeschichten unterfüttern seinen allgemeinen Überdruss.

»Du ackerst, du steuerst, du zahlst ein paar Hundert Euro für eine Wohnung, die du nicht bewohnst, du treibst keinen Sport, wirst fett, deine Frau läuft dir davon, deine Freunde vergessen dich, du kommst nicht ins Kino und nicht ins Konzert. Wann habe ich das letzte Mal zu steifen Servietten anständig gegessen? Es gibt so viele verkrachte Existenzen auf diesen Böcken. Geschieden, keine Kinder, keine Liebe, nur fahren, fahren, einsam in ihrer Kabine.

Ich höre auf, bevor es bei mir so weit kommt wie bei Robby. Vor ein paar Wochen saßen wir in einer Kneipe, wie so oft, und jammerten über den Gang der Dinge. Robby bestellte einen Wodka. Nur einen. Dann noch einen. Dann eine Flasche. Als er sie halb leer hatte, stand er auf, stolperte über Stühle zu einem Kollegen, der gerade die ›Bild-Zeitung‹ las, rempelte ihn an. Der Kollege rührte sich nicht, las weiter, als wäre Robby nicht da. Robby torkelte zurück zu seiner Flasche, trank sie wie Wasser leer, rempelte einen zweiten Kollegen an, ohne ersichtlichen Grund. Wir packten ihn und stellten ihn raus. Zwei Stunden später fanden wir ihn. Reglos über das Lenkrad gesunken. Er war nicht tot. Das nicht. Aber ehrlich, Markus, er brauchte einen Arzt. Er hatte sich ins Reich der rosa Elefanten gesoffen. Komasaufen. Das machen sonst nur die ganz Jungen. Sie müssen sich etwas beweisen. Wenn Alte das tun, ist Alarmstufe vier. Denk an Oliver, du kennst ihn auch. Vor zwei Jahren war das. Er ging einfach verloren. Vier Tage lang gleichsam vom Radar verschwunden. Er hatte durchgedreht. Genau wie Robby. Vier Tage lang lag er über dem Lenkrad im Koma.«

Walo schüttelt nachdenklich den Kopf: »So will ich nicht enden, nein, so nicht.«

Aufs Geratewohl, in ungerechtfertigter Verallgemeinerung, sage ich: »Ihr seid süchtig. Das ganze Leben eines Süchtigen dreht sich nur um das eine. Das eine beherrscht ihn rund um die Uhr.

Was immer. Etwas, das er einmal geliebt hat und jetzt hasst, aber nicht lassen kann. Für diese Hassliebe setzt er alles aufs Spiel. Seine Liebste. Seine Kinder, seine Freunde. Nicht, dass er das möchte. Ein Süchtiger sieht sich bei seiner Verelendung zu. Genau wie der Mann im Maismehl. Er kann nicht anders, als Maismehl zu atmen, weil er so tief drinsteckt in dem, was ihn umbringt, Walo, ein Süchtiger bleibt dran, auch wenn es ihn finanziell ruiniert, um jeden Preis.«

Markus streift seine schwabbeligen Gummihandschuhe über und schaut zu, wie der letzte dünne Strahl Öl in einen Plastikeimer abtropft. Sonnenblumenöl fließt leicht. Erwärmt auf fünfzig Grad, braucht es eine gute halbe Stunde. Markus hängt den Schlauch ab und schraubt den Deckel zu, und Walo hat noch etwas in eigener Sache nachzutragen: »Habe ich eine Freundin? Habe ich Kinder? Habe ich Freunde? Was habe ich vom Leben, das jenseits des Pannenstreifens beginnt? Habe ich noch eine Chance?«

Mittwoch/Donnerstag/Freitag

Hauseckenfahrten

Da oben am Bodensee vergeht die Zeit schleichend und kriechend. Die nächsten zwei, drei Tage verschmelzen zu einem gemischten Salat von Fabriktoren, Rampen, Kantinen und Fabrik-WC-Anlagen. Ich habe es verpasst, unseren Arbeitsweg auf der Straßenkarte nachzuzeichnen. Aber macht es einen Unterschied? Hauseckenfahrten sind diese ungeliebten Kurzstrecken. Die Eckdaten mögen Vevey heißen, Burgdorf, Frauenfeld oder Chur. Von Kreisel zu Kreisel, von Rotlicht zu Rotlicht, von Stoppstrich zu Stoppstrich. In der kleinen, dicht besiedelten Schweiz gibt es sie in verdichteter Konzentration. Ein Hindernislauf. Laden, wiegen, Frachtscheine regeln, fahren, wiegen, abladen, wiegen, reinigen ... warten, warten, warten. Die einschenkenden Kilometer läppern sich kaum zu homöopathischen Dosen zusammen.

Leerfahrten gehen zulasten des Fahrers. Stillstandszeiten genauso. Was kann der Fahrer dafür, wenn ihm der Disponent einen suboptimalen Fahrplan zuteilt? Kein Selbstfahrer kann sich mit Hauseckenfahrten durchfüttern. Geschweige denn seine Kinder. Ein Fernfahrer zwischen Hausecken ist wie ein Fisch im Aquarium. Er stößt sich dauernd die Nase an und langweilt sich zu Tode.

Wir sehen die Welt stets durch die Scheibe: die Scheibe des

Tachografs und die Scheibe im magmaroten Rahmen unserer Haut aus Blech. Der Blick hinaus führt stets über Bleistifte, Zeitungen, Straßenkarten und den ganzen Kram, der sich über die Tage auf dem Armaturenbrett ansammelt. Bei der nächsten Fahrt hat es Walo besser als wir. Unser gemeinsames Ziel ist Bischofszell, das Juwel einer historischen Kleinstadt in der Ostschweiz mit einer Lebensmittelfabrik, die sich einiges größer ausnimmt als der Ort. Während uns zur Reinigung des Tanks vom Sonnenblumenöl erst mal eine Fahrt um den halben Bodensee zu einer Anlage in Bregenz bevorsteht, kann Walo direkt nach Bischofszell fahren. Nicht, dass er das Reinigen ausnahmsweise wieder einmal selber machte, sondern weil er einen sogenannten Jumbo hat. Sein Tank fasst in den drei Kammern nicht wie der unsere dreißig Tonnen, sondern insgesamt sechzig. Sein Auto bringt schon vierzig Tonnen auf die Waage, wenn die Tanks noch halb leer sind. Deshalb muss er auch nur halb so oft zur Reinigung.

»Ein prima Konzept!«, sage ich.

Markus winkt den Jumbo verächtlich als Bieridee ab: »Walo hat zwar die doppelte Kapazität, und doch kann ich mehr laden als er. Sein Tank wiegt leer zwei Tonnen mehr als meiner, sodass er statt zwei Tonnen Fracht zwei Tonnen mehr Leergewicht schleppt.«

Tanken

Unterwegs frage ich Markus einmal, was ihm lieber wäre, ein Bein ab oder immer Kopfweh. Ich habe scherzend gefragt, aber Markus überlegt sorgfältig, ohne mit einem Mundwinkel zu zucken: Kopfweh, nein, das tue er sich nicht freiwillig an – ein Bein ab schon eher. Automaten könne er auch einbeinig fahren. Nachdem wir auch heute das Mittagessen ausgelassen haben, knurrt der Magen. Ich greife nach den Vorräten, die wir uns morgens in Lugano angelegt haben. Als ich weiterfrage, was ihm lieber sei: ein Mars oder ein Minor, kann er sich rascher entscheiden: »Minor.« Es gibt dann auch noch ein Mars hinterher. Ich habe von beidem zwei gekauft. Der Vorrat geht zwar zur Neige, wie unser Diesel, aber bei der nächsten Tankstelle werde ich ihn aufstocken können.

Tankstellen mögen sich alle gleichen. Doch die Preise für Diesel, selbst unter den gleichen Logos, sind von einer zur nächsten ziemlich verschieden. Rund um Egerkingen, Härkingen und Olten, den traditionsreichen Schweizer Eisenbahn-Knotenpunkt mit der heute wohl höchsten Truckerdichte, kann man bis zu zehn Rappen günstiger als anderswo tanken. Bei einem Achthundertzwanzig-Liter-Tank macht das Beträge aus, die bei einem Trucker-Einkommen zu Buche schlagen.

In der Schweiz tankt Markus wenn möglich bei Coop. Es gibt drei Rappen Benzingutscheine für jeden Liter und erst noch Rubbellose dazu. Mit etwas Glück ist damit noch etwas extra zu sparen. Zwischen Bregenz und Bischofszell haben wir besonderes Glück. Die Rubbellose werden nochmals verlängert, und die Frau an der Kasse bietet Markus gleich ein Bündelchen davon an. Während Markus sein Rubbelloskonto äufnet (dt. einlöst), geht mir durch den Kopf: Ideal wäre, aus ökologischen Gründen, wenn der Dieselmotor wie das natürliche Herz immer wieder dieselbe Flüssigkeit durch seine Kammern pumpen könnte. Frisch mit Sauerstoff aufgeladen.

Beim Rollen über die Autobahn lösen sich die vierzig Tonnen unseres Sattelzugs in Luft auf. Sobald wir die vertrauten Neunundachtzig erreichen, fällt das ganze Gewicht unserer vierzig Tonnen von uns ab, als fließe es durch ein Loch im Tank. Wir schweben federleicht über den Asphalt. Wie die Augen beim Gehen vergessen, dass sie Teil eines Körpers sind, vergisst auch der Körper, dass er Teil eines langen, schweren Ungetüms ist. Mit feinen Bewegungen aus den Armen führt Markus sein Geschirr präzise wie ein Skalpell dem Seitenstreifen entlang. Erst wieder abseits der Autobahn, in den engen Radien eines Kreisels, bei Einfahrten und Ausfahrten, fällt mir auf, wie weit Markus sich zur Seite beugen muss, um über die Spiegel das lange Gefährt zu kontrollieren.

Markus funktioniert absolut zuverlässig, konzentriert auf den Augenblick, als wäre er sein eigener Roboter. Sein Tank ist immer voll, der Ölstand kontrolliert und die Batterie immer auf vierundzwanzig Volt geladen. Immer mit 460 PS unterwegs. Nichts lenkt ihn vom Wesentlichen seiner augenblicklichen Verantwortung ab, es sei denn hie und da ein emotionaler Stau hinter einem Wohnwägeler oder so. Die Zuverlässigkeit hat er sich wohl während der zehntausend Herzoperationen antrainiert. Oder umgekehrt, sie ist es, die ihn zum Chirurgen prädestiniert hatte. Wenn Fehler tödlich sind, sollte man darauf verzichten. Der unfehlbare Dr. Dieselherz.

Markus schüttelt bloß den Kopf: »Schön wärs. Vor Fehlern ist keiner gefeit: Erinnerst du dich an die Tankstelle gestern bei Bischofszell, die mit den Rubbellosen? Da vergaß ich, den Tankdeckel zuzuschrauben. Das ist mir noch nie in meinem Leben passiert.«

»Habe ich dich verwirrt? Oder wars die junge Rubbellosdame?«

»Ich fuhr in eine Gasse, in welcher der Zapfhahn links lag. Mein Einfüllstutzen liegt rechts. Als der Tank voll war, ging ich ums Auto herum, hängte die Pistole ein. Ich bezahlte, und aus Freude über die Lose vergaß ich den Deckel. So wars. Als ich es heute Morgen bemerkte, glaubte ich schon, es habe uns ein Dieb den Diesel abgesaugt.«

»Markus, Markus!«

»Ich sagte ja, keiner ist gefeit.«

Kunstfehler

Ein Mars später sagt Markus: »Mein dümmster Fehler passierte mir im Kantonsspital, am Anfang meiner Laufbahn, noch unter Professor Ake Senning. Eine Gallenblasen-Operation. Sie war prima verlaufen, die Patientin war daran, sich zu erholen, und ich fuhr zufrieden in ein verlängertes Wochenende. Nach ein paar Tagen rief ich an: Wie geht es der Frau Peterhans? Senning lachte. Stell dir vor, was passiert ist. Sie hat sich weiter erholt – bis sie sich aufzusetzen begann. Da spürte sie jedes Mal einen stechenden Schmerz im Brustbein. Nanu, sagte der Herr Professor, so röntgen wir sie. Und weißt du, was es war? Ich hatte den Löffel in der Bauchhöhle der Dame vergessen.«

»Du? Und was soll ein Löffel in der Bauchhöhle?«

»Ja, ich; und das fragte ich mich auch. Ein Löffel ist mindestens drei Finger breit und entschieden länger als eine Hand. Man legt ihn unter die Galle, um beim Zunähen nicht in den Darm darunter zu stechen. Vor den letzten Stichen zieht man ihn raus.«

»Zählt eine Schwester nicht vorher und nachher das Besteck?«

»Ja, aber eben… Ein klarer Kunstfehler. Um ihn zu beheben, zogen wir den Löffel durch einen kleinen Schnitt heraus, und Frau Peterhans war zufrieden.«

»Am besten lernt man immer noch aus Erfahrung.«

»Schön, wenn die erste Erfahrung eine Lehre fürs Leben erteilt. Einmal ist keinmal. Ich hatte wirklich immer Glück.«

Bis hierhin habe ich immer wieder das vage Gefühl gehabt, auf dem Bock neben einem falschen Markus zu sitzen: einem Dummy gleichsam. Rede ich mit dem Sattelschlepperfahrer, der einmal Herzchirurg war, oder mit dem Herzchirurgen, der den Sattelschlepperfahrer gibt? Das ist nicht dasselbe. Markus sendet auf zwei Kanälen unterschiedliche Signale aus, und es will mir nicht gelingen, die beiden Botschaften zur Deckung zu bringen. Ich fühle mich als Opfer von zu engen Vorstellungen und zu lange kultivierten Vorurteilen. Jetzt, da er von den Operationen erzählt, wird mir klar, dass er alles, was er tut, mit der gleichen inneren Haltung anpackt, dem gleichen, zielstrebigen Ernst zu einer tadellosen Leistung. Und mehr noch: mit einem anscheinend uneintrübbaren Optimismus. Nicht ganz zu Unrecht. Als Herzchirurg bewegte er sich, bei allen Risiken, auf der Sonnenseite der Branche. Markus sagt es mit verhaltenem, schwarzem Humor: »Im Grunde hat der Herzchirurg immer dankbare Kunden. Entweder sie werden wieder gesund, oder sie lassen nichts mehr von sich hören.«

Ich getraue mich nicht, nach den Letzteren weiterzufragen. Markus nimmt den Faden auf seine Weise auf: »Herzchirurgie geht auf Leben und Tod. Das ist nun mal so. Das gilt im Prinzip, aber nicht ganz. Zum Erfolg kann Vertrauen eine günstige Voraussetzung schaffen. Stellt sich zu viel Erfolg ein, gewöhnt man sich ans Lob der Patienten. Das ist gefährlich. Man könnte sie bald nur noch als Fälle betrachten. Das merken die Patienten, und ihr Vertrauen weicht der Skepsis. Das wird mir immer klarer bewusst. Jetzt, da ich ins Alter komme, möchte ich meinen Ärzten das gleiche Vertrauen entgegenbringen können, das meine Patienten mir schenkten.«

Weit ab von der Autobahn zwängen wir uns durch die Platanenallee eines alten Villenquartiers, irgendwo in der Agglo. Markus holt weit aus, um einem Fahrrad nicht zu nahe zu kommen. Zwei Stoppstraßen später bremst er in weiter Voraussicht vor einem Kind an einem Fußgängerstreifen, aber seine Gedanken kreisen immer noch um Medizin: »Zwei bis drei Wochen vor dem Termin führte ich mit jedem Patienten ein Vorbereitungsgespräch, zu dem ich auch die Angehörigen einlud.« Ich sehe ihn vor mir, wie er in Jeans und T-Shirt nach dem bunten Plastikmodell auf seinem Schreibtisch greift und es mit leichter Hand in seine Bestandteile zerlegt.

»Mit respektvoller Selbstverständlichkeit vor den Aufgaben, die wir, der Patient und die Familie vor uns hatten, schilderte ich die einzelnen Schritte, die Möglichkeiten und Grenzen und natürlich das Ziel des Eingriffs. So sollten die Betroffenen Vertrauen gewinnen in meine Person: in die Notwendigkeit von dem, was ich machte, in die Chancen und alles.«

Ich unterbreche meine Gesprächspartner nur ungern, aber hier muss ich nachfragen: »Was ist alles?«

»Ja, die Risiken auch«, sagt Markus. Er weiß sofort, was ich meine. Er fährt fort: »Ich hatte nie einen Haftpflichtfall. Bei keiner meiner insgesamt mindestens zehntausend Operationen – viertausend eigene und sechstausend in Assistenz. Das Vertrauen macht den Unterschied.

Ein einziges Mal lehnte ich einen Patienten ab. Er schien mir nicht überzeugt. Ich sagte, er dürfe gerne wiederkommen, wenn er überzeugt ist. So viel ich weiß, ist er nicht wiedergekommen. Wahrscheinlich hat er zu lange gezögert … Natürlich hat jeder Angst vor einem Messer im offenen Herzen. Umso wichtiger, dass er darauf vertraut, die beste aller möglichen Lösungen zu treffen.

Überzeugt vom Erfolg, ließ ich nie diese Papiere unterschreiben, in denen der Patient anerkennt, über alle namentlich aufgezählten Risiken unterrichtet zu sein und für alle Folgen die Verantwortung zu tragen: Genau so, wie das heute dringend empfohlen wird von der Chirurgengesellschaft und wie das in den USA schon üblich war, als ich dort zur Ausbildung war. Solche Papiere wecken Zweifel an der Kunst des Chirurgen und steigern die Angst. Wie unsicher fühlt er sich? Offeriert er nun eine Lösung, oder hat er vielleicht ein Problem? Ein Allgemeinmediziner, der behauptete, ich hätte ihn unnötigerweise operiert, bot den einzigen Anlass zu Ärger während meiner ganzen Karriere. Roberto Tartini, der Kardiologe im Haus, hatte den Eingriff ebenso empfohlen wie ich. Und alle angefragten Fachleute bestätigten mir, dass er ein Zuwarten nicht überlebt hätte, aber er ließ nicht locker und prozessierte. Über seinen Anwalt verlangte er einen Vergleich über eine viertel Million Schweizer Franken. Warum sollte ich mich darauf einlassen? Wofür sollte ich das zugestehen? Bloß weil er gierig war? Als Arzt hätte er im Voraus wissen müssen, um was es geht. Ehrensache, dass ich die Sache schließlich nach allen Rechten und ohne Kosten abschließen konnte.

Natürlich können auch bei Herzoperationen Komplikationen auftreten. Auch nach einer erfolgreich verlaufenen Operation. Doch in der Regel lässt sich sehr schnell erkennen, ob sie gelungen ist. Das Erfolgserlebnis liegt auf der Hand. Besonders bei Klappenpatienten. Eine Klappe ist verkalkt oder von Geburt an defekt. Man wechselt sie aus, und kaum erwacht der Patient aus der Narkose, spürt er die Wirkung. Er steigt aus dem Bett, er steigt Treppen hoch und fährt wieder Ski. Er braucht nicht mehr bei der geringsten Anstrengung wie eine Lokomotive zu keuchen. In der Rehab in Gais wird er den Gäbris besteigen und die Gipfel des

Alpsteins bezwingen, auch wenn sein Lebensweg zu Fuß bisher kaum je über den nächsten Kiosk hinausführte. Die Wände voll Postkarten, fast jeden Tag eine neue, an manchen Tagen auch zwei oder drei, das tut schon wohl in der Seele. Herzliche Grüße vom Kilimandscharo, aus Machu Picchu oder von einer Wanderung quer durch Australien. Die Patienten schwärmen vom Chirurgen, als ob er die Inkarnation eines Jungbrunnens wäre.«

»So viel Zuneigung erlebst du als Chauffeur nicht oft.«

»Was denkst du«, sagt er, mit Schalk in den Augen: »Meine Kunden verküssen mich jeden Morgen. Sie freuen sich, einem freundlichen, anständigen Menschen in die Augen zu sehen. Ich komme doch meistens zurecht. Ich versetze mich in die Lage des Gegenübers und suche für beide einen fahrbaren Weg.«

Drei Fabriktore und eine Nacht später, während sich die Kammern an der Rampe vor der Thurella AG in Egnach am Bodensee mit Apfelsaft aus Eglisau füllen, plaudert Markus am nahen, verschlafenen Bahnhöflein schier unermüdlich mit dem pensionierten Bahnhofvorstand über den unaufhaltsamen Niedergang der SBB zwischen Romanshorn und Schaffhausen. Er setzt sich neben den älteren Herrn aufs Ruhebänklein in die Sonne. Wann wohl der letzte Zug fahren wird? Als Schaffhauser teilt Markus die traurige Weltsicht des alten Mannes, der hier einst das Stellwerk bedient hat. Nun sitzt er an warmen Tagen schon morgens um acht auf dem Posten vor dem Stellwerk und wartet geduldig auf die Vorstellung der vorüberfahrenden Skater und Radler, die ihm die Nachmittagsstunden bis zum Abend verkürzen.

Markus scherzt: »Da könnten Sie mit einem Eiscreme-Stand ein Vermögen verdienen.«

»Ja, wenn ich jünger wäre«, seufzt der Mann, wie einer, den auch ein Eis nicht glücklicher macht.

Später, nachdem er die Apfelsaftleitung zum Tank abgehängt und die Tankdeckel festgeschraubt hat, lädt Markus zwei Sixpacks Thurella in die Kabine: für die Mechaniker bei Mercedes in Schlieren, das nun unser nächstes Ziel ist.

Rechts Mercedes, links Mercedes, Mercedes hinten und vorne. Neue und alte, aufgebockte und ausrangierte. Die Thurella-Sixpacks werden wir schnell los. Der Rest ist Sonnenbaden. Kaum hat Markus seinen Klappstuhl ausgepackt, ist das zigarrenkistchenförmige Teil ausgewechselt. Der Chef persönlich holt das fehlerhafte Teil aus dem Werkstattdunkel raus an die Sonne und zeigt es uns, wie ein Chirurg seinem Patienten das entnommene Organ vorzeigt. Warum erst jetzt? Von nun an läuft das Auto perfekt. Markus ist zufrieden: Mit seinem Servicevertrag hat er eine gute Lösung gewählt. Die Rechnungen für alle Reparaturen gehen auf Kosten von Mercedes. Und selbst an Wochenenden ist die Bedienung kulant. »Als ob das selbstverständlich wäre«, fügt Markus hinzu.

Die Metapher vom halb vollen Glas

Markus hat ein gesundes Gemüt. Für ihn rücken die Sternstunden des Fernfahrens zu einem himmlischen Alltag zusammen. Als Leitmotiv dient ihm die Metapher vom halb vollen und vom halb leeren Glas.

»Schau mal, wie schön, durch die Apfelbäume zu fahren. Kaum Verkehr, und von unserem Hochsitz aus eine Übersicht über das Straßengeschehen bis zum Horizont mit der verschneiten Alpenkette. Wenn du das nicht mehr genießen kannst, musst du aufhören. Da hat Walo schon recht. Sicher, im Winter sind die Nächte lang, und die Standheizung läuft bis morgens früh. Den Augenblick des ersten Schritts im Dunkeln hinaus in die Kälte möchte man gerne noch etwas verschieben. Noch mal und noch mal das Gleiche wie gestern. Schon wieder tanken, schon wieder wiegen, laden, wiegen, fahren, fahren, wiegen, abladen, wiegen, fahren, waschen, fahren, tanken. Schon wieder die Stahldeckel verschrauben, so dreckig, nass und kalt, wie sie im Winter oft sind, nein, das müsste nicht jedes Mal sein…«

»Dein Lastwagen – dein Lustwagen. Sag mal, ist das dein Beruf, oder ist das dein Hobby?«

Markus wirft die Kippe mit Waldluftkonzentrat aus dem Fenster, um die Hand zum Reden freizubekommen: »Es darf und kann nicht Hobby sein. Das Leben auf der Straße ist zu gefährlich – für mich – und für die andern, die ich mit Fahren gefährde. Niemand sollte das Autofahren als Hobby betrachten. – Bist du angegurtet?« Ich bin es nicht und schaue ihn fragend an.

»Ja, auch da oben. Wir sind keinen Meter vom nächsten Baum, von der nächsten Mauer entfernt. Wir haben keinen Kühler wie dein Cherokee, mit einem Motor als Schutzschild vorne dran. Bei 89 km in der Stunde kann das ins Auge gehen.«

»Okay«, sage ich, akzeptiere die Autorität und zurre mich fest: »Also ist es dein Beruf.«

»Natürlich ist es mein Beruf. Mein Hobby ist mein neuer Beruf. Ich hoffe, ein guter Chauffeur zu sein, der alle seine Verpflichtungen einlöst und daran seinen Spaß hat.«

Drei Einmündungen später sagt er: »Schön ist vor allem das Fahren. Das ungeschnittene Roadmovie vor dem Panoramafenster, der fließende Wechsel der Szenen. Eine Nacht lang stehst du im Hafen von Rotterdam, die nächste Nacht duftets nach Harz, zu Füßen des ewigen Schnees von Eiger, Mönch und Jungfrau im Berner Oberland. Kein Tag ist wie der andere.«

Der Hirtensender meldet, die Haselpollen seien beim letzten Gewitter gebunden worden, doch röteten jetzt Birken- und Gräserpollen die Allergikeraugen. Zudem könnten Kampferpollen für Heuschnupfen sorgen. Frühlingsgefühle eben. Wie weit weg scheint das alles. Ganz nah und doch jenseits unserer Erfahrung hier auf dem Bock. Markus träumt vom Schwelgen im Klappstuhl unter blauem Himmel und von den Übernachtungen an auserlesenen Plätzen: »Letzten Sommer zum Beispiel. Eine ganze Woche lang führte die Fahrt jeden Abend zu einem anderen Wasser. Montags badete ich in einem See in Bielefeld, am Dienstag bei Hüningen im Rhein, am Mittwoch in der Aare bei Rothrist und am Donnerstag im Baldeggersee. Überall war entweder Parkieren oder Baden verboten. Entschädigen solche Augenblicke nicht für manche Stunde im Stau!«

Der Motor schnurrt anspruchslos vor sich hin, die Apfelbäume strahlen im festlichen Weiß ihrer Blüten. Zu unserer Seite wärmt sich der Bodensee wohlig seinen Badetemperaturen entgegen. Der Bodensee. Auch ich mag die Gegend. Diese sanften Wellen der Hügelzüge und die Weite des Wassers, an dem wir Schweizer unsere maritimen Sehnsüchte ausleben können. Markus hat schon recht: »Wo ist es schöner als ganz in der Nähe, gleich gegenüber von Sabo, in Horn, direkt am Bodensee. Ein Fernfahrer-Ferienort ist das, gratis und franko und gut geschützt in einem Lastwagen-Fahrverbot drin. Im Herbst, wenn die Autos, die Motor- und die Fahrräder ausbleiben, sind mehr als die nötigen acht Parkplätze für einen Sattelzug frei. Erst ein paar Tage ists her, an einem herrlichen Frühlingstag. Das Wasser war noch prickelnd kalt, der Himmel schwarz von der Nacht und schwarz vom Gewitter, das sich zum ersten Mal dieses Jahr zusammenzog. Nachts um elf splitternackt baden gehen und sich dann frisch wie eine Rose auf die Pritsche legen, während der Regen aufs Blechdach trommelt.«

Zu gerne hätte ich jetzt kehrtgemacht und wäre auf diesen Parkplatz geschwenkt. Doch Hauseckenfahrten füllen den Tag bis zum Rand. Ich frage mich: Wie halb leer darf ein Glas sein, damit es noch für halb voll durchgeht? Wie oft findet Markus die Muße, auf zwei Rädern durch die Landschaft abseits der Highways zu schweben? Das Fahrrad an der Rückwand der Fahrerkabine hat Ruß und Staub angesetzt. Allzu oft endet der Tag in einem Fabrikareal. Die Wartezeiten sind selten so lang oder so kurz wie erhofft oder befürchtet. Manchmal reicht es kaum für Käse und Brot oder für einen Kaffee in einer Tankstellenbar zwischendurch, und wenn man hängen bleibt, passt das selten ins Konzept.

Ich denke, so wie er verdient hat zuvor, könnte er sich auch einen Wohnwagen leisten. Aber ich sage nur: »Das Vergnügen geht dir über das Brotverdienen.«

»Und doch ist es mein Beruf. Schon im Namen der Kollegen muss die Rechnung aufgehen. Wenn ich aus Lust am Fahren Preise anbiete, von denen andere nicht leben können, bin ich unfair. Sie müssen fürs Geld fahren, ich darf sie weder unterbieten noch andere Vorteile ausspielen. Da gibt es keine Halbheiten. Was ich mache, mache ich ganz. Auf der Straße zählt der Cent. Man muss jeden einzeln auflesen. In Frankreich die Autobahn? Kommt nicht in Frage. Solidarisch mit den Kollegen, kann ich mir die Gebühren nicht leisten. Die Routes Nationales sind gut genug – sind ausgezeichnet und führen durch die schönsten Gebiete des Landes. Von Brüssel hinunter, über Luxemburg hinauf ins Massif Central, hinunter zur Rhone, den Alpen entgegen. Was gibt es Schöneres. Den Château Pétrus überlasse ich dir gerne für eine währschafte (dt. ordentliche) Mahlzeit in einem französischen Routiersrelais. In Frankreich wirst du noch für wenig Geld verwöhnt.«

Ein Wohnwagen unterbricht seine Gedanken: »Jetzt fahr mal auf den Pannenstreifen, du da vorne mit deinem Wohnwagen, duuu…, wenn du nicht schneller kannst.«

Ich lache: »Er tuts, haha, er tuts.«

»Man muss nur anständig bleiben, dann kommt man am besten weiter. Das gilt in jedem Beruf.«

Je länger ich mitfahre, desto mehr scheint mir der Reiz der Ferne zu schwinden. Entfernungen, Landschaft und Klima, Dialekte und Sprachen, Geräusche, Gerüche, Stile und Charaktere. Alle die Unterschiede und Veränderungen beginnen sich zu verlieren in einer gleichgültigen Ferne. Sie werden zur unfassbaren Kulisse einer sich schier endlos ausbreitenden Agglomeration, jenseits von Pannenstreifen und Leitplanken, vom Mittelmeer bis zur Nordsee.

Die Autobahnen und Ringstraßen rund um die Städte werden zum Arbeitsplatz, egal, ob es nach Italien, Holland, Polen oder Griechenland geht. Überall der gleiche, graue, heimtückisch fordernde Arbeitsplatz, der einem dauernd unter dem Sitz wegrollt. Die Frontscheibe wird zum Bildschirm, unsinnlich abstrakt, ein Videogame allenfalls, bei dem es gilt, mit möglichst wenig Strafpunkten über die Runde zu kommen, um am Ziel im besten Fall ein Freispiel zu gewinnen – worauf der Stress von vorne beginnt. Heute Abend, am fünften Tag unserer Fahrten, oder ist es schon der sechste, sollten wir unser Tagesziel Bischofszell rechtzeitig, noch bei Tageslicht erreichen.

Im Dschungel der Gesetze

Bischofszell gilt zu Recht als ein Juwel unter den Schweizer Kleinstädten. Doch mit den Ausmaßen der Fabrik können sich selbst die schönsten Juwelen der Altstadt nicht messen. Weder die »krumme Brücke« noch die Grubenmannhäuser oder das Stadttor, das Schloss, die Pelagiuskirche und auch nicht die Stifts- und die Chorherrenhäuser, die wir alle nicht zu sehen bekommen. Die Fabrik prägt Bischofszell. Der SBB-Bahnhof Bischofszell Nord ist Teil des Fabrikareals. Bischofszell ist und bleibt ein Konservenort, den jedes Schweizer Kind von den Migros-Dosen her kennt.

Wir kurven durchs sperrangelweit offene Gittertor, vorsichtig, um mit dem ausschwenkenden Auflieger den Seitenpfosten nicht umzureißen, vorbei an Produktionshallen, Lagerhäusern und Silos über die Brückenwaage zu unserer Laderampe. Wenn ich Markus für etwas bewundere in seinem neuen Beruf auf dem Bock seines großen Geschirrs, dann fürs Einparken. Rückwärts an eine Rampe oder rückwärts um eine Hausecke, zwischen zwei andere geparkte Sattelschlepper, oder in die enge Gasse einer Reinigungsanlage. Das verlangt, den Auflieger um seinen Drehpunkt zu stoßen, und zwar so, dass er nicht ausbricht, sondern mit dem hinteren Ende genau der seitlichen Bewegung der Vorderräder folgt. Es kommt auf Zentimeter an. Die vierzig Tonnen und die vierhundertsechzig Pferdestärken des Motors spürt er in den Fingerspitzen. Welch ein Gefühl, die Muskeln dieses Ungetüms als Herr und Meister in einem Slow-Motion-Fünfachsenballett so feinnervig spielend über die Asphaltbühne eines Fabrikhofs tanzen zu lassen. Dinosaurische Grazie.

Auf dem Rollband unter dem ausladenden Rampendach zuckeln

Orangensäfte in Einerkolonne vorüber. Hunderte, Tausende, pausenlos, wer weiß, woher, wer weiß, wohin. Irgendwo, an einer anderen Laderampe, werden sie unter der Plane eines Sattelschleppers verschwinden, um sich Tage, Wochen, Monate später auf ein paar tausend Frühstückstischen in ein Glas zu ergießen.

Und wen treffen wir? In den letzten Tagen haben wir ihn aus den Augen verloren, doch da steht er wieder mit angeflanschten Schläuchen – und kocht vor Wut. Unser Freund Walo. Wir brauchen nicht lange zu fragen, was los ist.

»Sie haben mich rausgeholt. Wegen einer Lappalie. Wegen nichts. Einfach so.«

Warum sie ihn rausgeholt haben, ist weniger wichtig. Es geht um Grundsätzliches:

»Was haben wir bloß verbrochen, dass man uns fast wie Kriminelle auf Urlaub überwacht?« Die Wut hat seinen Geist und seine Zunge geschärft. Er sticht aufs System ein: »Die Straße ist zu einem Gefängnis aus Ansprüchen, Gesetzen und Paragrafen geworden. Verbrecher im Urlaub aus dem Gefängnis tragen einen Chip um den Fuß. Was ist unser Verbrechen, warum überwacht man uns rund um die Uhr? Unsere Kabine machten sie zu einer Überwachungszentrale, vollgestopft mit Elektronik.«

Die Scheibe hatte Walo überführt. Walo zählt die Fakten auf, um seinem Plädoyer der Anklage und der Verteidigung zugleich einen soliden Boden zu geben: »Diese weiße, harmlos scheinende Scheibe, auf der jeder gefahrene und nicht gefahrene Kilometer eine feine grafische Spur hinterlässt. Diese simple, analoge Scheibe aus Papier, die sich durch ein Uhrwerk dreht. Dieser Stift, der die Daten als Fieberkurve mechanisch aufträgt: die Wegstrecken, die gefahrenen Geschwindigkeiten, die Lenk- und Ruhezeiten. Dieser Tachograf soll für uns das Maß aller Dinge sein? Er ist der große

Feind, das Teufelswerk, mit dem wir ununterbrochen im Clinch liegen, ohne je eine Runde wirklich gewinnen zu können.«

Markus zuckt die Schultern und zeigt Verständnis für Walos Wut. »So ist es halt, du weißt so gut wie ich: Für Fernfahrer ist die Welt eine Scheibe.«

Beruhigen kann er ihn damit nicht. Im Gegenteil.

»Das ist es ja«, schimpft Walo weiter, »die Scheibe. Nun legt der Tachograf noch einen Zacken zu. Mit allen elektronischen Kniffs. Die gute alte Blackbox hat bald ausgedient. Das müssten wir eigentlich schon fast bedauern. Die gab uns noch Chancen. Du kannst bei Wikipedia nachlesen, wie es geht: ganz einfach. Die Zeiger verbiegen, den Weg des Stifts durch Gummi oder Schaumstoffteile begrenzen, auf Kurzschluss schalten oder es gelegentlich mit dem Einlegen nicht so genau nehmen. Wer von uns hat das noch nie getan?«

Markus sagt, er halte seine Scheibe stets sauber. Ein paar Minuten Fahrzeitüberschreitung reichen schon, den Verdienst einer Woche ins Minus zu kippen.

Walo bückt sich nach einem Stück verrosteter Eisenkette unter der Rampe. Eine Zehnerkette, wie sie auf meiner Zwölfmeterjacht zum Ankern dient. Er lässt die Glieder hin und her durch die Finger gleiten, scheint den Tiefschlag des Tages zu überwinden und schwärmt wieder von damals: von seinem ersten Scania und den goldenen Zeiten, in denen man für die Fernfahrerei einen Rückenschaden in Kauf nahm. »Ja, früher, da konnte man das Schicksal hie und da auf seine Butterseite wenden, sich aus dieser oder jener Patsche ziehen oder sich einen blauen Tag organisieren. Gewiss, man musste ein bisschen lügen, das gehörte dazu. Gegen Abend, beim Abladen beispielsweise, konntest du den Disponenten anrufen: Hey, Teddy, das sieht bös aus. Da stehen schon sieben, vor morgen Nachmittag um vier werde ich nicht abladen können ... Okay. Da stand natürlich kein Einziger. Man lud noch ab, bevor die Fabriktore schlossen, und fuhr zum Baden an den nächsten Fluss oder See. Das war die kleine Freiheit, sich sein Recht zu nehmen, das einem anders verwehrt blieb. Tempi passati. Bald sind wir vierundzwanzig Stunden unter Kontrolle. Sogar in der Freizeit.

Bald ersetzt Elektronik die Scheibe, und mit den Manipulationen ist Schluss. Da fällt jede Badefahrt auf. Ein neuer, digitaler Tachograf speichert alle Aufzeichnungen dreihundertfünfundsechzig Tage lang in einem versiegelten Speichermodul auf einem personengebundenen Chip: Da herrscht dann Nulltoleranz. Gnadenlos. Lenkzeiten, Arbeitszeiten, Bereitschaftszeiten, Ruhezeiten und die zurückgelegten Entfernungen bleiben erhalten. Die gefahrenen Geschwindigkeiten werden einen Tag lang in Sekundenschritten vermerkt, Geschwindigkeitsüberschreitungen für immer festgehalten. Totale Überwachung, auf die Sekunde. Ich halts im Kopf nicht aus. Dieser neue Tachograf ist heute schon für alle Wagen Pflicht.«

Ich runzle die Stirn. Weder Walo noch Markus haben das.

»Neuwagen, sorry. Neuwagen.« Walo stellt sich triumphierend breit vor uns hin: »EWG-Verordnung VO (EWG) 561/2006, ohne Übergangsregelung. So ist das, für alle Mitgliedsländer.«

Markus versucht, gelassen zu bleiben. Solange es der Sicherheit auf der Straße diene, könne er nichts dagegen einwenden. »In den letzten zwölf Jahren gingen die Unfallzahlen um ein Drittel zurück. Wenn davon nur ein Teil der Überwachung zuzuschreiben ist ...«

Walo doppelt nach: »Es ist ja nicht nur die Polizei: Für die Maut in Deutschland registriert Toll Collect über GPS jeden gefahrenen Kilometer auf den Autobahnen und auf stark frequentierten Bundesstraßen. Für die leistungsabhängige Schwerverkehrsabgabe (LSVA) in der Schweiz macht das Erfassungsgerät Tripon auf dem ganzen Schweizer Straßennetz lückenlos dasselbe. Über die eingebaute DSRC-Schnittstelle kann Tripon sogar mit anderen europäischen Autobahnmautsystemen kommunizieren. Über Tripon und Toll Collect haben sie uns ständig im Auge. Sie wissen jederzeit und ganz genau, wo jeder Einzelne ist, wie schnell und wie lange er fährt. Das ist der Spitzelstaat, perfekter als einst im Ostblock und unmenschlicher, weil die Kontrollen ununterbrochen, unausweichlich elektronisch und automatisch erfolgen. Damit können sie gezielt und systematisch auf auffällige Fahrer losgehen.«

Markus sagt: »Tripon und Toll Collect sind zivile Institutionen. Sie dürfen ihre Daten nicht an die Polizei weitergeben.«

Walo höhnt: »Na und, glaubst dus? Wenn es nach einem zu langen Tag auf dem Parkplatz wieder mal klopft an der Tür: ›Zeigen Sie uns mal Ihre Tachograf-Scheibe!‹ Könnten sie da nicht einem Hinweis gefolgt sein? Bloß eine Mail oder so? Hm? Warum sind sie heute Nachmittag ausgerechnet auf mich los, warum?«

Markus sagt: »Wie kann ich wissen, was in den Polizeikorps vorgeht?«

»Big Brother ist schrecklich«, sagt Walo, »mit jeder neuen Möglichkeit zur Kontrolle entstehen drei neue Mittel zum Missbrauch. Nimm Deutschland. Sie missbrauchen uns als Bußgeldlieferanten und melken uns wie Kühe. Gnadenlos, bis die Euter leer sind. Das KBA in Flensburg hat die Methoden zur Perfidie perfektioniert.«

Markus sagt: »Flensburg dient dazu, dass die Polizei die Rowdies von der Straße holt. Aber es ist hart, wenn es einen von uns trifft.«

Das System von Flensburg braucht man keinem Deutschen zu erklären. Walo kann die Daten von seiner Festplatte abrufen:

»Zu Verkehrsbußen ab vierzig Euro kommt eine Bearbeitungs- und Zustellgebühr von wenigstens rund fünfundzwanzig Euro. Jahr für Jahr nimmt der Staat über Flensburg von den Spediteuren eine Milliarde Euro Bußgeld ein. Eine Milliarde. Fest budgetiert. Sie haben die Pflicht, nach Bußen zu jagen.«

Markus bestätigt: »Es stimmt. Die Toleranzen schwinden.«

Walo sagt: »Auf null. Ein Kollege bezahlte kürzlich zweitausend Euro, weil sein Auto sieben Zentimeter zu hoch war. Vier Meter null sieben. Sie stiegen auf die Leiter und legten das Bandmaß an. Wäre die Höhe in Ordnung gewesen, hätten sie sonst was gefunden. Sie finden immer etwas. Dafür sind sie ja da.«

Nun erwacht auch Markus' Widerstandsgeist: »Wenn sie die Tachograf-Scheiben mit dem Computer auswerten, um einen Bußengrund zu finden, zeigt das ja schon, dass sie keine Ahnung haben, was die Straße von einem verlangt.« Dann setzt er noch einen drauf: »In der Schweiz reicht es schon, auf die linke Fahrspur auszuweichen, um einem von rechts einmündenden Fahrzeug Platz zu machen. Sie holen dich raus, weil du ›überholt‹ hast. Die Überholspur ist für sie wie eine Wand ...«

»Du musst einfach immer mit allem rechnen.« Walo schüttelt fast verzweifelt den Kopf: »Du stehst frühmorgens auf, und schon lauern sie dir auf. Bis abends spät. Als sie mich einmal rausholten und mir fünfzehn Stunden Ruhezeit aufbrummten, führten sie mich wie einen Verbrecher vom Auto weg. Links ein ›Beschützer‹, rechts ein ›Beschützer‹ für einen Gang in die nächste Migros: Auf Essen und Toilette haben sogar Trucker Anspruch. Aber sonst ...?«

Ich schaue sehnsüchtig zwischen den Backstein- und Wellblechgebäuden hinaus ins abendliche Himmelsrosa. Aber neugierig bin ich doch. Walo hat Beispiele à discrétion in seinem Erfahrungsschatz: »Die neuen Laser-Geschwindigkeitsmessgeräte messen auf zwei Kilometer genau und ermöglichen dem Staat noch einmal höhere Einnahmen – ebenfalls bereits budgetiert. Mit allem, was ein Sattelschlepper so an sich hat, kannst du dich straffällig machen. Wie wenig es in Deutschland braucht und was deutsche Anwälte dazu sagen, ist auf lkw.recht.de nachzulesen. Aber reservier dir einen langen Abend für die Lektüre. Die Zahl der Ordnungswidrigkeiten, Verstöße, Vergehen und Verbrechen ist schier unendlich. Und die Strafen treffen nicht nur den Fahrer. Wenn ich, sagen wir, die Fahrzeit um drei Stunden überschreite, bezahle nicht nur ich eine fette Buße, sondern auch der Spediteur. Und zwar das Doppelte – und in der Schweiz noch wesentlich mehr.«

Dazu sammelt man in Deutschland für Bußen ab fünfundsiebzig Euro im Register in Flensburg Strafpunkte. Walo sagt, das System funktioniere ganz einfach und sei von deutscher Schlichtheit geprägt. Er hat die Bestimmungen gemäß www.kba.de wie seine Kette im Griff: »Bei acht bis dreizehn Punkten erfolgt eine Verwarnung mit dem Hinweis auf die Möglichkeit der freiwilligen Teilnahme an einem Aufbauseminar. Bei vierzehn bis siebzehn Punkten wird die Teilnahme an einem Aufbauseminar angeordnet. Bei achtzehn Punkten wird die Fahrerlaubnis entzogen. Für Be-rufsfahrer heißt das Berufsverbot.«

Walo schwingt die Kette wie ein Kung-Fu-Kämpfer im Kreis, lässt sie los, sodass sie im hohen Bogen in einen Schutthaufen wirbelt, und wischt sich an den Überhosen die rostigen Hände sauber: »Wer stellt sich offen auf die Seite der Trucker? Wer beschützt unsere bedrohte Minderheit?«

Euroklassen, Lohndumping und Dieselabgaben

Nicht nur Bußen ritzen das Einkommen und gefährden das finanzielle Überleben der Fahrer. Da gibt es den steigenden Dieselpreis, es gibt die unbezahlten Leerfahrten, es gibt die Standzeiten in den Dosiersystemen vor den Schweizer Pässen und an den Schweizer Grenzen, und nicht zuletzt häufen sich die Wartereien an den Lade- und Abladerampen, vor dem Wiegen und danach, manchmal zu etlichen Stunden am Tag.

Mit allen gesetzlichen Beschränkungen und täglichen Imponderabilien, rechnet Markus vor, machen Standzeiten rund die Hälfte seiner Arbeitszeit aus. So schaffe er maximal hundertfünfundzwanzigtausend Kilometer im Jahr, und die, welche sagen, sie brächten es auf hundertachtzigtausend, können nicht zählen, oder sie sind schon im Gefängnis. Abgaben würden die Branche belasten und Fernfahren je länger, je mehr zu einem Hobby machen. Zu einem teuren Hobby sogar. »Wenn ich ausrechnen würde, was ich verdiene, müsste ich von der Brücke springen vor Depressionen. Bei meinen Fixkosten aus besseren Einkommenszeiten könnte ich nicht leben von meinem Lohn. Die sogenannten Euroklassen belasten das Budget. Es ist eine spitze Kalkulation.«

Markus kennt die Schweizer Daten und Fakten wie Walo den Flensburger Bußgeldkatalog: »Je mehr CO_2 ein Motor ausstößt, umso teurer wird diese Öko-Steuer. Für die Klassen Euro 0, 1 und 2 liegt der LSVA-Satz neu auf 3,07 Rappen pro Kilometer und Tonne. Das macht über Fr. 1.20 pro gefahrenen Kilometer. Ein Fahrzeug, das im Jahr seine 120 000 Kilometer fährt, bezahlt einschließlich Dieselsteuer über 150 000 Franken Steuern im Jahr. Für mich in der günstigen Klasse Euro 3 steigt die Dieselsteuer jetzt von bisher 2,52 Rappen auf 2,66 Rappen pro Kilometer und Tonne. Selbst in den günstigsten Klassen Euro 4, 5 und 6 wurde der Satz auf 2,26 Rappen pro Kilometer und Tonne angehoben. Damit kostet die Fahrt eines Vierzigtonners von Basel nach Chiasso sage und schreibe bis zu 369 Franken. Egal, ob das Auto geladen ist oder nicht. Das heißt, auch wenn wir an unserer Arbeit gar nichts verdienen. In anderen westeuropäischen Ländern drücken die Euroklassen nicht ganz so stark aufs Budget. In Deutschland fallen die Gebühren nur auf Autobahnen und auf einigen wenigen Bundesstraßen an. Belgien, die Niederlande und Luxemburg begnügen sich mit acht Euro im Tag. Wer international fährt, egal, ob von Luxemburg oder von der Schweiz aus, macht eine Mischrechnung.

So oder so belasten die Euroklassen das Budget auch noch quasi hinten herum. Um mit ihrem alternden Fahrzeug nicht in teurere Klassen zu fallen, leasen viele Schweizer und Deutsche die Zugmaschine und verkaufen sie schon nach drei, vier Jahren in den ›Export‹ nach Ost- und Südosteuropa. Die immer strenger werdenden CO_2-Vorschriften machen das Weiterfahren für uns unrentabel – und einmal mehr profitieren die Billigländer, wo ›billige‹ Chauffeure mit unseren günstigen Gebrauchtwagen zu geringen Kosten fahren. Das erhöht nicht nur unsere Fixkosten, es verschärft auch den Wettbewerbsdruck. Die Preise für Straßentransporte fallen und fallen. Die Tiefpreisangebote aus Tschechien, Polen, Bulgarien, Rumänien, aber auch aus den baltischen Staaten ziehen unsere Einkommen so weit in die Tiefe, dass sie je länger, je weniger reichen, um eine Existenz aufzubauen. Die ASTAG, der Verband der Spediteure in der Schweiz, kennt zwar Preisrichtlinien, doch die eigenen Mitglieder können es nicht lassen, einander zu unterbieten. Eine Teufelsspirale.«

Walo schüttelt mutlos den Kopf: »Immer machts einer noch günstiger – und setzt den Standard für die andern noch einmal tiefer. Einmal muss das aufhören.«

»Ja, da sind sich alle einig, die ihr Brot auf der Straße verdienen«, ergänzt Markus.

»Fragt sich bloß, wann.«

»Auch da sind sich alle einig. Doch es kann noch lange so weitergehen. Schau dir die Flugpreise an. Sie fielen beinahe auf null. Es gab Strecken, auf denen man zu gewissen Zeiten kostenlos flog. Warum? Weil Flugbenzin steuerfrei ist. Ein vernünftiger Grund, warum Straßenfahrzeuge beim Diesel geschröpft, Fluggesellschaften beim Kerosin aber verwöhnt werden, lässt sich kaum finden. Dass Fluggesellschaften einst staatlich waren, zählt heute nicht mehr. Aber so ist das. Wenn wir Trucker die Dieselpreiszuschläge in die eigene Tasche wirtschaften könnten, brauchten wir nicht zu jammern. Jeder Einzelne von uns spielt dem Staat an einem durchschnittlichen Fahrtag gut und gern 520 Franken in die Kasse: Rund 33 Liter Verbrauch pro 100 Kilometer Fahrt ergeben rund 200 Liter pro durchschnittlichen Fahrtag. Macht bei einem Zuschlag von 78 Rappen pro Liter rund 160 Franken Dieselabgaben. Allein Dieselabgaben! Nicht zu reden von den 369 Franken CO_2-Abgabe für die Fahrt von Chiasso nach Basel.«

»Nicht zu reden von den Bußen«, fügt Walo hinzu, »tausendsiebenhundert Franken waren es heute. Kann ich sie von den Steuern abziehen? Schön wärs.«

An der Schiebetür zu den Bischofszeller Waschräumen, in denen wir den Staub des Tages wegwaschen, hängt ein Zettel:

1. Mach Gutes besser.
2. Tu, was wir sagen.

Wolfgang und die »Drei Eidgenossen«

Pause. Endlich einmal richtig Pause. Eine Pause auf einem richtigen Stuhl, jenseits des Autoblechs. Zum ersten Mal in dieser Woche gibts richtig zu essen. Statt Joghurt, Schokoladenriegel, Kekse und Cola aus der Dose eine von Hand zubereitete Mahlzeit an einem Tisch, genau wie bei anderen Leuten. Dafür sorgt Heidi. Ihre »Drei Eidgenossen« in Bischofszell sind ein »home away from home«, wie das bei den Truckern in Amerika heißen würde. Eine Heimat für die Heimatlosen, ein Dreh- und Angelpunkt der europäischen Truckerwelt, mitten im satten Grün eines satten Ostschweizer Bauernkantons, nur wenige Schritte vom Haupttor der Konservenfabrik entfernt.

Das verwitterte Schindelhäuschen liegt jenseits von Bischofszells städtebaulich historischem Winkel zwischen Sitter und Thur. Es präsentiert sich viel günstiger: Unübersehbar an der Überlandstraße, in einer Kurve, die kein Sattelschlepper ungebremst nimmt. Der große Parkplatz lädt die Trucker zum Bleiben. Wie viele Restaurants in der Schweiz können sich noch so große Parkplätze leisten, wie viele wollen sich noch auf eine so sparsame Kundschaft beschränken, die, aus beruflichen Gründen unterwegs, erst noch kaum Alkohol trinkt?

Heidi scheint das nicht weiter zu kümmern. Ihr großes Herz zieht alle an. Sie ist eine Mutterfigur in der Sattelschlepper- und Arbeiter-Männerwelt. Bei ihr sind alle immer und jederzeit willkommen. Sie bedient nicht nur drei Eidgenossen, sondern im Laufe eines langen Tages mindestens ein paar Hundert, und unterschiedslos die Ausländer dazu. Die Arbeiter aus der Fabrik kommen gerne für einen Tapetenwechsel und einen Kaffee vorbei, morgens um zwei oder drei, nach einer halben Schicht zwischen Röhren, Kesseln und den Geräuschen und der Hitze aus den Pumpen und Öfen. Rund um die Uhr sind die Pfannen am Dampfen, rund um die Uhr wird der Inhalt an einem der Tische von hungrigen Mündern verschlungen. Markus sagt: »Wers mag, bleibt, wers nicht mag, kann wieder gehen.« Es gibt ein einziges Menü zum Zmittag. Heidi sagt: »Es hat, solange es hat.« Meistens bleibt mindestens zum Znacht noch etwas übrig. Heute Reis und Schweinespieß.

Markus fühlt sich wohl unter den Kollegen. Kein Gedanke an die Haubenköche mit ihren Cloches und den Blumenbuketts auf steifen Tischdecken. Château Pétrus von wegen. Kaum vorstellbar, dass Markus einst Kaviar der Bratwurst vorgezogen haben soll. Ein gesunder Hunger ist der beste Koch, und Gastfreundschaft gilt mehr als eine steife Serviette. Die »Drei Eidgenossen« sind der Ort, wo immer schon jemand sitzt, der die Neuankömmlinge mit Namen begrüßt und winkt: »Hock ab.«

Wir machen es uns im Garten bequem. »Schau, das ist doch Wolfgang. Klar, eben zurück aus Eppelheim.« Walo freut sich im Voraus: »Den Wolfgang sprechen wir gleich auf die Story mit Frau Schlüter an.« Walo hatte bei der letzten Begegnung behauptet, Frau Schlüter sei scharf auf Wolfgang.

»He is quite a character«, sagen die Engländer, wenn sie eine starke, etwas schrullige Persönlichkeit umschreiben. Wolfgang ist so ein Original, von denen es unter den Truckern mehr als nur eines gibt.

Wolfgang hat einen Job, um den ihn weder Markus noch sonst jemand beneidet, und das seit Jahren. Fünfmal jede Woche fährt er von Bischofszell nach Eppelheim. Eppelheim bei Heidelberg, sechshundertdreißig Kilometer und zurück, hin und her zwischen den immer gleichen zwei Lagertanks. Tag für Tag unausweichlich via Stuttgarter Kreuz, das jeder Fernfahrer von den täglichen Staumeldungen über zehn, zwanzig oder dreißig Kilometer kennt. Am Freitagabend folgt dann als kleine Dreingabe die Wochenendfahrt nach Hause – nach Leipzig. Kein Schwein würde mit Wolfgang tauschen. Nein, das ist kein Honiglecken. Wolfgang, diese gütige Seele, rückt den weißen Plastikstuhl über den Kies ein bisschen näher zum Tisch.

»Die Frau Schlüter? Das isch dosch nisch möööschliisch!«, sagt Wolfgang, als habe Walo eben behauptet, die Erde sei eine Scheibe, und zwar eine, die als Anhänger vom Ohr Gottes baumelt. »Frau Schlüter? Nööööö.« Wolfgang hat entweder ein phänomenales Gedächtnis oder eine unerschöpfliche Fantasie. Er kann am laufenden Band Geschichten erzählen, mehr, als drüben in der Fabrik Orangensäfte über das Band laufen, in seinem unnaaaschaahmlischen Dialekt, von dem ich mal behaupte, es sei Sächsisch. »Saasche isch, saaascht sie.« Er lässt die letzten zwölf Begegnungen mit Frau Schlüter Revue passieren, was dawiderspricht und, lieber noch, was dafür. Er vergleicht die Begegnungen mit Frau Schlüter mit solchen mit anderen Frauen, kommt vom Hundertsten ins Tausendste. Und immer geht es um Frauen, in der Kantine, in der Disposition, in Polen, in Holland oder in einer Kneipe, wie die »Drei Eidgenossen« eine ist. Die Frauen wollen ihn, er will sie, aber eigentlich doch nicht, weil er ja verheiratet ist und in Leipzig drei Kinder hat. Es geht hin und her, und wenn man schon hofft für ihn, dass einmal alles so rund läuft wie sein DAF, wird er ausgebremst, weicht in einer letzten, scharfen Kurve aus oder wird ausgetrickst, was er dann beiseitewischt wie ein putziges Bärchen eine Fliege von der Nase. Und schon geht er über zur nächsten Geschichte, um sich im Überschwang des Erzählens zu trösten über den Misserfolg, mit dem er sich so freimütig kapriziert.

Unterdessen haben wir unseren Reis und den Schweinespieß längst bezahlt. Es ist dunkel geworden im Garten, und wir bummeln zu unseren Autos, die wir vor den Rampen abgestellt haben, um am nächsten Morgen als Erste an die Reihe zu kommen. Wolfgangs Auto steht ein paar Hundert Meter von uns entfernt, vor einer anderen Rampe. Wir gehen mit vier Schnäpschen in Minifläschchen zu ihm hinüber.

Markus sagt: »Wolfgang, was machst du denn da?«
»Ich wasche die Räder.«
»Aber das ist ja gar nicht dein Auto.«
»Aber das meines Kollegen.«

Walo ruft dazwischen: »Du, Wolfgang, da hast du fünf Euro, wäschst du sie mir auch?«

Wolfgang bückt sich und drückt den Schwamm ins Becken. Walo sagt: »Ach, zeig mal da hinten, du kriegst einen Heiligenschein. – Du, Wolfgang, was rauchen wir denn heute?«
»Ich dachte, Walo, du rauchst nicht mehr.«
»Ach, nur heute. Mit dir ist es etwas Spezielles.«

Ich weiß nicht, wie lange wir da stehen und rauchen, auf dem von der Sonne noch warmen Asphalt zwischen den Lastwagen, in einer klaren Frühlingsnacht und den einsam vor sich hin surrenden, zischenden, gurgelnden Kesseln, Röhren, Ventilen und Pumpen der Konservenfabrik Bischofszell. Wenn Wolfgang spricht, haben wir alle nur noch Ohren für ihn – allein schon, um seine vielen, so schnell gesprochenen Wörter sauber auseinanderzusezieren zu können. Ich bin überzeugt, er kann es wirklich gut mit den Frauen. Sie müssen ihm ebenso gerne zuhören und sich dann von der teddybärigen Kuscheligkeit seiner Halbanzüglichkeiten verführen lassen. Er hätte Komiker werden müssen. Der heitere Verlierer, der seine tote Hose in verbaler Hochform als Fahne aushängt. Wenn er das auf einer Bühne hinbrächte, klatschten wir ihn mehr als einmal vor den Vorhang, aber so treten wir uns die Beine in die Hüftgelenkspfannen, bis irgendwann nach Mitternacht nur noch die Glut der Zigaretten zeigt, wo wir Zuhörer stehen.

Wolfgangs Sprachmelodie, sein »Jaaahh, saaschde isch, nöööhh, saaaschde sie« begleitet uns in die Kojen. Jetzt ist er wohl schon wieder unterwegs nach Eppelheim oder gar beim Entladen, beim Waschen (selber), fährt hin und her wie jeden Tag und freut sich aufs Wochenende in Leipzig, wo er sich bestimmt als wunderbarer Vater und Gatte bewährt.

Das sind die Stunden, die einen für manche ermüdende Fahrt und Stillstandszeiten entschädigen. Dieses Gefühl der europäischen Truckerunion gibt es nicht wie einen Theaterabend im Abonnement. Überhaupt lassen sich die wirklich guten Dinge im Leben nicht kaufen. Aber wenn sich so ein Abend nach einer Fahrt durch halb Europa einmal ereignet, füllen sich die Kammern des Herzens tankvoll mit Glück.

Aufstieg zum Truckertraum.

Vierzig Tonnen Schönheit und Dynamik.

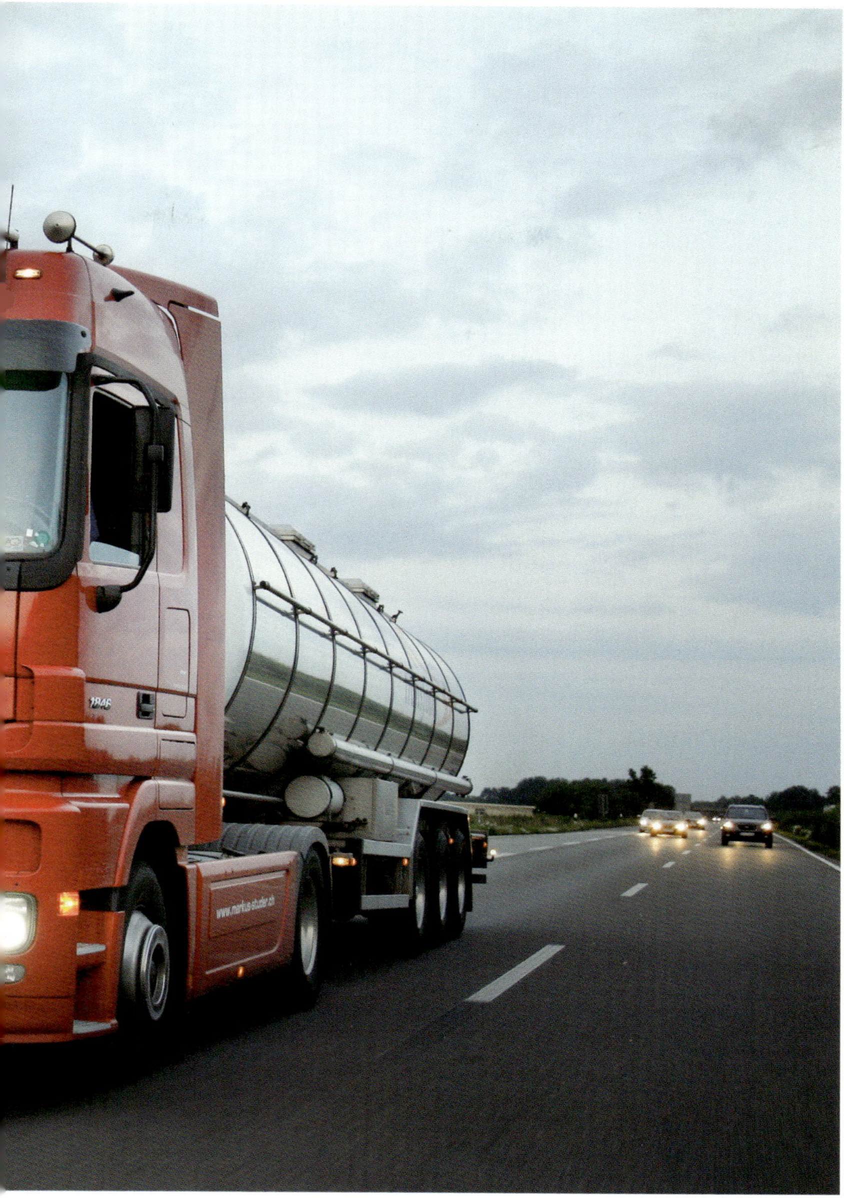
www.markus-studer.ch

Und immer wieder warten, hier auf die Fracht- und Zollpapiere.

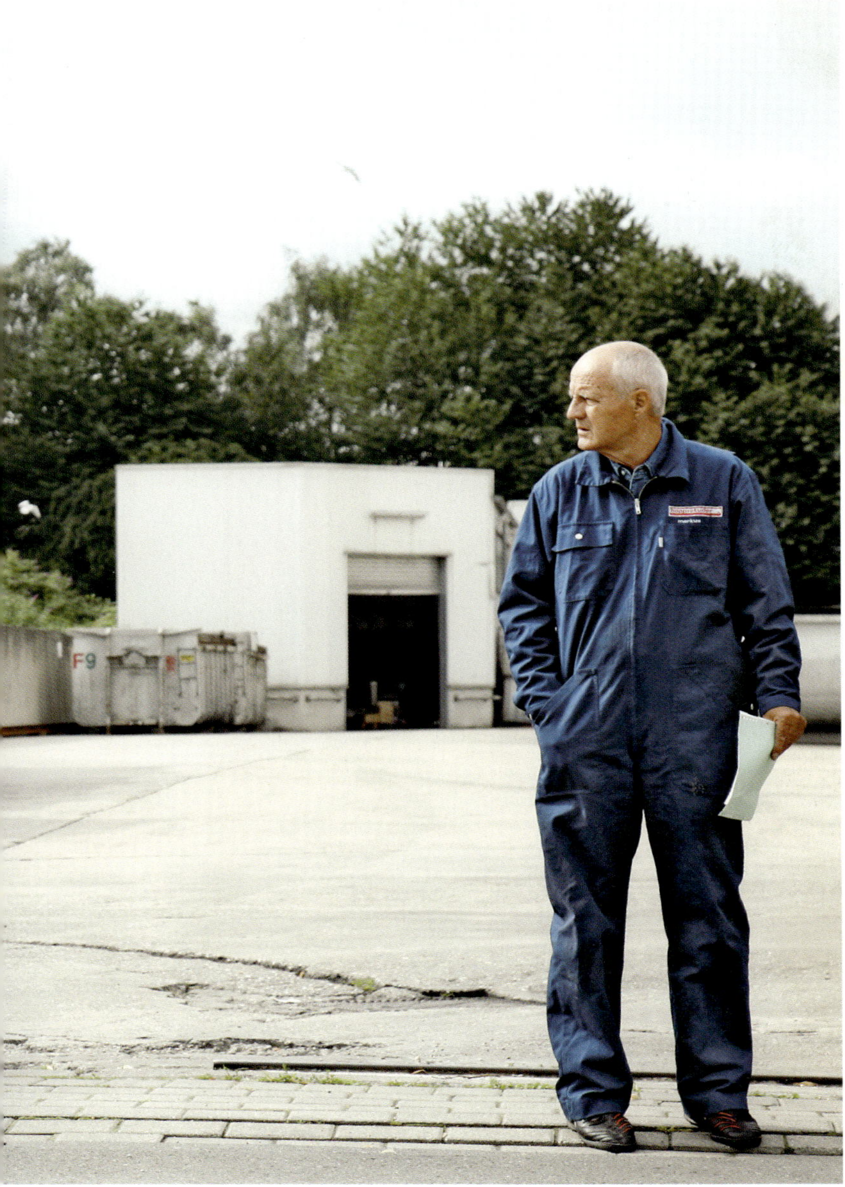
F9

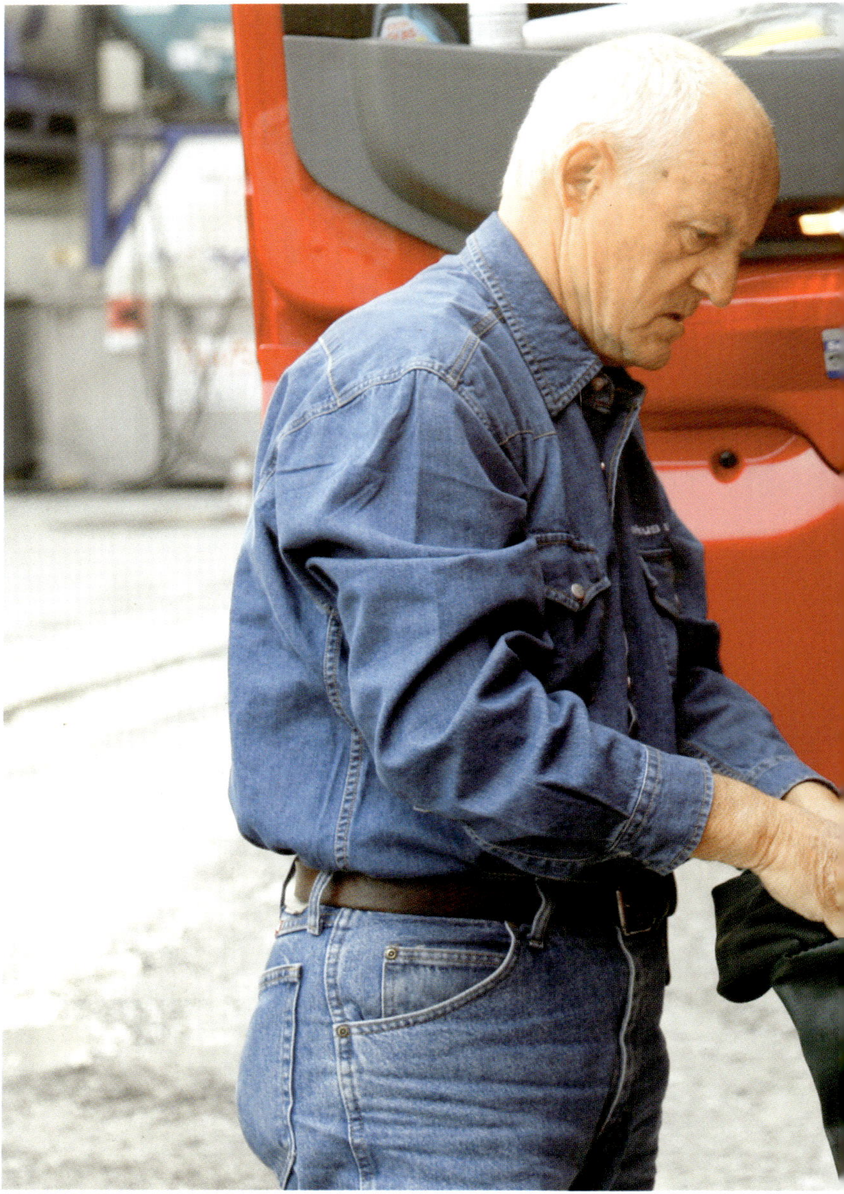

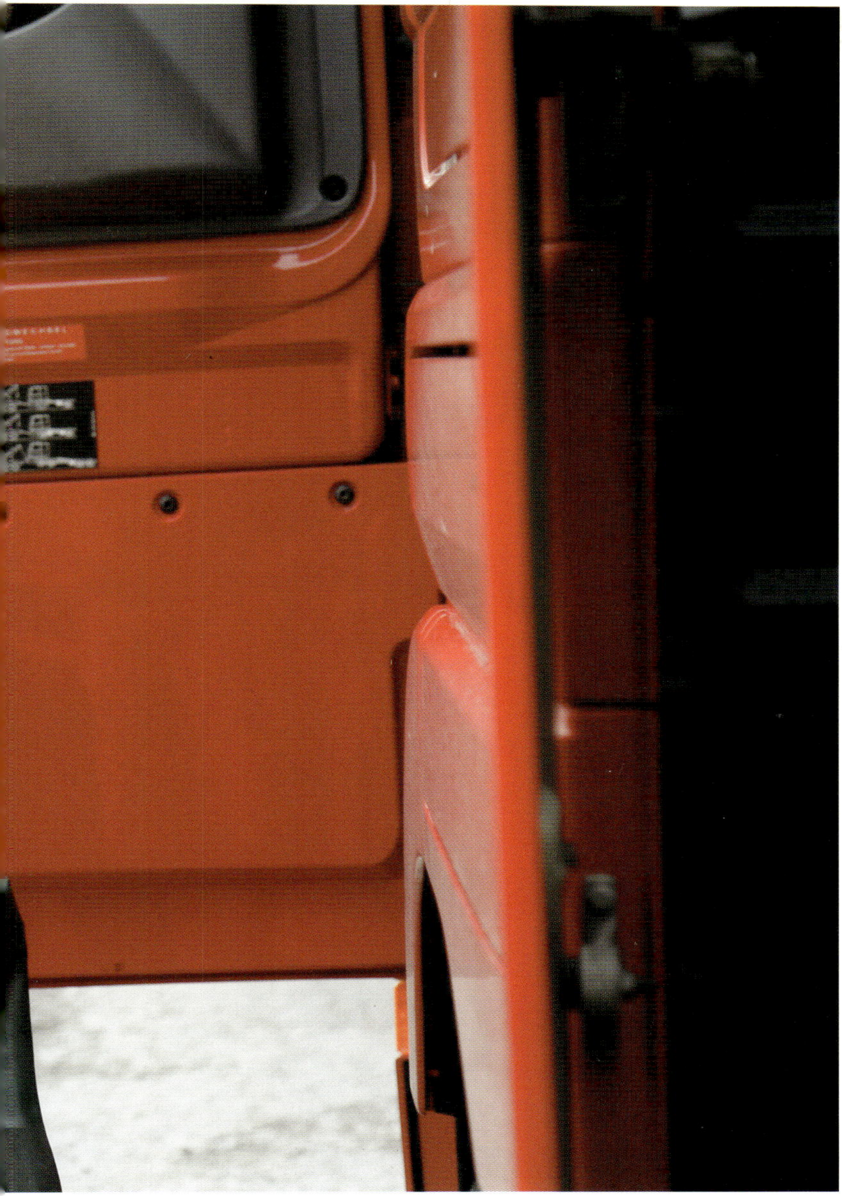

Der Auslaufstutzen muss hygienisch einwandfrei sauber sein.

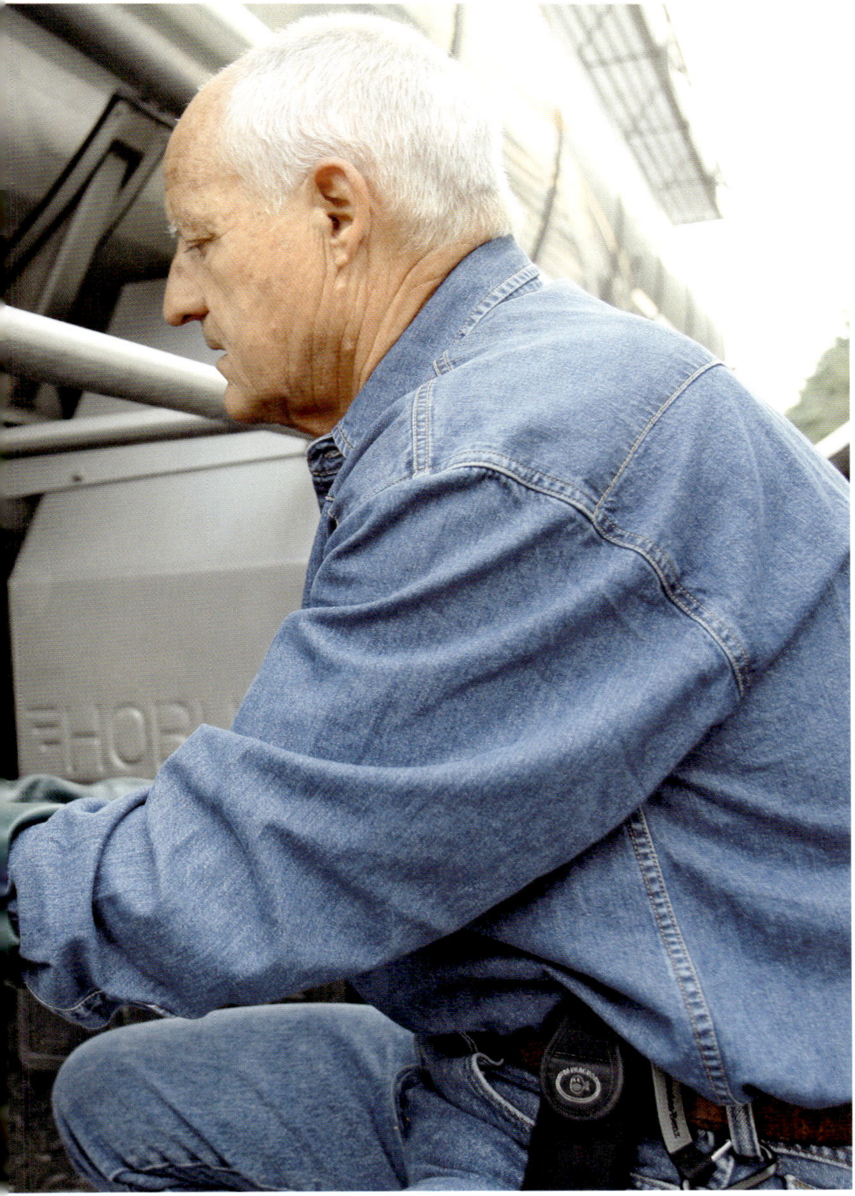

Nach dem Kontrollblick zur Kamera gehts die Leiter hoch.

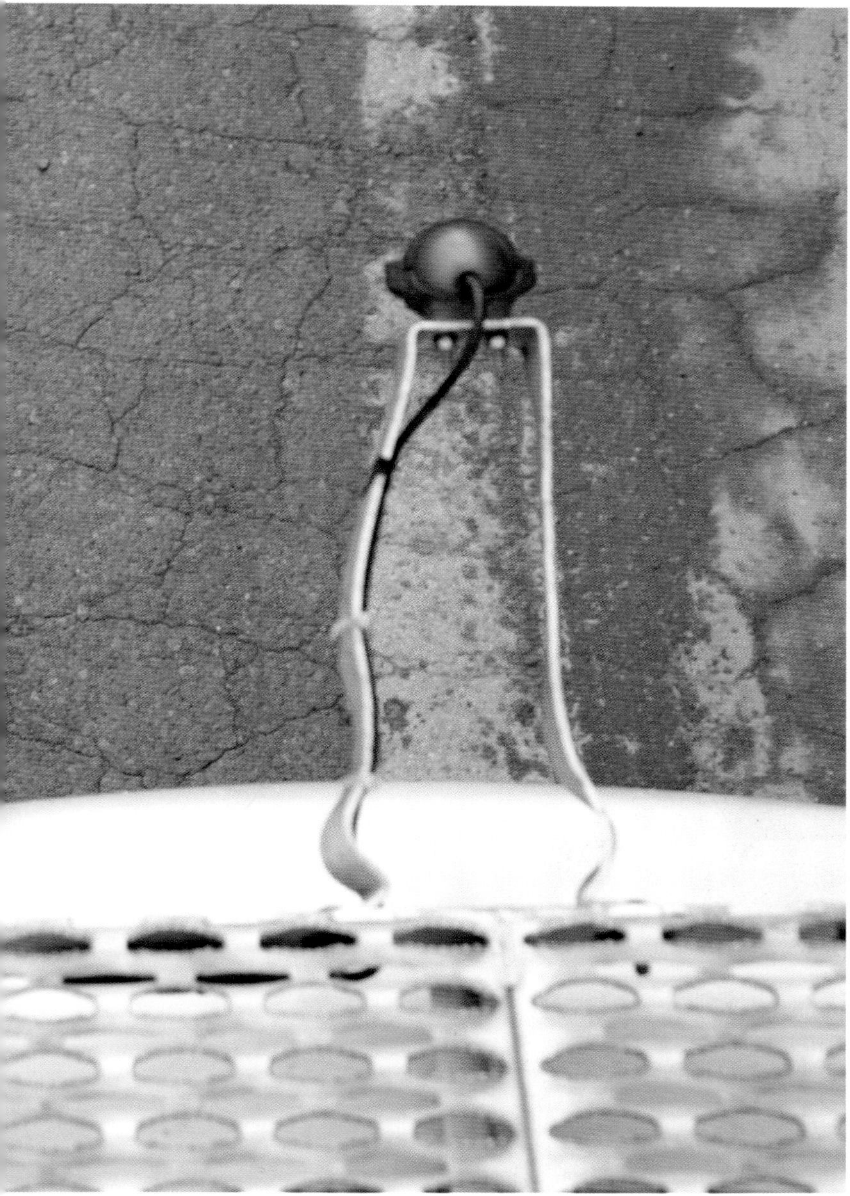

Die Öffnungen des insgesamt 32 000 Li

ssenden Tanks liegen drei Meter über Boden.

Fahrt durchs Ruhrgebiet.

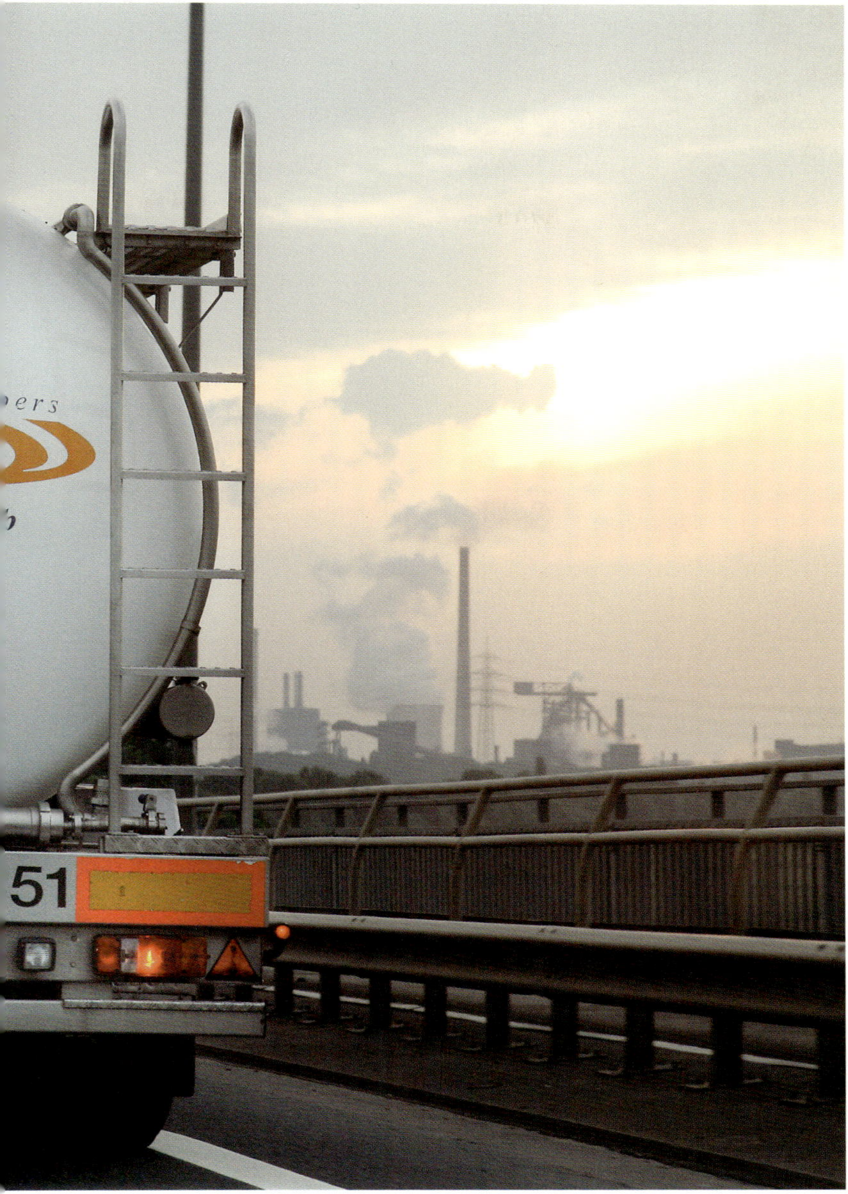
51

Schlafplatz mit Aussicht aufs Schloss Gruyère.

(Foto: Markus Studer)

Morgendliche Rushhour auf dem Ring von Rotterdam.

(Foto: Markus Studer)

Das Orangensaftkonzentrat, das der Dampfer bringt, kommt aus Brasilien

(Foto: Markus Studer)

Manchmal muss auf sehr engem Raum gewendet werden.

markus studer
internationale transporte
ACTROS
ZH·208473

Mit höchster Konzentration rückwärts in die Reinigungsanlage.

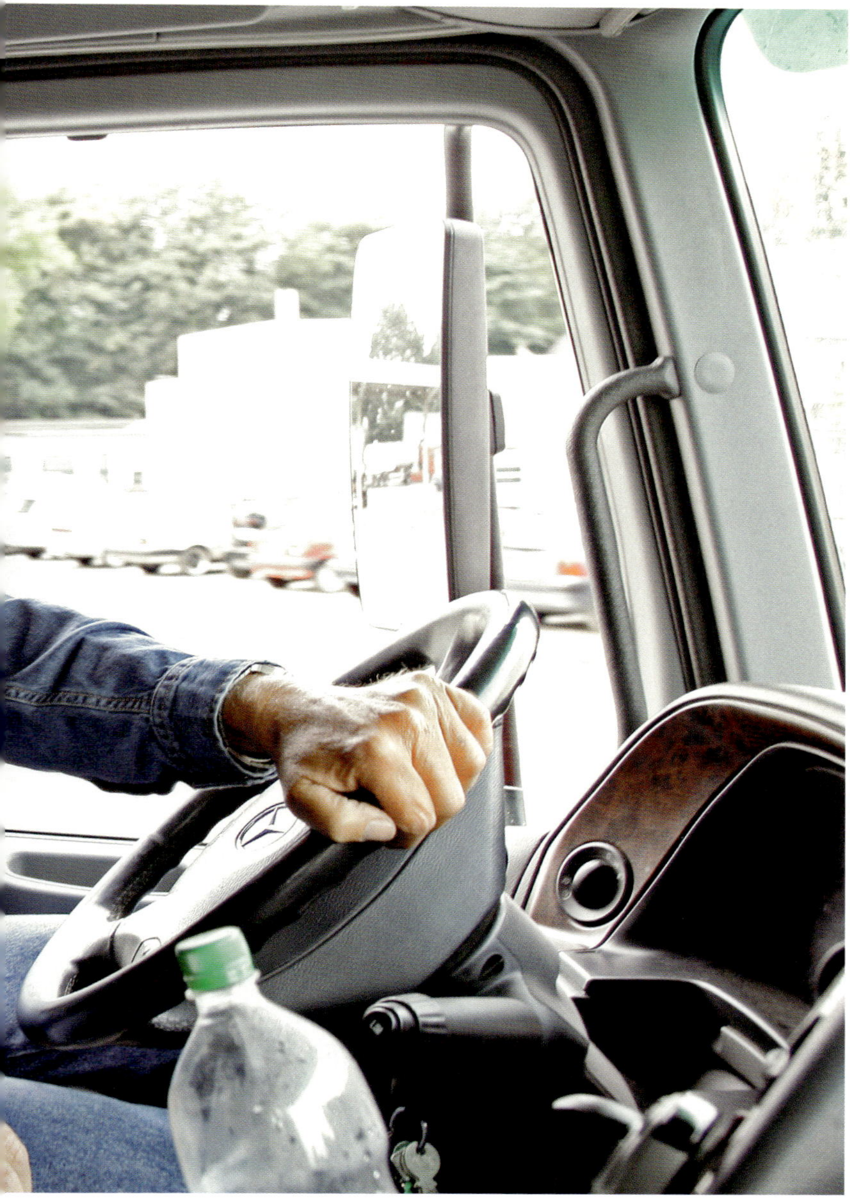

Das Reinigen des Tanks wird von Spezialisten übernommen.

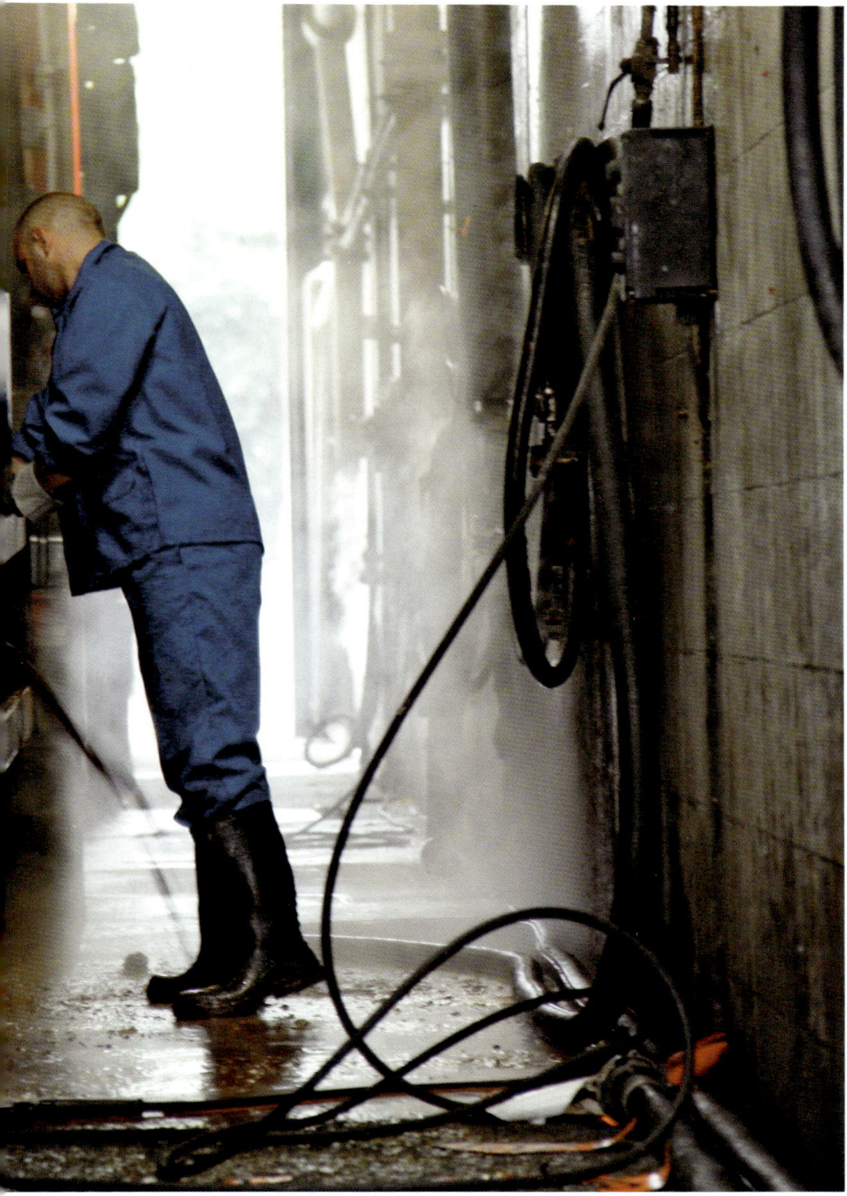

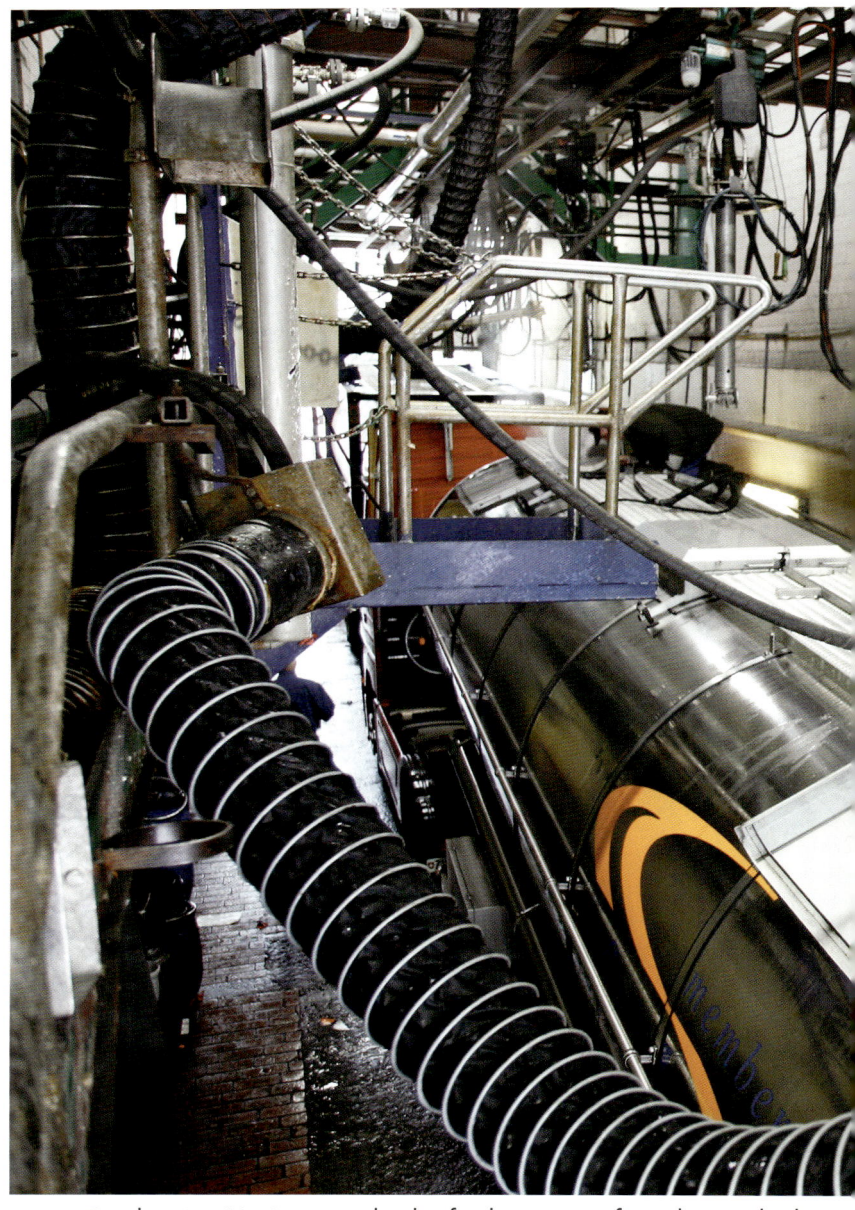

Der heutige Hygienestandard erfordert eine aufwendige Technik.

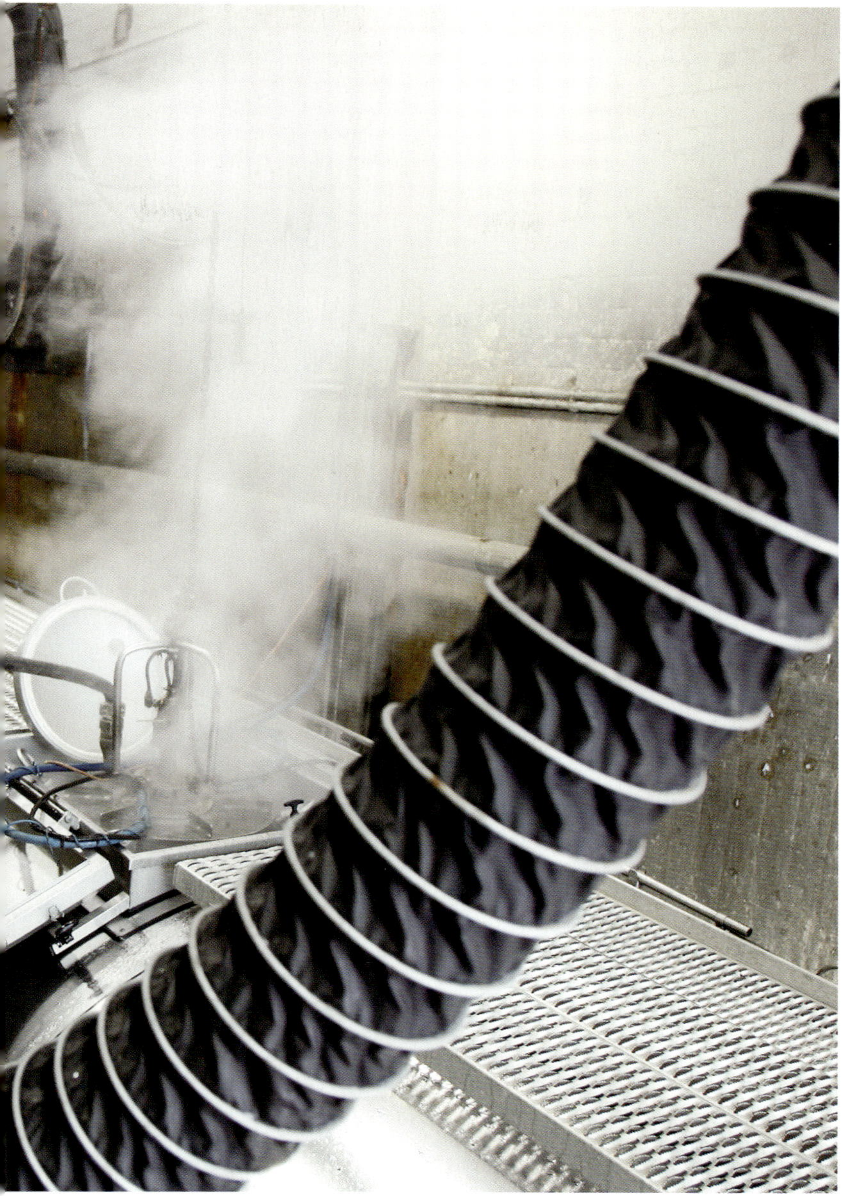

Vor und nach dem Abladen wird der Sattelzug gewogen.

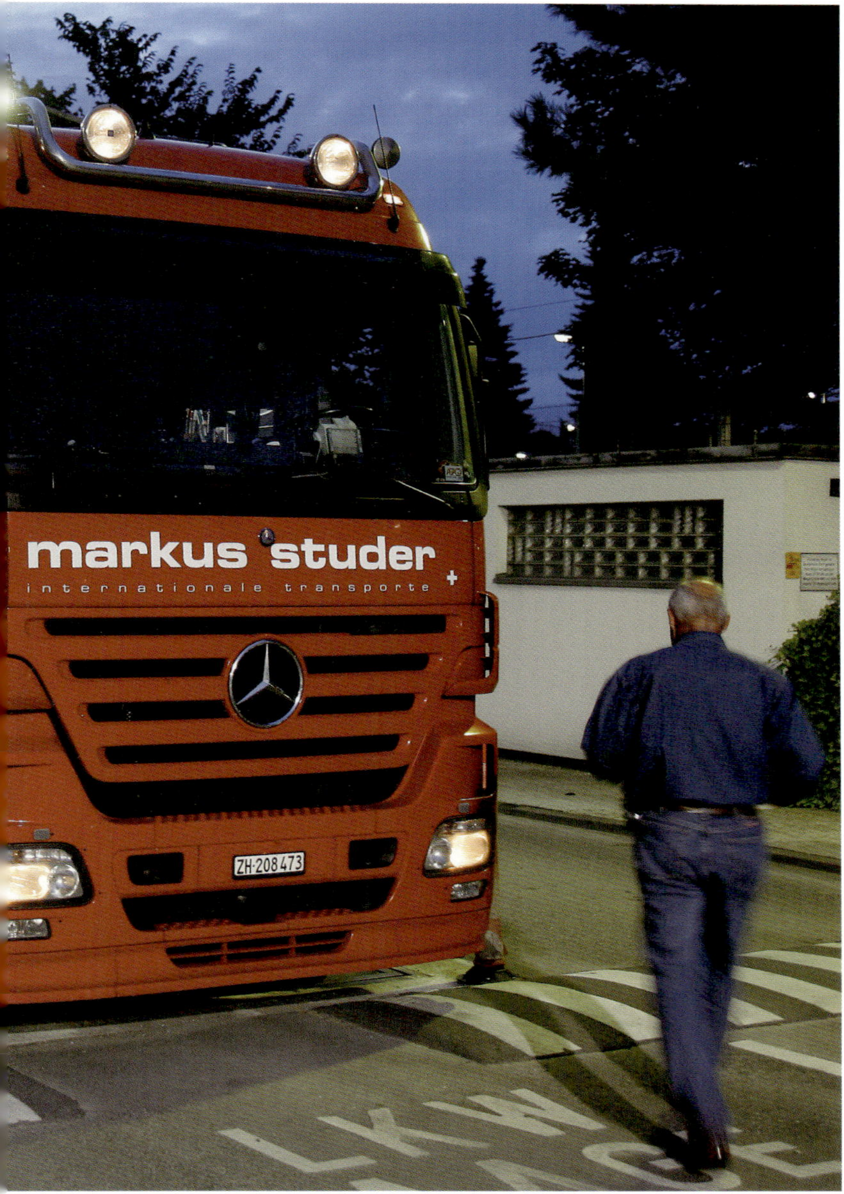
markus studer
internationale transporte
ZH·208 473

Und an der Schweizer Grenze ruft wieder das Zollamt.

Samstag/Sonntag

Kleine Autobiografie

Zur Feier unserer ersten gemeinsamen Woche treffen wir uns zum Mittagessen in der »Schönau« in Hinwil. Das Haus ist vor lauter Bescheidenheit kaum zu entdecken. Aber der Parkplatz ist unübersehbar und groß genug, dass sich auf der Fläche ein paar Kühe der angrenzenden Wiese tagtäglich ein prallvolles Euter anfressen könnten. Weil Samstag ist und die Vierzigtonner am Wochenende in der Schweiz Fahrverbot haben, ist der Platz leer – bis auf Markus' sportlich silbergrau metallisierten Mercedes 500 SL auf dem hartgewalzten Dreck, sauber zwischen zwei Pfützen vom letzten Gewitter und einer Anzahl anderer Personenwagen. Sie gehören den Chauffeuren, die gerade zu einer Versammlung der Routiers Suisses, Sektion Zürcher Oberland, im Säli nebenan zusammensitzen.

Die »Schönau« verdient sich einen Ehrenplatz auf der regionalen Top-Ten-Liste meiner Restaurants. Da wird geredet, gejasst, man ist per Du und kann auch mal streiten, ohne sich deswegen böse zu sein. Die Plastiktischtücher sind immun gegen Flecken, die Teller gefüllt, die Menüs einfach und leicht zu bestellen. Eins oder zwei, das ist die Frage, Suppe oder Salat, die Variante, die dann immerhin eine Palette von drei Möglichkeiten ergibt. Eine gute Wahl ist es sowieso, weil Ida, die Wirtin, so herzhaft kocht, serviert und in der harten Männerwelt ihren guten Geist verströmt.

Während der Woche, im Auto, gehört der Gegenwart die uneingeschränkte Aufmerksamkeit. Das Ziel ist das Ziel, und Gespräche, die nicht darauf fokussieren, verlieren sich bald zwischen Staumeldungen, Blaulichtern, Ausfahrten und lustigen Sprüchen von Radio Gaga. Heute, nach der Versammlung, haben wir Zeit. Bevor die Lauchsuppe auf den Tisch kommt, beginnt Markus, aus seinem Leben zu erzählen:

»Im Grunde hatte ich ein Dieselherz von Kindsbeinen an. Schon ganz früh drehte sich mein Leben um Autos. Alles andere hörte bald wieder auf. Das Klavierspiel zum Beispiel. Doch. Im Fußball habe ich es etwas weiter gebracht. Bei den Junioren im Mittelfeld des FC Schaffhausen und eine Saison in der Nationalliga B. Der Kampfgeist, die Kameradschaft, das wars – und Sepp Lüthi, der Trainer. Noch mit fünfzig machte er uns etwas vor. Immer ging er hart auf den Mann: ›Klopf ihm auf die Knochen, dann hat er Respekt‹, sagte er. Mir Respekt verschaffen, das habe ich von Sepp Lüthi gelernt. Es hat mir viel geholfen im Leben.

Mein Vater war Finanzchef bei IWC in Schaffhausen. Deshalb wohnten wir in Schaffhausen. Als kleiner Knirps ging ich oft hinunter zur Hochstraße, träumte von unerreichbaren Fernen und verfolgte mit den Augen die Autos, bis sie im Grün der Wiesen um die Kurve verschwanden. Am meisten beeindruckten mich die Sattelschlepper mit ihren langen Aufliegern und den vielen Reifen, die damals gerade aufkamen. Die schönsten waren aus nacktem, gleißendem Aluminium. Als ich dann in der Schule lesen lernte, konnte ich entziffern, was darauf stand. ›Brechtbühl‹. Und ›Mercedes Benz‹. Sie transportierten täglich fabrikneue Mercedes-Personenwagen aus Sindelfingen für den Verkauf in die Schweiz. Mercedes war damals die Automarke par excellence, der ›Silberpfeil‹ mit dem legendären Grand-Prix-Fahrer Juan Manuel Fangio am Steuer das Wahrzeichen für die Geschwindigkeit des Fortschritts. Der Mercedes-Stern galt als edelster Ausdruck des Wirtschaftswunders, mit dem Deutschland nach dem Krieg uns kleine Nachbarn im Süden verblüffte und auch etwas erschreckte. Wenn ich Fantasien hatte in jenen Jahren, drehten sie sich meist um Mercedes – und Meili.

Gleich unterhalb unseres Blocks befand sich die Traktorenfabrik Meili. Die Schweiz war damals noch eine reiche Traktorenlandschaft. Jede Region hatte nicht nur einen Turner-, einen Sänger- und einen Schwingerregionalverband, sondern auch, als besonderen Stolz, eine Traktorenfabrik, von denen jede einzelne der Gegend ihren eigenen motorischen Charakter verlieh. Klar war jeder Bauer stolz auf den Kraftprotz aus seiner Region. Aus Wil kamen die leuchtend roten Hürlimann, für die Zürcher war es Bührer, bei den Bernern beherrschte Aebi aus Burgdorf das Feld. Für uns in Schaffhausen kam nur Meili in Frage. ›Ein fremder‹ Traktor auf dem Acker wäre etwa gewesen wie ein Nachbardorfmuni (dt. Stier), der die eigenen Kühe bespringt.

Wie innovativ Ernst Meili etwa mit seinen luftgekühlten Dieseltraktoren Anfang der Fünfzigerjahre war, ahnte ich damals noch nicht. Aber das Klopfen aus den mächtigen Eisenblöcken der Motoren, die Kraft auf den Rädern und der Geruch nach Diesel in der Luft beschäftigten mich bis in die Träume. Souverän konnte ich einen Bührer von einem Bucher und einen Aecherli von einem Knöpfli oder Alpina unterscheiden. Doch was waren sie neben Meili-Traktoren, die unmittelbar vor unserem Haus lautstark zum Leben erwachten. Ich schlich ums Fabrikareal, streckte die Nase zwischen die Gitterstäbe am Tor und schaute meilenweit an den

Arbeitern hoch – bis sich einer meiner erbarmte. Er hob mich auf einen Sattel und zeigte mir, wie man so ein Ding bewegt. Es roch nach Maschinenöl, Gummi, Eisen und frischem Lack. Meine Augen waren gerade etwa auf der Höhe der Hinterradnabe. Besonders gerne schritt ich hinter dem Patron her und fühlte mich ganz stolz, ganz Mann: wie mein Vorbild die Hände auf dem Rücken verschränkt.

Bald fühlte ich mich in der Werkstatt mehr zu Hause als in der Schule. An freien Nachmittagen lernte ich die Aluminium-Zierstreifen an den Kühlern montieren. Zur Belohnung für meine Mitarbeit in der Fertigmontage durfte ich die nigelnagelneuen Exemplare aus der Werkhalle selbstständig in die Unterstände parken. Wie ich mit meinen damals noch kurzen Beinen überhaupt zum Gas runterkam, ist mir ein Rätsel. Der kleine Bub auf diesen riesigen, rüttelnden Teilen. Schon mit sieben oder acht wurde ich auch mit den Anhängern fertig. Kurze und lange jonglierte ich mir nichts, dir nichts rückwärts in die Lücken. Wenn es die Lehrlinge nicht schafften, wurde der kleine Markus gerufen. Kleine Mädchen, die reiten lernen, erleben wohl einen ähnlichen Schub von Selbstvertrauen und Macht.

So fing das an. Bei Meili habe ich meine Kindheit verbracht. Und bei Meili wurde ein Wunsch zur Gewissheit. Ich wollte in der Ingenieurschule in Biel den Automobilbau erlernen. Mein großes Ziel war, mich in einem deutschen Automobilwerk nützlich zu machen. Zu tun gab es da wohl genug. Schließlich war Mercedes ganz nahe, in Stuttgart, und wenn das zu hoch gegriffen war, gab es immer noch Audi, Opel und BMW.«

Es ist ein Kommen und Gehen in der »Schönau«. »Ciao, Markus. Schon lange nicht mehr gesehen … Grüß Katharina von mir.«

»Ja, danke, ich wills ausrichten. Grüße auch an Bettina…

›Brechtbühl‹ blieb ein Zauberwort in meinem Vokabular. Einmal mit Brechtbühl Mercedes aus Sindelfingen in die Schweiz transportieren. Damit ginge ein Kindertraum in Erfüllung. Ruedi Brechtbühl erfüllte ihn mir. Wer sein Herz und sein Leben einem Arzt verdankt, ist noch so gern fast zu jeder Dankesleistung bereit. Nicht dass ich das suchte oder gar ausnützte, aber gelegentlich kam es mir doch in wichtigen Augenblicken zugute, und diesmal sollte es mein Leben verändern. Ich hatte Ruedi operiert, kam ins Plaudern und erzählte ihm, wie viel mir der Name Brechtbühl seit meiner Kindheit bedeutet.

Er fragte: ›Ja, Herr Doktor, möchten Sie mal so einen Mercedes-Sattelzug aus dem Werk in Salzburg nach Dietikon zu unserem Firmensitz überführen?‹ Und ob ich wollte. Ich fuhr mit meinem Personenwagen hin, lud ihn auf das brandneue Objekt meiner Träume und fuhr nach Dietikon, nach allen Regeln der Kunst. Zum ersten Mal hatte ich ganz allein so ein Geschirr unter dem Arsch. Welch ein Gefühl. Zweimal habe ich das gemacht. Noch gar nicht so lange ists her. Dafür brauchte ich ja die Lastwagenprüfung. Ich war schon über fünfzig, als ich sie machte. Die ganze Woche bis inklusive Freitagmorgen operieren, am Nachmittag Fahrschule. So ging das. Und erstmals musste ich wieder büffeln. Die Anforderungen sind nicht zu unterschätzen. Weder in der Praxis noch in der Theorie.

Im Grunde brachte mich ein Denkfehler auf die Medizin. Ich war schon siebzehn oder achtzehn: Landarzt wurde mein Traum. Ich glaubte, dort mehr von Menschen als von Maschinen umgeben zu sein. Ich machte mein Staatsexamen, rutschte in die Chirurgie, verirrte mich im Labyrinth der Spitäler und erreichte ein höheres medizinisches Ziel, als ich es je gewollt hatte – und der Traum vom Landarzt im menschlich warmen Nest seines ›Patientenguts‹ entfernte sich ins Unerreichbare. Der Allgemeinpraktiker, wie ich ihn mir vorgestellt hatte, stand am andern Ende der Skala. Zwar wurde der menschliche Kontakt mit meinen Patienten zu einem meiner Erfolgsgeheimnisse. Darüber hinaus aber wurden und werden für eine Herzoperation Hightech-Apparate benötigt, neben denen ein Traktor als Kinderspielzeug erscheint. Und umgekehrt: Um ein Auto zu bauen, das sich auf dem Markt in Hunderttausenden von Exemplaren bewährt, ist gar nicht zuletzt Teamgeist und menschliches Fingerspitzengefühl gefragt. Ida, bringst du bitte noch Senf?«

Aufstieg nach Samedan

»Mein erster Job war in der Privatabteilung des Kantonsspitals Schaffhausen. Schon in den ersten Tagen schaute mir der Chefarzt, Professor Nuot Ganzoni, auf die Hände: ›Sie haben keine zwei linken Daumen. Möchten Sie nicht in die Chirurgie?‹ Ich lernte schnell. Der Weg zu den ersten Gallenblasen und Leistenbrüchen war kurz. Das Gehalt reichte bald für ein erstes Auto. Kein Mercedes, aber immerhin ein Renault R6. Er war schon fünf, senfgelb und noch völlig rostfrei. Das war nicht selbstverständlich damals. Ein prima Auto, an das ich noch heute mit Wehmut zurückdenke. Es beförderte Katharina und mich die ersten paar Kilometer auf meiner Laufbahn, gleich ziemlich steil nach oben: von Schaffhausen hinauf ins Engadin. Ich hatte eine Stelle in Samedan gefunden, in der Traumatologie.

Es war ein Traumjob in einer alpinen Traum-Wintersportgegend, fast zweitausend Meter über Meer. Ein steiler Aufstieg, das kann man sagen. Schon in Schaffhausen hatte ich Glück gehabt. Und dann erst hier: Katharina und ich logierten erstmals in unserem noch kurzen gemeinsamen Leben in einer repräsentativen Wohnung. Riesige Fenster mit wechselndem Blick in die Oberengadiner Sommer- und Winterlandschaft. Das Spital lag so nah, dass ich gerne zu Fuß hinging, und Katharina, die Drogistin gelernt hatte, fuhr mit dem Renault in ›ihre‹ Drogerie nach Pontresina.

Traumatologie war genau, was meinen handwerklichen Interessen entsprach. Es gab Knochen zu schlossern und Mechanik zum Laufen zu bringen. Ich konnte sägen, bohren, feilen, schleifen, Gewinde schneiden und zerbrochene Teile zusammenschrauben. Statt wie bei den Traktoren nach Motorenöl roch es nach Narkose, Knochenmehl und Blut. Und niemals ging die Arbeit aus. Vor allem im Winter kamen die Fälle per Heli fast ununterbrochen. An Knochenbrüchen schärfen Chirurgen ihren Geist und ihre Messer. Da gewinnt man Erfahrung und Übung – und lernt doch auch schon die schmale Grenze zwischen Erfolg und Misserfolg kennen. Man kann Sehnen und Bänder verletzen, man muss die Platten und Schrauben auf die statisch geschickteste Weise anbringen, und die Gefäße liegen oft nur Millimeter entfernt.

Damals bei den alten Kandaharbindungen oder den neueren, sogenannten Sicherheitsbindungen, die sich bei Stürzen öffneten, oder auch nicht, konnten die Knochen wie Streichhölzer splittern, wenn sie sich verdrehten und oberhalb des Schafts der harten Schalenschuhe abknickten. Das taten sie vor allem bei den extrem sportlichen Langriemenbindungen, bei denen ein langer Lederriemen die damals noch zwei Meter langen Ski mit den Schuhen fest verzurrte. Der Chefarzt Andri Fenner vertraute mir voll. Was er verantworten konnte, schob er mir auf den Schragen. Langriemen waren die Herausforderung. Da konnte ich mich an den vertracktesten Dreh- und Trümmerbrüchen bewähren. An den schweren, offenen, bei denen das Blut sprudelte, konnte ich beweisen, dass ich auch Gefäße zu schließen verstand. Das verlangt ein feineres Händchen als der Umgang mit Knochen. Offenbar erfüllte ich für Andri Fenner die Anforderungen. Jedenfalls konnte ich ihn später gelegentlich vertreten. Klar tat mir das gut. Beinahe wäre ich zu jener Zeit im Oberengadin und in der Traumatologie hängen geblieben.

Der R6 war wie geschaffen fürs Engadin. Selbst im Schnee kamen wir ohne Ketten voran. Einmal, in den vereisten Haarnadeln der Flüela standen die Autos kreuz und quer. Aber nicht unser R6. Die Leute standen tänzelnd und armeschwingend vor Kälte am Straßenrand. Nur nicht stillstehen jetzt, sonst drehen wir ebenso durch. Klein und wendig, wie wir waren, schlängelten wir uns um alle Hindernisse herum. Leicht, wie wir waren, reichte der wenige Schub, den wir hatten, um nach oben zu kommen. Der R6 war unser bester Compagnon, wie für andere junge Ehepaare der Hund oder der Papagei.

Einmal konnten wir vor einer geplanten Finnlandreise nicht einschlafen. Wir stiegen in die Jeans, wir stiegen in den R6, und los gings, nachts um elf. Bevor die Sonne unterging, waren wir in Schweden. Zum Umfallen müde. Müde genug für einen Unfall. Ein Blödsinn eigentlich. Aber man ist nur einmal jung, und die Jugend hat ja oft einfach Glück.

Wir brauchten dringend ein Hotel. Die Suche verlief nicht so glücklich. Hotels waren dünn gesät im dünn besiedelten Schweden. Als wir eins fanden, hatten wir die Rechnung ohne den Wirt gemacht. Er empfing keine Gäste in Jeans. Jawohl, das gabs damals noch. Aber eben, wir waren jung, schlüpften in den Schlafsack und legten uns draußen ins Gras. Die Nacht war sternenklar, der Boden noch warm vom langen Sommertag. Das ergibt diesen Nebel, der sich auch bei uns im Frühherbst manchmal in einer schmalen fetten Schicht über den Boden ergießt. Wir lagen in dieser milchigen Sauce und froren erbärmlich. Als wir aufstanden, standen wir von den Hüften an aufwärts im prächtigsten Morgenlicht. Katharina genoss die Überraschung des Augenblicks genauso wie ich. Schön, mit Katharina konnte man reisen. Da war ich mir bis dahin nicht ganz sicher gewesen. Also weiter, mit der Fähre nach Turku. Dort musste Katharina meinen Träumen von den Finnenmädchen standhalten. Sie tat es. Mit der Grazie einer Prinzessin. Nun wusste ich, ich habe die richtige Frau.

Mein nächstes Fahrzeug war ein VW Golf GTI. Er war magmarot, und quer über den Kühler stand in eleganten, riesigen Lettern GTI. Was unter der Kühlerhaube lag, löste das Versprechen ohne Abstriche ein. Als Annina, unser erstes Kind, zur Welt kam, wuchsen wir aus den Zweitürern hinaus. Um das Baby auf dem hinteren Sitz leichter zu versorgen, mussten wir den GTI durch einen zahmeren, viertürigen Golf ersetzen.«

»Hoi, Markus. Auch wieder da? Wie gehts der Elektronik in deinem Getriebe? Fallen dir immer noch die Gänge raus?«

»Ach, das war einmal«, sagt Markus wie nebenbei zu dem Typen mit der schönen Haartolle. Dann heimlich zu mir: »Der fährt eben Scania.«

Knochenschlosser Noldi Huggler

»Die nächste Chance in meiner Laufbahn kam mir im Porsche entgegen. Der Fahrer hieß Professor Dr. Noldi Huggler und war der Sohn des Schweizer Bildhauers Arnold Huggler. Noldi fuhr regelmäßig aus dem Kantonsspital Chur als Star- und Störchirurg nach Samedan. Das heißt, sein Job war es, dem kleinen Spital auf dem Land ›state of the art‹ in der Branche zu zeigen. Sein Porsche, in dem er wie eine Sau fahren konnte, war das richtige Instrument, um bei Bedarf rechtzeitig an Ort und Stelle zu sein. Wenn ihn die Polizei an der Ausfahrt des Julierpasses in Silvaplana ausbremste, um ihm die Bußenrechnung zu präsentieren, brauchte er nicht viel zu befürchten. Jeder andere hätte augenblicklich sein Ticket abgeben müssen. Nicht aber Huggler. Er rief den Chefarzt in Samedan an, er solle der Polizei bestätigen, Professor Huggler sei dringend zu einem Notfall gerufen. Huggler war einfach ein charmanter Rüpel. Der Inbegriff von dem, was der Volksmund als Knochenschlosser, oder besser in diesem Fall, als Knochenbildhauer bezeichnet. Er wusste, er war ein Star, und er ließ seine inneren Spannungen, mit denen jeder Chirurg auf seine Weise umgehen muss, gnadenlos an seinen Assistenten und Assistentinnen aus. Bosheiten und Machtspiele gehörten zu seinem Arbeitsalltag. Er setzte auch bei mir an: › Du kleiner Doktor, na sag mal, was willst du denn eigentlich hier?‹ Ich dachte, wie oft in solchen Situationen, an Trainer Lüthi: Jetzt, Markus, verschaff dir Respekt. Klopf ihm eins auf die Knochen. Ich tat, als hätte ich Hugglers porschemäßig aggressiven Unterton überhört. Im lockersten Plauderton sagte ich: ›Ich habe Freude an der Chirurgie und assistiere Ihnen gern.‹ Huggler ging augenblicklich vom Gas, öffnete gleichsam die Tür und lud mich höflich ein, auf dem Beifahrersitz Platz zu nehmen.«

Zeitmanagement

»In Samedan hatte ich meine Dissertation noch nicht geschrieben. Mit dem fast zärtlichen Unterton, mit dem mich Huggler unterdessen ansprach, fragte er: ›Kleiner Doktor, wollen Sie nicht doktorieren? Wir finden bestimmt etwas Schönes für Sie. Wie wäre es mit der operativen Behandlung von Hüftbrüchen?‹

Hüftbrüche zählen zu den größeren, blutigeren Operationen, und weil die Gefäße nahe liegen, ist bei aller Knochenarbeit Fingerspitzengefühl geboten. Zum ersten Mal in meinem Leben musste ich wirklich arbeiten. Im Gymnasium war ich selbst an harten Tagen in höchstens einer Viertelstunde mit den Aufgaben fertig. Nun stieg ich in die Hosen und besuchte ehemalige operativ behandelte Patienten. Ich erkundigte mich nach ihren Erfahrungen und wertete das klinische und röntgenologische Resultat statistisch aus. Zuvor hatte ich mich noch mit dem kleinen Latinum abquälen müssen. Besser als Lateinisch hätte ich die Bedeutung von Zeitmanagement gelernt.

Eine Operation verlangt ein Zeitmanagement auf die Minute, und manchmal bis auf Sekunden. Das habe ich seit meinen ersten Brüchen in Samedan nicht schlecht im Griff – und kommt mir bis heute zugute. In Weinfelden gibt es eine Binnenzollagentur für die Konservenfabrik Bischofszell. Das ist praktisch, verlangt aber eine pünktliche Voranmeldung. Die Kunst ist, beispielsweise in Amsterdam zum richtigen Zeitpunkt zu starten, damit man es über Antwerpen, Brüssel und Straßburg schafft, je nach Tageszeit, Stau- und Unfallmeldungen über die richtige Ausweichroute zur richtigen Zeit in Weinfelden anzukommen. Ich schaffe es fast jedes Mal, nicht zu früh und nicht zu spät. Imponderabilien hin oder her.

Genauso bei der Planung der Pausen. Viereinhalb Stunden Fahrzeit sind nicht vier Stunden und fünfzehn Minuten. Ich freue mich jedes Mal, wenn genau zum richtigen Zeitpunkt ein Rastplatz auftaucht. Und zwar ein schöner Rastplatz. Allein das Ausziehen der Latexhandschuhe nach einer gelungenen Operation ist mit diesem Augenblick zu vergleichen.«

Christiaan Barnard und Ake Senning

»Natürlich kriegte ich meinen Doktor. Das schafften damals fast alle, die es bis zum Staatsexamen gebracht hatten. Und doch war ich stolz. Immerhin hieß mein Doktorvater Noldi Huggler. Meinem nächsten Arbeitgeber, Ake Senning, brauchte das keinen Eindruck zu machen. Professor Dr. Ake Senning war Ordinarius für Chirurgie am Universitätsspital Zürich: ein Pionier der Herzchirurgie, ein Star par excellence. Er konnte es selbst mit Christiaan Barnard aufnehmen. Barnard hatte 1967 in Capetown, Südafrika, die Kühnheit, eine Herztransplantation am Menschen durchzuführen. Sein Patient überlebte, aber er überlebte nur achtzehn Tage – genug, um Dr. Barnard zum Helden der Glanzpapierpresse zu machen. Er ließ sich feiern und wurde durch eine Affäre mit der Filmschauspielerin Gina Lollobrigida zum Jetsetter geadelt.

Ein gutes Jahr nach Christiaan Barnard in Südafrika wagte Ake Senning in Zürich die gleiche Art einer Herztransplantation – und sein Patient überlebte erst noch ein paar Wochen länger. Es kam wie eine Gnade vom Himmel, dieser Autorität von meinem Chef Dr. Andri Fenner in Samedan empfohlen zu werden. Zu Recht hatte ich gehörig Respekt. Senning hatte noch mehr als ›nur‹ diese Transplantation vorzuweisen. Er war es, der als erster Chirurg weltweit eine Herz-Lungen-Maschine eingesetzt hatte, um den Körper während der Arbeit am Herz mit Blut und Sauerstoff zu versorgen. Er war auch der Erste gewesen, der einen Herzschrittmacher in den Körper eines Menschen einsetzte. Ihm am Universitätsspital in Zürich assistieren zu dürfen, war eine Gnade, aber auch eine gnadenlose Prüfung.

Senning hatte seine eigenen, intuitiven Methoden und machte es seinen Assistenten nicht leicht. Ständig versuchte er Neues, oft Geniales, manchmal aber auch anderes, das nicht immer gleich überzeugte. Weil er nicht sehr gesprächig war, waren wir ununterbrochen gefordert. Wir hatten stets zu erraten, was er vorhatte, und wenn wir uns täuschten, ihm nicht die richtigen Instrumente hinhielten, mussten wir uns für seine Ausfälle wappnen. ›Sie Idiot‹, konnte er einen anbrüllen: ›Halten Sie den Haken mal richtig.‹ Dazu schlug er seinen Assistenten gerne mit der Pinzette eins auf die Knöchel. Seine Assistenten kompensierten mit Arroganz nach unten, was sie von oben einstecken mussten. Jeder war seinen Ausbrüchen ausgeliefert, wie der Patient seinem Messer. Wer dann eine Entschuldigung stammelte, er habe die Hand verstaucht oder so, war erledigt. Das war nicht einfach am Anfang. Ich dachte, da bleibe ich nie. Immerhin war ich gewappnet, als es mich traf. Ich sagte, so ruhig ich das bei meinem sehr gesund pochenden Herz konnte: ›Sie dürfen mich gerne korrigieren, Herr Professor. Aber auf die Finger geschlagen werde ich nicht gern.‹ Wie schon Huggler, wurde auch Senning augenblicklich sanft wie ein Lamm.

Ein paar Schlüsselerlebnisse medizinischer Art reichten, um mich für die Stelle zu begeistern, so wie sie war. In der Universitätsklinik konnte der Teufel los sein. In Samedan hatte ich so vieles gemacht. Ja, das war eine zünftige Knochenschlosserlehre gewesen, sodass ich mir nun einiges zutrauen durfte. An den Wochenenden waren in Zürich Herz- und Bauchhöhlenfälle in einer Abteilung zusammengelegt. Die Notfälle gingen alle durch meine Hände. Das brachte Erfahrung. Am Freitagabend kamen fast regelmäßig die Dissektionen. Wandrisse der Hauptschlagader. Sie enden sehr häufig tödlich. Falls der Patient die Klinik lebend erreicht, ist der notwendige Eingriff einer der technisch schwierigsten. Die Operation konnte sich bis in den Morgen hinziehen, weil die Blutstillung oft sehr problematisch ist.

An manchen Wochenenden hatten wir damals bis zu drei Tage fast schlaflos durchzuarbeiten. Wir hatten Dienst von Samstagmorgen bis Montagmorgen. Darauf folgte ein normaler Arbeitstag, da konnte einem schon mal der Kopf auf den Tisch sinken. Ein Wunder, wie wenig Fehler uns unterliefen. Wenn ich merkte, dass sich Sennings Kräfte erschöpften, fragte ich, ob er nicht Kaffee trinken gehen wolle. Wenn er wiederkam und das Blut war besser gestillt als zuvor, hatte ich Grund, stolz zu sein. Als er mich fragte, ob ich in seine Fußstapfen treten und Herzchirurg werden wolle, fühlte ich mich geschmeichelt, aber wollen tat ich nicht wirklich. Über die Operation großer Gefäße lernte ich allerdings gerne noch etwas dazu. So ergab eins das andere.

Ohne dass ich streben musste danach, sondern eher, weil ich meine Arbeit gut machte, unterstützte mich Senning, wo er konnte. Ihm verdanke ich mein Rüstzeug, er wurde mein Mentor. Was er jedes Mal über Herzoperationen sagte, wenn die Medien seine Leistungen himmelhoch lobten, kann ich nur bestätigen: ›An und für sich ist es eine einfache Operation. Man muss nur nähen. Und wenn man weiß, wo man nähen muss, ist es kein Problem.‹ Überdies ist es auch physisch betrachtet eine leichte Operation. Aber gerade das Leichte war auch das Schwierige. Die Feinarbeit mit

Nadel und Faden unterschied sich von der Schwerarbeit an den Sportlerknochen in Samedan grundlegend.«

Birmingham, Alabama

»Als ich mit Operationen am offenen Herzen anfing, war Christiaan Barnard schon Vorgeschichte, die Herzchirurgie den Kinderschuhen entwachsen. Mir brachte Birmingham, Alabama, den Durchbruch. Hoffnungslos im Süden der USA, im verwunschenen Bible Belt, dem Kerngebiet der Südstaaten im Bürgerkrieg, operierte der legendäre Professor Dr. John W. Kirklin. Er hatte John Gibbons Herz-Lungen-Maschine perfektioniert und brachte damit die Erfolgsrate der Operationen auf den heutigen, sehr hohen Stand.

Den Weg nach Birmingham verdanke ich Professor Dr. Marko Turina. Turina hatte von Senning die Leitung der Herz-Gefäß-Chirurgie im Universitätsspital Zürich übernommen und glänzte in der Königsdisziplin der Herzchirurgie: in der Kinderherzchirurgie – und er hatte anderthalb Jahre bei Kirklin studiert. Danach tauschten die beiden regelmäßig Erfahrungen aus.

Kirklin hatte seine Karriere im renommierten Harvard gemacht. Um ihn in den abgrundtiefen amerikanischen Süden nach Alabama zu locken, wurde für ihn eigens eine Klinik nach seinen Wünschen errichtet. Seither gilt die Schule und das UAB Hospital Birmingham als eine der führenden Kliniken in der weltweit wetteifernden Herzchirurgie. Und nun, mir nichts, dir nichts, war ich quasi in Mekka, ohne dass ich es genau so gewollt haben könnte. Wenn das keine Chance war. Meine Familie, damals bereits mit

Annina und dem jüngeren Reto, war mit mir bisher gut und gerne zehnmal umgezogen. Auf einmal mehr oder weniger kam es auch nicht mehr an.

Kirklin, seinerzeit Chef der Herzchirurgie an der Mayo Clinic, war ein besessener Lehrer mit einem profunden Wissen. Wenn es jemanden in Birmingham gab, der praktisch noch geschickter vorging, war es Al Pacifico – Corvettefahrer wie ich später. Der Name klingt eher wie der eines Komikers oder eines Gangsters in der Schar von ›Ocean's Eleven‹. Aber Professor Pacifico war ein Phänomen. Eine chirurgische Präzisionsmaschine im Hightech-Tempo. Morgen für Morgen stand er schon um sieben am Ops-Tisch. Und los gings. Absolut systematisch. Jeder Handgriff stimmte. Zack, zack. Schnell und präzis. Jede Schwester wusste genau, wann welche Bewegung fällig war.

Natürlich ist Geschwindigkeit keine Hexerei – aber unabdingbar. Je rascher man die Herz-Lungen-Maschine wieder abstellen kann, umso besser. Der Spitzenchirurg bewährt sich, wenn er sich zuverlässig zwischen schnell und sehr gut bewegt. Wie eben Al Pacifico. Er schaffte fünfzehn und sechzehn Operationen am Tag. Immer nur die entscheidende Phase. Er kam zum offenen Brustkorb, nahm eine Klappe heraus, reparierte sie oder setzte eine neue ein. Oder er nähte Bypässe oder korrigierte angeborene Herzfehler. Je nachdem. Die gröbere Arbeit vorher und danach überließ er den andern. Und immer war er sich bewusst, dass seine Handfertigkeit nur einen Wert hatte, wenn sie dem Patienten zugute kam. Der Patient wird hoffentlich nur einmal, aber nachhaltig am Herzen operiert. Keiner darf für den Chirurgen nur ein Übungsfall sein.«

Unterdessen hörte ich nicht mehr ganz so aufmerksam zu und bemerkte, dass auch Markus nicht mehr ganz bei der Sache war. Am Tisch gegenüber erzählten sich Routiers ihre Abenteuer. Einer berichtete, wie er kürzlich mit seinem Kühlwagen an der Grenzstation stand: »›Was haben Sie geladen?‹, fragte der Zöllner. ›Hunderttausend Austern.‹ ›Aufmachen!‹«

Ein anderer wurde von der Polizei aufgehalten. Sagt der Polizist: »Ihr Wagen ist überladen! Ich muss Ihnen den Führerschein abnehmen.«

»Das gibts ja nicht! Der wiegt ja kaum fünfzig Gramm!«

Ein Dritter fragte seine Kollegen: »Was ist der Unterschied zwischen Beamten und Terroristen?«

Keiner weiß es.

»Terroristen haben Sympathisanten.«

Meinte der Vierte in der Runde: »Entgegen allen Gerüchten: Es gibt auch einen korrekten Beamten. Er meldete sich krank und sagte: ›Leider muss ich dem Dienst ab heute fernbleiben. Ursache: Erbrechen und Kopfschmerzen, auch ein bisschen Schwindel ist dabei.‹«

Markus und ich wussten keine Witze, aber unterdessen hatten die vier Kollegen Kalbfleischgeschnetzeltes auf dem Tisch und mampften schweigend. Ich war wieder ganz Ohr für Markus' Autobiografie.

Das Herzzentrum Hirslanden

»Nach wie vor, bis weit in die Achtzigerjahre, zählte Zürich zu den wenigen spezialisierten Universitätskliniken, die sich in Herzchirurgie weltweit als Pioniere profilierten. Die Entwicklung verlief so rasant, dass in Zürich das Operationsrisiko bald geringer war als das Sterberisiko auf der Warteliste. Für die Diagnose kamen die neuesten Techniken zum Einsatz, vom Herzkatheter über die Angiokardiografie bis zur Koronarangiografie.

Mit jeder neuen Technik wurden die Patienten zahlreicher. Nicht einmal die Einführung des ›einfachen‹ Verfahrens der perkutanen koronaren Ballondilatation durch Andreas Grüntzig am Universitätsspital in Zürich vermochte die Warteschlangen vor den Kliniken zu verkürzen. Es war das Bedürfnis der Patienten, das uns zu neuen Ideen antrieb.

So entwickelten der Herzchirurg Louis Egloff und ich zusammen mit drei Kardiologen das Projekt, außerhalb des Universitätsspitals die invasiv-interventionelle Kardiologie und Herzchirurgie einzuführen. Ziel unseres verschworenen Fünferteams war eine qualitativ hochstehende, patientenbezogene Medizin nach Modellen, die sich in den USA bereits bewährt hatten. Man konnte ein Herz schon damals entweder operieren oder dilatieren. Der Chirurg operierte, der Kardiologe setzte Schrittmacher ein, oder er dilatierte die Herzgefäße mit einem Ballönchen, das er durch eine Vene einführte. Zwischen den beiden Vorgehensweisen hatten zuvor Welten geklafft. Das Revolutionäre unseres Teams war, dass wir alle unter einem Dach zusammenarbeiten wollten. Nicht Futterneid, sondern eine umfassende, wertfreie Zusammenarbeit bei der Diagnose sollte bestimmen, welcher Patient in wessen Hände kam. Die Vernetzung aller Kapazitäten zu einem privaten Kompetenzzentrum auf dem neuesten Stand der Herzmedizin – das war die Pionierleistung.

Die medizinische und chirurgische Behandlung von Herzkrankheiten erfordert unabdingbar Teamarbeit. Nicht nur am Operationstisch, sondern weit darüber hinaus. So weit darüber hinaus, wie das nur ein Spital bieten kann. Die renommierte Klinik Hirslanden in Zürich reagierte nach einer ersten ablehnenden Stellungnahme in einem zweiten Anlauf – nach dem Wechsel des Spitaldirektors – positiv auf unsere Anfrage um eine Trägerschaft. Sie vermietete unserer Praxisgemeinschaft das ehemalige Personal- und Wäschereihaus im Areal der Klinik und stellte die notwendigen Einrichtungen bereit: im Operationssaal, im Herzkatheterlabor und in einer neu aufgebauten Intensivpflegestation. Das zukunftsweisende Konzept beließ uns Ärzte wie bisher üblich in einem freien, ungebundenen Status als Belegärzte, es verpflichtete uns aber auch zu einer ausschließlichen Zusammenarbeit mit der Klinik. Wir wurden ›feste Freie‹, so wie ich es jetzt im Grunde bei Transfood wieder bin. Das alles erregte Widerstand von den verschiedensten Seiten. Wir galten als Abtrünnige, Wilde und noch einiges Schlimmere mehr.

Unter diesen Umständen ein privates Herzzentrum zu eröffnen, brauchte schon Mut. Wir – alle fünf – hatten schließlich kaum Grund gehabt zur Veränderung. Wir konnten nicht klagen. Wir waren alle in fester Anstellung – und genossen als Schüler des legendären Ake Senning und seines Schülers Marko Turina Respekt. Sennings Qualität war und blieb unser Maßstab. Bei ihm hatten wir gelernt, die Mortalitätsrate niedrig zu halten. Das schuf Vertrauen. Wir waren vom Erfolg verwöhnt. Warum sollten wir Neuland betreten? ›Quieta non movere‹. Nichts verändern, was sich nicht bewegt, empfahl Sallust in der Verschwörung des Catilina. Doch umgekehrt: Warum sollten wir kein Neuland betreten, solange Senning uns dabei unterstützte? ›Geburtshilfe‹ nannte er es.

Unser Team bewährte sich von Anfang an. Die besten Leute aus dem Universitätsspital kamen mit uns. Von den Anästhesisten bis zu den Schwestern. Das wirbelte einigen Staub auf, der sich nicht zuletzt in den Medien in dicken Schlagzeilen niederschlug, aber wir blieben fair. Professor Martin Rothlin war die Respektsperson in unserem Team. Er garantierte unsere Vertrauenswürdigkeit. Er war der Doyen, der stets dafür sorgte, dass auf beiden Seiten Sitte und Anstand gewährleistet blieben.

Im neuen Haus waren wir herzlich willkommen: in der Anästhesie, im Labor, in der Physiotherapie, in der Hausapotheke und in der Blutbank, und nicht zuletzt in der Hotellerie, das heißt in der Bettenabteilung. Für alle waren die notwendigen, großen Veränderungen in ihren Bereichen ein Anreiz zu höherer Leistung. Wir brachten frischen Wind in einen Betrieb, in dem Robert Bider als neuer Direktor die Fenster sehr weit öffnete, um sich diesen Winden zu öffnen.

Am 16. Februar 1987 eröffneten wir unsere Praxis: das erste integrale Herzzentrum weltweit. Dass sich zwei komplementäre Disziplinen wie Kardiologie und Chirurgie in einem Boot zusammenfanden, war weltweit pionierhaft. Nicht einmal in den USA hatte ich diese Art von Zusammenarbeit kennen gelernt. Es gab keinen Wettbewerb, sondern Zusammenarbeit. Das Menschliche stimmte. Keiner stellte sein Ego in den Vordergrund. Wir wussten, dass es jedem Einzelnen gut ging, wenn es der ganzen Gruppe gut ging.

Am 1. März operierten wir zum ersten Mal am neuen Ort an einer Herz-Lungen-Maschine. Ein paar Tage darauf folgte die erste koronarangiografische Abklärung und am 16. März die erste perkutane Intervention. Eine Erfolgsgeschichte begann.«

Ein Auto zur Belohnung

»Nach dem ersten Jahr hatte ich wohl eine Belohnung verdient. Meine erste Corvette. Auch sie ein Bubentraum. Seit die C1 in den Fünfzigerjahren auf den Schweizer Straßen erschien, ließ sie mich nicht mehr los. 290 PS, V8-Einspritzmotor. Der amerikanische Sportwagen schlechthin. Nun bot die C4 noch einiges mehr. Sie glänzte grey-metallic und war flach und breit wie eine Flunder. Mit der Haube ließ sich gleich die ganze Front inklusive Zierleisten und Kotflügel hochheben, sodass die Organe des Triebwerks rundum bloß lagen.

Nach der zweiten Herzoperation, wenn ich so gegen vier, fünf Uhr am Nachmittag die Latexhandschuhe auszog, hob ich das Dach weg und fuhr hinaus in die Ostschweizer Wiesen und Wälder. Die zeigerlosen LCD-Instrumente waren damals ziemlich neu – und gewöhnungsbedürftig. Bei bestimmten Lichteinfallswinkeln waren sie kaum ablesbar, doch für mich machte das kaum einen Unterschied. Die Corvette war mein Lustwagen. Je langsamer ich fuhr, umso länger dauerte das Vergnügen. Mit den Sportwagen fahre ich so bedächtig, dass hie und da sogar Katharina mitfährt.

Schließlich sind alles in allem drei Corvettes durch meine Hände gegangen. Die zweite war dann richtig magmarot wie heute der Mercedes Actros. Hinten war sie schön viel breiter und hatte über 400 PS. Es war die legendäre ZR-1, ›the King of the Hill‹. Ihr handgebauter V8-Aluminium-Motor erreichte über 300 km/h. Aber sie brauchte etwas viel Öl, sodass ich sie bald wieder durch eine ›normale‹ magmarote C4 ersetzte. Ich brauchte das. Die Fahrten brachten mir Entspannung und die innere Ruhe zurück.

Schon im zweiten Jahr des Herzzentrums kamen wir auf über fünfhundert Herzoperationen. Wie oft ich bis zu meinem Spurwechsel in einem Operationssaal vor einem offenen Herzen stand, habe ich nicht gezählt. Viertausend als Operateur und sechstausend im gegenseitigen Assistieren dürften es mindestens gewesen sein. Macht insgesamt über zehntausend. Oft zwei bis drei pro Tag.

Wir waren fast rund um die Uhr im Ops-Saal und hatten unsere Berufung gefunden: in der Spitzenmedizin im Spannungsfeld zwischen Qualität und Wirtschaftlichkeit. Wir entwickelten einen neuen Stil der Beziehungen – nicht nur unter uns, sondern auch mit den Patienten. Uns konnte jeder Patient persönlich anrufen. Wenn wir nicht gerade die Latexhandschuhe anhatten, nahmen wir das Telefon eigenhändig ab. Der Unterschied zur Uniklinik wurde bei den ersten Worten hörbar. Bei uns ging die Gesundheit des Patienten dem Fortschritt der medizinischen Wissenschaft vor.

Im dritten Jahr wurden wir offiziell als Ausbildungsstätte für Kardiologie und Herzchirurgie anerkannt. Wir genossen dieses Zeichen der Wertschätzung. Es gab uns die Möglichkeit zur Ausbildung junger Kardiologen, die uns unterstützten und unser Team bald mit neuem Wissen bereicherten. Um uns eine konsistente, qualitativ hochstehende Hilfe inner- und außerhalb des Operationssaales zu sichern, führten wir von Anfang an den Job des Surgeon Assistant ein. Er brauchte nicht Medizin studiert zu haben und unterstützte uns in allen klinischen und administrativen Dingen. Es waren vor allem ehemalige Operations- oder Intensivpflegeschwestern, die diese Chance wahrnahmen. So zählte unser Team alles in allem bald über zwanzig Leute.

Bei der Bewältigung der wachsenden administrativen Arbeiten gab es zahllose Detailfragen zu lösen. Eine meiner Aufgaben war es, ein Computersystem aufzubauen. Das war weit weg von meiner Kernkompetenz. Umso mehr erweiterte es meinen Horizont – und kommt mir heute fast lächerlich vor. Ob wir eine Zehn- oder eine Zwanzig-Megabyte-Harddisk und ob wir Commodore oder etwas anderes anschaffen sollten, waren etwa die Fragen. Ach, wenn die Herzchirurgie sich so schnell wie die Informatik weiterentwickelte … Aber so weit kommt es wahrscheinlich nie. Wer weiß, vielleicht ist das sogar im Sinn des menschlichen Glücks.«

Mehr Power für eine Superzeit

»Ja, das menschliche Glück. Als 1992 die Viper auf die Straße kam, war die Verführung unwiderstehlich. In meinem Magmarot sieht sie einfach unverschämt aus. Vor allem von hinten. Wie damals Raquel Welch. Mit einem breit ausladenden, wohlgeformten Hinterteil. Sportwagen sind eindeutig weiblich. Die Viper, die Schlange mit ihrem Sound aus den zehn Zylindern des 400-PS-V-Motors. Über zehn Jahre hatte ich daran meine Freude. Die Viper ist so aerodynamisch gebaut, dass man im Regen bei achtzig nicht nass wird unter dem offenen Dach.

Als ich vom Herzzentrum auf den Lastwagen umstieg, verkaufte ich sie. Aber keinem im Viper-Club. Das wäre nicht klug gewesen, unter Kollegen. Ein über zehnjähriges Auto. Nun habe ich die SRT-10. Sie gehört zum Unvernünftigsten, was der Automarkt hergibt. Ob ich das brauche? Wer braucht schon einen V-10-Motor mit über acht Litern Hubraum. Tempolimit, Durchschnittsverbrauch, Partikelfilter, Betriebskosten? Frag nicht. Geh mal auf Testfahrt, und du wirst sehen: Die SRT-10 ist genau das Richtige für vernünftige Menschen, die einmal alle paar Wochen unvernünftig sein wollen. Die 500 PS reichen, um einen F-18 beim Start zu überflügeln. Es kam im Fernsehen. Von mächtigen Explosionen im Triebwerk hat ein Testberichterstatter geschrieben. Musst aber nicht glauben, ich rase. Genussfährtchen reichen. Stets oben ohne. Nur Weicheier fahren eine Viper bei geschlossenem Dach.

Mindestens so schön wie das Fahren ist der Club. Da kommt ein gemischtes Völklein zusammen. Eine Viper ist ja für alle nur das Zweit- oder Drittauto. Für einen Einkaufswagen ist der Kofferraum zu klein. Aber als Kinder- oder Hundeersatz lässt eine Viper alle Optionen offen. Die einen nehmen ein handverlesenes Stück direkt aus den USA mit. Andere stellen sie in die Stube oder parken sie gern vor dem Haubenkoch-Restaurant. Noch andere polieren und schrauben liebevoll an der Außenhaut oder an den Eingeweiden herum.«

Wir putzen jeder ein Caramelköpfchen weg.

»Ja, das Herzzentrum war eine Superzeit. Der Erfolg hat jeden Einzelnen beflügelt und unser Team noch stärker zusammengeschweißt. Während der ganzen sechzehn Jahre im Herzzentrum hatten wir nie ernsthafte Differenzen – und vor allem gar nie, was Ärzte, aber auch Juristen so oft entzweit: Futterneid. Wir konnten einander immer in die Augen schauen. Wir passten zusammen. Fachliche Diskussionen um praktische Dinge: freilich, die müssen sein. Sie dienen der Weiterentwicklung der gemeinsamen Sache und der Persönlichkeit. Doch Grundsatzdiskussionen und Hahnenkämpfe brauchten wir nicht und kannten wir nicht. Wenn es dem Team gut ging, ging es auch jedem Einzelnen gut. Und umgekehrt. Darüber brauchte man nicht lange zu reden.

Roberto Tartini, der Kardiologe der ersten Stunde, war unser Zugpferd. Er hatte ein Riesenherz und unerschöpfliche Energie. Mit Louis Egloff, dem andern Chirurgen im Bunde, habe ich vierundzwanzig Jahre lang zusammengearbeitet. Wir assistierten einander gegenseitig, förderten einander in Supervision und ergänzten einander perfekt. Louis war eher der Ruhige, ich eher der Draufgänger. Ganz ähnlich bei den drei Kardiologen. Sie waren genauso günstig verschieden für ein abgerundetes, harmonisches Team. Und jetzt, an diesem Freitag, hört auch er auf. Das werden wir feiern im kleinen Kreis, zusammen mit allen Kollegen, die das Herzzentrum zum Schlagen brachten. Soll ich der Zeit nachtrauern? Warum auch. Es war eine gute Zeit, und sie hat einen guten Abschluss gefunden.

Ida, noch einen Café Crème, bitte!

Katharina sagt immer, es sei High Risk gewesen. No Risk, no Fun, sagt sie. Aber das sehe ich anders. Es war ein kalkuliertes Risiko, damals, als ich eine sichere Stellung am Universitätsspital zugunsten der Selbstständigkeit im Herzzentrum aufgab. Genauso war es jetzt wieder. Ob ich das Risiko richtig kalkulierte? Ich sagte mir und ich sagte es auch Katharina: Wenn ich es nicht wage, weiß ich es nicht. Ja, ich wollte es einfach noch einmal wissen. Freilich war es eine Entwicklung. Aber einmal musst du dich entscheiden. Mit siebzig ist es zu spät. Mit siebenundfünfzig zog ich den Schnitt. Grundsätzlich weg von der Medizin. Natürlich bleibe ich der Branche verbunden. Das Gelbe Heftli, die ›Schweizerische Ärztezeitung‹, kommt regelmäßig ins Haus. Da geht es um Dinge wie den ›Tag der Kranken‹ oder um die ›Volkswirtschaftlichen Kosten chronischer Schmerzen‹. Das Gelbe Heftli berichtet über den Klatsch unter den Kollegen von damals und gibt mir ein nostalgisches Heimatgefühl. Aber sonst?

Die Herzmedizin hat sich entscheidend weiterentwickelt. Die interventionelle Behandlung von Vorhof-Septum-Defekten, die endoluminale Technik in der Chirurgie der Aortenaneurysmen oder die endoskopische Herzklappenchirurgie waren zu meiner Zeit noch in den Anfängen. Das Herzzentrum Hirslanden ist immer noch vorne dabei. Zum Beispiel mit der transapikalen Aortenklappenimplantation.«

»Mit waaas? Sag das noch mal, bitte.«

»Transapikale Aortenklappenimplantation. Durch einen kleinen Schnitt in der seitlichen Brustwand setzt der Chirurg eine künstliche Herzklappe ein, die sich erst an Ort und Stelle entfaltet. Die Methode hat sich bei älteren Patienten mit Aortenstenose in Deutschland, Kanada und in den USA in ein paar Hundert Fällen bewährt. Der Brustkorb braucht nicht geöffnet und das Herz nicht abgeschaltet zu werden. Der kleine Nachteil besteht lediglich darin, dass die schadhafte eigene Herzklappe in die Wand der Hauptschlagader gedrückt wird und nicht entfernt werden kann.

Ständig werden auf internationalem Niveau neue Indikationen, Techniken und Materialien entwickelt. Was dann wirklich nutzbringend ist für den Patienten, ist eine andere Frage. Fest steht, dass wir mit unserer Vernetzung von Chirurgie und Kardiologie ein Stück Zukunft erkannten. Die Entwicklung der invasiven Herzmedizin zeigt, dass sich die interventionelle Kardiologie der Herzchirurgie annähert und sich mit ihr zu überlappen beginnt.

Natürlich verfolge ich die neuen Entwicklungen mit kritischer Aufmerksamkeit. Seit meinem Spurwechsel hat die sogenannte experimentelle Chirurgie neue Dimensionen erreicht. *Imaging* ist so ein Stichwort. Mit den neuen Techniken der Bildgebung kann der Chirurg vor der Operation beispielsweise erkennen, wo genau ein Gefäß verengt ist, sodass er rasch und zielgerichtet den entsprechenden Bypass legen kann.

Ein anderer Forschungszweig zielt auf die sogenannte Telemanipulation in der minimalinvasiven Chirurgie. Winzige, von außen steuerbare Roboterchen könnten ohne Öffnung des Brustkorbs am Herzen operieren. Noch reicht die Rechenleistung und die Feinmotorik der Telemanipulatoren nicht aus, die Hand des Chirurgen zu ersetzen, und schon gar nicht, die Herzbewegungen im entsprechenden Rhythmus mitzumachen, um das Herz während des Eingriffs weiterschlagen zu lassen.

Ein drittes Gebiet ist das *Tissue Engineering*. Schon bald dürfte es Herzklappen aus körpereigenen Stammzellen oder rückgezüchteten multipluralen Zellen geben. Sie können in vitro entwickelt und dann zur ›Fertigstellung‹ bei Kindern mit angeborenen Herzfehlern eingesetzt werden. Anders als Schweineherzklappen wachsen die körpereigenen mit, sodass die Kinder ohne Folgeoperationen auskommen.«

Ich sage: »Das klingt für mich ziemlich utopisch.«

Markus meint, einiges sei bereits auf der Stufe von Tierversuchen, doch für ihn komme das allenfalls noch als eventueller Patient in Betracht. Herzen wolle er nie mehr operieren, habe er schon in seinem ersten Interview im »Magazin« des »Tages-Anzeigers« kurz nach seinem Lebensspurwechsel gesagt: »Ich würde mich nicht mehr bei mir unters Messer legen – und es auch sonst niemandem empfehlen.« Nach vier Jahren weg vom Spital sei ihm die Übung abhandengekommen, sagt er jedem, der danach fragt.

Unterdessen ist der Kaffee kalt geworden. Wir sind die Letzten im Lokal. Ida macht sich mit einem Lappen an der Theke zu schaffen, wischt Gläser, stapelt Tassen, und wenn ich mich nicht täusche, hätte sie die Türe am liebsten schon vor gut einer Stunde geschlossen.

Montag

Olten – Aachen

Einen Sommer, vierzigtausend Kilometer und dreizehntausend Liter Diesel später springt Markus frisch rasiert und gewaschen aus seinem Auto. Wie immer in Jeans und einem speckigen Schweizer Armee-Ledergurt, der ihm schon als Sanitätsoffizier seine Dienste geleistet haben mochte. Der Motor schnurrt im Standlauf, das Blech schüttelt sich wohlig in Vibrationen, die drei Kammern des Aufliegers sind frisch gereinigt, innen und außen, die fünf Spiegel und die Alcoa-Aluminium-Radkappen glänzen in die Morgenröte hinaus vor Freude, bald wieder dem Ferntransport dienen zu dürfen. Ein Tag wie jeder andere im Leben des Truckers Markus Studer beginnt.

Es ist Montagmorgen um halb acht im September, das Tor zu Lindt & Sprüngli in Olten empfängt uns weit offen. Noch einmal werde ich Markus ein paar Tage begleiten. Hinauf an die Nordsee und wieder zurück in die Schweiz.

»Hoi Guschti.«

»Hoi Markus.« Guschti ist ein schwerer, schwerfälliger, gutmütiger Mensch. In rosa Hosenträgern mit Smiley-Muster steht er draußen vor der Fabrik. Die öffentliche Zufahrtsstraße ist seit zwei Jahren im Bau, die Zufahrt an die Rampe mit Abschrankungen verstellt. Markus lässt das Seitenfenster hinunter und streckt den Kopf raus. Guschti ist im Spiegel sichtbar. Er winkt Markus rückwärts durchs Tor: »Guet… guet… guet… no sö vil… no sö vil… Guet.«

Die Fabrik war als Banago bekannt. Ein Zauberwort für uns Kinder damals. Die farbigen Buchstaben schwebten wie Kinderballons auf der Verpackung, das Kakaopulver drin kitzelte in der Nase und stob in einer feinen Wolke auseinander, wenn man niesen musste. Heute reizt der bittersüße Geruch die Schleimhäute wieder wie damals, penetrant auf der schmalen Kante zwischen Duft und Geruch. Guschti ist nicht zu beneiden. Seit fünfzehn Jahren steht er schon hier. Rund um die Uhr im Dreischichtbetrieb. In einem Stinkraum. Bei der Herstellung riecht Schokolade nicht gut.

Markus hantiert hinter dem Auto mit Schläuchen und ihren Verschlüssen. Seine Stimme ist forte zu hören: »Hueresiech, da pflütteret alles denäbe.« Und das frisch nach der Reinigung. Tage, die mit Kakaomasse beginnen, verheißen nichts Gutes. Der zähe Brei strapaziert die Pumpen und die Nerven. Zu langsam rinnt das Zeug durch die Schläuche.

Alle drei Kammern müssen gefüllt werden. Hinten elf Tonnen hell. In der Mitte sieben Tonnen hell. Vorne sechs Tonnen dunkel. Macht vierundzwanzig Tonnen total. Keine zwölftausend Liter fließen pro Stunde. Guschti sitzt am Bildschirm vor der Pumpanlage und drückt Knöpfe.

»Hey, Guschti, da läuft etwas falsch.«

Guschti sieht es auch: »Ja, da fließt die Neun statt die Eins.« Er ruft den Chef an: »Hey, Kurt, da fließt die Neun statt die Eins.«

»Moment«, sagt der Chef. Der Moment dauert etwas länger. Dann ist der Chef wieder zu hören: »In Ordnung. Die Neun ist genauso gesüßt. Und genauso zweiundsechzig Grad heiß.«

Guschti kann es mit jedem Mikrofonhelden von Radio Gaga,

Radio Googoo aufnehmen. Er ist der Aufsteller des Morgens. Die Hosenträger sind sein Markenzeichen. Zu kaufen gibt es sie schon lange nicht mehr. Darauf ist Guschti stolz. Er trägt sie täglich, farblich alternierend. Morgen in Gelb. Guschti sagt, er heiße Bruno, aber weil sie drei Brunos seien und er der Jüngste, sei er Guschti geworden. »Eigentlich«, meint Guschti, »habe ich nur eine Stelle gesucht. Aber dann haben sie mir Arbeit gegeben. Und jetzt habe ich lebenslänglich.« Dann dreht er uns seinen weichen, breiten Rücken zu, um die Instrumente zu prüfen: »No föif Tönneli.«

Nachdem er den »Blick« ausgelesen hat, macht er die Kontrollen. Korrekte Kammerwahl, ja. Verladen nach Ladeplan, ja. Vollständig geleerte Schläuche, ja. Sauberes Verlassen der Ladestelle, ja. Vollständige Papiere, ja. Unterschrift des Fahrers: M. Studer.

So, wie er jetzt da kniet und in schwabbligen Gummihandschuhen die Deckel auf die Einfüllstutzen dreht, hätte ich Markus mein Herz anvertraut. Genau so würde ein Schauspieler den Herzchirurgen geben. Es sieht einfach alles so hundertprozentig, so konzentriert und kompromisslos verantwortungsvoll aus, was Markus tut, als betrachte er die Welt stets fokussiert durch die Vergrößerungsbrille, die er braucht, um Herzen zu vernähen.

Guschti gibt uns die Weisheit des Tages mit auf den Weg. Das Schlimmste am Leben sei, es zu verpassen. Dann winkt er uns zum Bye Bye auf die gesperrte Straße zurück. Endlich weg von hier. Und los, über den Hauenstein und Weil am Rhein zu Lindt & Sprüngli in Aachen. Sechshundert Kilometer, siebeneinhalb Stunden, wenn alles gut läuft, einschließlich Pausen.

On the Road Again

Bei der Einfahrt in den Zollhof in Basel liegt der Güterbahnhof offen wie ein Herz zur Einsicht bereit. »Da kannst du etwa abschätzen«, sagt Markus, »wie aktuell für Güter die Bahn in Europa noch ist.«

Tatsächlich liegen die Schienenstränge nackt und unbefahren auf den Trassees. »Die Bahn hat keine Kapazität. Kann sie gar nicht mehr haben. Die neuen Industriegelände liegen in der Agglo, fernab von Gleisanschlüssen, und wenns welche hat, erzählen die rostigen Schienen von Nullverkehr. In Italien bleiben ganze Güterwagen wie Schirme und Hüte liegen, um vielleicht per Zufall wieder aufzutauchen, ein paar Tage später. Einen Sattelzug hat der Kunde über die Navigationssysteme ständig unter Kontrolle. Bevor der Güterzug fertig beladen ist, hat der Sattelschlepper mit seinem Tank oder Container das Ziel schon erreicht. – Weißt du, wie viele Container ungefähr unterwegs sind?«

Markus hat die Zahlen so präsent wie alle die Vorschriften, mit denen er tagtäglich zurechtkommen muss: »In Rotterdam, dem größten Hafen Europas, werden 9,5 Millionen Container jährlich umgeladen. In Hamburg, dem zweitgrößten, sind es 8,9 Millionen Container. Zwanzig Prozent davon werden in Schiffe verladen. Fünf Prozent auf die Bahn. Das heißt, drei Viertel der Tonnagen erreichen ihr Ziel auf der Straße. Und trotzdem bremst man uns aus tausend Gründen aus. Mindestens die Hälfte unserer Arbeitszeit ist Standzeit.«

Wir brauchen auf dem Güterbahnhof nur die Papiere abstempeln zu lassen. Den Rest wird der Binnenzoll an der Rampe in Aachen erledigen. Wir nutzen den Zwangsstopp, um Wasser zu lösen (dt. aufzufüllen), spuren in die Route Nationale ein und rollen gebührenfrei über eine Endlosfolge verrutschter Betonplatten durchs Elsass ins Sauerkrautland. So steht es im Großformat am Straßenrand. Séles-tat, Riquewihr, Strasbourg, Nancy. Markus stellt das Navigerät ein und schaut, wo sich der Verkehr staut. »Alles normal«, sagt er und blinkt, um einen Wohnwagen zu überholen: »Und diese Rechtskurve schaffen wir mit mehr als den erlaubten siebzig.« Schalk steht ihm im Nacken: »Erst rechts über den Streifen, um den Verkehrsraum auszunützen, dann trägt es uns schön die Steigung hinauf.«

»Bravo, Markus. Zweiundachtzig.«

Das Telefon klingelt. Ich sage: »Die Polizei.«

Markus sagt: »Hey, Tag Michi, guet aagleit, guet uufgleit?«

Michi, der Disponent, hält den Flohzirkus seiner Fahrer telefonisch unter Kontrolle.

»Ja, ich habe geladen, bin unterwegs, kann hoffentlich noch heute Abend in Aachen abladen.«

Eine Riesenmücke klatscht auf die Frontscheibe und hinterlässt einen dunkelroten Blutfleck, durchmischt mit Chitinteilen und Innereien, unmittelbar in Markus' Gesichtsfeld. Ein Flügel flattert im Fahrtwind. Markus drückt mechanisch einen Knopf, Wasser spritzt, und der Scheibenwischer sorgt für Klarheit. Michi ist immer noch dran. »Okay, dann fährst du weiter nach Amsterdam und kannst am Mittwoch vor dem Mittagessen in Broc abladen.«

»Gut. Das sollte klappen.«

Welch eine Tour. Broc liegt bei Gruyère, im Greyerzerland, an der Sprachgrenze zwischen Schweizerdeutsch und Französisch. So viel zum weiteren Programm. Das gibt Kilometer, spült Geld in die Kasse und verspricht auch sonst viel Gutes. Auf französischem Boden geht Markus das Herz auf. Die Routes Nationales sind nicht nur gratis und abgabenfrei. Immer mehr werden auf vier Spuren ausgebaut. Zur Freude der Routiers. Allein schon die französischen Ampeln und Tafeln neben und über der Straße bringen Markus ins Schwärmen: Wo gibt es schönere Rastplätze und Restaurants Routiers, wo blüht die Trucker-Lebenskunst schöner? Markus sagt: »Auf dem Rückweg dann, du wirst sehen, zwei Kilometer nach Remiremont, in den Vogesen, ideal gelegen, genau acht Stunden nach Amsterdam, Ausfahrt La Demoiselle, gibt es so ein Lokal par excellence: Viergangmenü, mitsamt einem Glas Wein und Mineralwasser à discrétion, für genau elf Euro aus den Händen der Demoiselle, einer echten Demoiselle, die nicht nur auf der Ortstafel steht. Die Demoiselle komplimentiert alle Routiers an den gleichen Tisch, Franzosen, Portugiesen, Holländer, Bulgaren, Kraut und Rüben gesamteuropäisch gemischt, mit einem sicheren Gefühl für die große Trucker-Gemeinschaft, die sich versteht, ob sie nun schwatzt oder in sieben oder acht Sprachen schweigt. Wenn die Stimmung so gut ist, und das ist sie eigentlich immer, versteht man sich in jeder Sprache. Ganz selbstverständlich gilt überall, wo Chauffeure sind, dasselbe wie an der Rampe: First come, first served. Ja, allein schon dieses Einvernehmen ist ein Grund, auf den Parkplatz zu fahren und morgens halb vier wieder weiter, durch Vesoul und Besançon zu pfeifen, um morgens um acht an der Schweizer Grenze zu stehen.«

Bis es so weit ist, müssen wir erst einmal einen lieben, langen Tag nordwärtsbrummen. Ein paar hundert Betonplatten-Randkantenschläge später sagt Markus: »Gut, der Parkplatz ist nicht asphaltiert. Man schleppt den Staub in den Wagen, dafür schont man die Reifen beim Wenden.«

On the road again
Just can't wait to get on the road again
The life I love is makin' music with my friends

SWR 3 untermalt das Motorengebrumm. Der Sender weiß, was er seinem Zielpublikum schuldig ist. Natürlich kennt Markus den Song, der in den Wilden Westen der Trucker gehört wie ehedem das Quarter Horse, der Colt und das Fernweh. Markus schmunzelt still, als Willie Nelsons leicht näselnde Stimme die Kabine erfüllt und die Potenz des Motors um einige PS verstärkt.

On the road again
Goin' places that I've never been
Seein' things that I may never see again
And I can't wait to get on the road again

Vor unserem geistigen Auge führt der Highway durch das Sauerkrautland und weiter, schnurgerade quer durch Arizonas Wüsten, sanft auf und ab in die blauen Berge, darüber hinaus und hinunter zum Pacific Highway. Zwei Polizeistreifen später spielt SWR 3 für alle Trucker und Amerikaträumer nochmals *On the Road Again*, aber diesmal ganz anders.

Well, I'm so tired of crying, but I'm out
On the road again
I'm on the road again

Da ist nicht mehr Willie Nelsons Gier nach Abenteuer, Glück und Entdeckung; das ist die verzweifelte Sehnsucht nach einer Freiheit, wie sie nur Vertriebene kennen, die sich ein letztes Mal der Hoffnung in die Arme werfen. Das ist Canned Heat – meine Band und mein Song in den Sechzigerjahren, Hitze in Dosen. Da drin kochte jener eingedickte Brennspiritus, dessen Behälter im weiten Wilden Westen gleichzeitig als Verpackung und Rechaud diente und der, verdünnt mit Wasser, bei den Hobos und Beatniks in Zeiten von Kassenleerständen als Schnapsersatz herhalten musste.

I ain't got no woman
Just to call my special friend

Der treibende Rhythmus, der schmutzige Sound dieses Bluesrock, ebenso rockig wie bluesig, hatte damals unsere wohlbehütete Welt des kleinbürgerlichen Wohlstands in den drei Minuten einer Single zu Brei gestampft. Alles, was ich hatte und mir erarbeitet hatte, schien mir innert Sekunden das größtmögliche Elend, das mir je zustoßen konnte. Die Verse verstand ich nicht, damals, aber die Musik traf uns rebellierende Studenten ins Mark, gut vierzig Jahre ists her. Gnadenlos narkotisierend und gewalttätig zugleich. Wir wussten, wir hatten falsch gelebt. Was wir in Behaglichkeit verplempert hatten, war nie mehr wettzumachen. Der bereits vergangene Teil unserer Jugend. Wir hatten zu viel satte Faulheit genossen. Freiheit, das schien der wahre Wert, und kein Preis dafür zu hoch.

You know the first time I traveled out
In the rain and snow
I didn't have no payroll
Not even no place to go

Wie brüchig-fragil Al Wilsons Kopfstimme klingt, habe ich über die Zeit fast vergessen. So leicht erstickt und so viel leichter als Luft, wie das nur eine sehr heiße Flamme sein kann, wimmert Al sein Elend hinaus ins Sauerkrautland.

And my dear mother left me when
I was quite young
She said "Lord, have mercy
On my wicked son"

Der Song war das Fanal einer Epoche, für einen Getaway, den ich mir immer als Hitchhike in einem Truck vorgestellt hatte. Markus klappert das Navigationsgerät nach Staumeldungen ab, während ich wie einst versuche, die Töne von Wilsons Harp auf die Reihe zu kriegen. Ich seh ihn wieder vor mir mit seinen flaschenbodendicken Brillengläsern. Sie ließen ihn wie eine Eule aussehen, aber erkennen, wie er dieses G in der mittleren Oktave hinkriegte, das kann ich noch immer nicht. Kohlfelder beidseits der Straße. *On the road again.* Al spielte eine Blues Harp in A, das hatte ich damals ausprobiert. Zu A gehörte ein gezogenes Gis als Septime, doch dieses Gis lässt sich auf einer A-Harp auch mit Bending nicht zu einem G runterziehen. Beim besten Willen nicht. Ich hatte es immer wieder probiert. Stundenlang auf der Matratze in meiner Bude. Auch auf der Marine Band Harp mit ihrem leicht tieferen Gis ging es nicht. Den Song wollte ich können. Später lernte ich, dass Al es mit einem Overblow, wie er damals gerade aufkam, auf der fünften Kanüle geschafft haben könnte. Aber dann müsste zwischen dem Overblow und dem nächsten gezogenen Ton ein kleiner Hiccup zu hören sein, und das war nicht der Fall. Auch jetzt nicht, nachdem die Störung weg ist vom alten Fiat 500, der zur nächsten Tankstelle abschwenkt.

Take a hint from me, mama, please
Don't you cry no more
'Cause it's soon one morning
Down the road I'm gone
But I ain't going down that
Long old lonesome road
All by myself
I can't carry you, Baby
Gonna carry somebody else

Für dieses G hätte ich mich damals um die Welt treiben lassen, sehnsüchtig, süchtig und leidenschaftlich, doch als ich ernsthafter zu üben begann, hatte sich Wilson bereits mit Gift aus dem Leben getrunken. Ich konnte ihn nicht mehr fragen.

Von der Scheibe hängt es ab, ob wir heute noch rechtzeitig zum Abladen kommen. Im Augenblick ist alles in Ordnung. Markus braucht bloß einen Knopf am Lenkrad zu drücken, und ein Display zeigt Kilometerstand, Wassertemperatur, Benzinstand, Ölstand. Vorbei die Zeiten, als man den Öltank mit seinen gut und gern vierzig Litern Fassungsvermögen mit dem Stab ausloten musste. Im 1952er 2 CV, dem stolzen Erstwagen meines Großvaters, hatte der Benzintank gerade die Hälfte dieses Öltanks gefasst. Manchmal füllte er nur bis zur Hälfte Benzin auf und rechnete aus, wo er wieder umkehren musste, um ohne Nachtanken wieder nach Hause zu kommen.

Stundenlang schweigen können. Wie Seiltänzer fokussieren wir auf den Horizont, wo das Grün des Mittelstreifens die Welt axialsymmetrisch halbiert. Den Geist schweifen lassen und den Gedanken nachhängen. Die Erde dreht sich unter den Rädern hinweg, der Diesel rinnt in den Motor und verpufft. Autobahn bleibt Autobahn, Verkehr Verkehr, und die Signale wiederholen sich regelmäßig nach dem Zufallsprinzip. Auch das immer das Gleiche, aber ein Gleiches, hinter dem stets Überraschungen drohen. Von der ersten Dämmerung bis spät nach Sonnenuntergang. Was wirklich gleich bleibt, ist die Kabine. Dieses Kuschelgefühl, eingebettet und festgegurtet im Heim- oder Fernweh unserer Zelle. Nutzen wir unsere Zeit, um uns zu finden, oder gehen wir an der Einsamkeit im Alltag des Straßenverkehrs allmählich zugrunde?

Schlafapnoe

»Bist du noch nie weggepennt?«, frage ich, als mir scheint, vor Markus' Pupillen sei unmerklich ein Schleier gefallen.

»Klar«, sagt Markus, »keiner ist davor gefeit. Auf langen monotonen Strecken wie dieser, vor allem nachts, wenn Autofahren am schönsten wäre. Jeder kennt diese Phase des lauernden Nichts.«

»Was tust du dagegen?«

»Raus bei der nächsten Ausfahrt.«

»Und wenn zu lange keine kommt?«

»Voraussicht macht den Fahrer aus. Du siehst ja immer die Hinweistafeln. Nimm ihre Signale rechtzeitig wahr.«

Ob ich dazu immer fähig wäre, kann ich für mich nicht garantieren. Ich sage: »Es reizt ja auch, mit dem Schlaf den Kampf aufzunehmen. Was kommt vorher. Die Raststätte oder der Schlaf.« Ein paar Betonplatten lang zögere ich, ob ich ihn ins Geheimnis meiner Blues Harp einweihen soll. Schließlich sage ich: »Am wirksamsten ist eine Mundharmonika.«

»Kannst du spielen?«

»Hm, *Im Aargäu sind zwöi Liebi* und solche Dinge.«

»Beim Fahren?«, fragt er, so beunruhigt wie damals, als ich nicht angegurtet war.

»Ja, warum nicht. Die Mundharmonika ist das einzige automobile Musikinstrument. Kein anderes lässt sich einhändig spielen.«

Markus denkt einen Augenblick nach: »Die Müdigkeit kannst du nicht überlisten. Radio an, Fenster öffnen, Kaffee trinken, Aufputschmittel, alles wirkt für kurze Zeit, aber nicht unbedingt bis zur nächsten Ausfahrt.«

»Du sagst es. Seit ein paar Wochen lebe ich in geschenkter Zeit. Es war zwischen Reichenau und Landquart. Die Raststätte bei Landquart wollte und wollte nicht kommen. Die Augenlider wurden wie Hanteln beim Hochstemmen jedes Mal schwerer. Ich hörte ein Hupen – schlug die Augen auf, sah von quietschenden Reifen der Autos auf der Gegenfahrbahn blaue Räuchlein aufsteigen... Das will ich nie, nie mehr erleben.«

»Die Frage ist, ob du die Signale des Einnickens rechtzeitig erkennst: Du hältst die Spur und die Geschwindigkeit schlecht, verschaltest dich, weißt nicht mehr, wo du fährst und welche Strecke du hinter dir hast. Der Kopf fängt zu brummen an, du gähnst und fröstelst. Bevor die Augenlider unten sind, ist das Bewusstsein weg, und...«

»Spiel mir das Lied vom Tod.«

Ich schweife ab in diese berühmteste aller Blues-Harp-Melodien aus Sergio Leones gleichnamigem Spaghettiwestern. Noch so ein Achtundsechziger-Ding. Unauffällig greife ich nach dem Sicherheitsgurt. Nicht, dass ich an Markus zweifle. Seine Konzentrationsfähigkeit hatte er am Ops-Tisch tagtäglich trainiert und Achtundvierzig-Stunden-Einsätze überstanden, ohne im »Blick« Schlagzeilen zu machen. Aber die Lizenz zum Fahren ist nicht auf

Chirurgen beschränkt, also: »Band fürs Leben« haben Plakate in der Schweiz den Sicherheitsgurt kürzlich genannt. Gerne hätte ich die Schnalle unbemerkt eingeklickt.

»Ja, du und ich sind besonders gefährdet«, sagt Markus. Er muss es wissen. Regelmäßig hält er für die Schweizer Routiers Referate zum Thema: »Bei uns älteren Herren, so ab vierzig, fünfundvierzig, sind Unfälle im Verlauf des Nachmittags auffallend häufig. Schlafapnoe. Besonders bei schweren Schnarchern wird der nächtliche Tiefschlaf öfter und über längere Zeit von Atemstillständen gestört. Das kann tagsüber zu chronischer Müdigkeit führen. Allein in der Schweiz vermutet man gut und gerne hundertfünfzigtausend Apnoiker. Schlimm ist das eigentlich nicht, aber: An jedem vierten tödlichen Unfall trägt ein Mikroschläfer die Schuld.«

»Und dann, auf dem Parkplatz, was machst du?«

»Etwas essen und trinken und eine halbe Stunde auf die Pritsche.«

»Ist das alles?«

Markus nickt: »Das wirkt Wunder.«

Rollen, plaudern

Der Nachmittag verläuft ohne besondere Vorkommnisse. Essen und Trinken ist wieder fliegend, auf dem Lenkrad, angesagt. Zwanzig Kilometer Landjäger, Brot und Birnensaft. Der Birnensaft ist der Rest, der nach dem Abladen letzte Woche aus dem Tank gerieselt war. Statt ihn in den Abguss abzulassen, hatte Markus ihn in einem Plastikputzeimer gesammelt. Reiner, unverdünnter Birnensaft aus Meran. Unvermittelt schüttelt Markus den Kopf. Er spricht so viel wie selten aufs Mal: »Schau den dort, der dort zur Tankstelle fährt. Typisch Scania-Fahrer. Die ziehen immer die Vorhänge zu an den Seiten und fahren wie mit Scheuklappen. Ein besonderes Völklein. Sind so stolz auf ihren Scania. Sollen sie doch. Ich meinerseits ginge lieber zu Fuß. Scania und Mercedes. Das ist fast wie Christentum und Islam: Zwei Welten, dazwischen ein Abgrund. Geht der tatsächlich tanken? Eine Todsünde ist das, an der Autobahn. Kein Trucker, außer eben ein Scania-Fahrer, tut das freiwillig. Und wenn, dann sicher nicht hier. Ein paar Kilometer weiter kriegt er den Liter um mindestens sieben Cents günstiger. Entlassen muss man so einen. Sofort entlassen.«

Markus' sechshundertfünfzig Liter sollten bis Amsterdam reichen. Dort will er so viel nachfüllen, dass wir es bis Luxemburg schaffen. Luxemburg gilt als Dieseltourismusparadies im Herzen Europas. Dort füllen die Trucker aus aller Herren Länder ihren Tank bis zum Rand. Für uns Schweizer ist die Einfuhr in die Schweiz auf vierhundert Liter beschränkt. Pah. Wer hält sich daran. In Vallorbe, wo wir über die Grenze wollen, kümmert sich in der Regel kein Mensch um den Tankinhalt.

So lerne ich wieder eine der zahllosen Vorschriften kennen. Um ihre Fahrer am Überfüllen zu hindern und sich und ihre Fahrer vor Bußen zu schützen, limitieren manche Schweizer Spediteure die Tanks ihrer Fahrzeuge auf die erlaubten vierhundert Liter. Markus als Vertragsfahrer rechnet mit mehr Risiko: Zweihundertfünfzig zusätzliche Liter mit einem Preisvorteil von zehn Rappen pro Liter bringen ihm fünfundzwanzig Franken Zusatzgewinn. Immerhin rund fünfzehn Euro. Mehr, als eine Mahlzeit im nächsten Routiersrestaurant kostet – falls wir denn mal haltmachen sollten.

Wir rollen durchs schöne Moseltal, vorbei an Reben und Dörfern in jener goldenen Jahreszeit, in der die letzten Rentner mit ihren Wohnwagen aus den mediterranen Träumen ihres zweiten Frühlings heimkehren. So weit das Auge reicht, Grün und Gold an Millionen von Stöcken in Reihen. Von den steilsten Hängen bis zu den flachen Regionen am Rhein. Noch ein paar Tage, und die Blätter färben sich rot, und rund um die Trotten riecht es nach Gärung. Wir brauchen nicht anzuhalten, kein Stau, keine Baustelle weit und breit. So macht es Spaß, bald hinter sich zu lassen, was man sich so gefreut hatte, vor sich zu haben. Wohin, wozu? Seit Markus fährt, hatte Katharina gesagt, sei er zufrieden und schimpfe nicht mehr über die Kollegen. Aber über Wohnwagen.

»Da, schon wieder einer.« Er schlingert wie ein Hausboot im Sturm. Markus schüttelt mit zusammengekniffenen Lippen den Kopf, geht vom Gas, und in weiter Voraussicht in Bremsbereitschaft: »Sag mal – ist dir das ›L‹ abgefallen?« Unausbremsbar ungeduldig: »So geh auf den Pannenstreifen da vorn, du ...«

»Arschloch?«, schlage ich vor.

Markus fühlt sich ertappt. Er sagt: »Langweiler ... Verdrück dich, du ...«

... Wohnwägeler. Sie gleichen Hühnern, die das Ei, aus dem sie geschlüpft sind, bis ins hohe Alter hinter sich herschleppen. Klar, dass Markus kein Huhn ist, nie eins werden will und alles tut, um zu vermeiden, dass er einmal eins wird. Wohnwagen sind die leibhaftige Verkalkung der Arterien des Straßenverkehrs. Nein. Das Thema ist abgehakt. Markus hat sechzehn Gänge. Ein Müßiggang steht nicht auf seiner Wunschliste. Da brauche ich gar nicht zu fragen.

Ich sage vorsichtig: »Hast irgendwie nicht auch du einen Wohnwagen, mit Kühlschränklein, Vorhänglein und all dem Klimbim?«

Markus grinst: »Ja, irgendwie. Bloß meine Nasszelle hinter dem Wohnraum ist etwas größer.«

»Möchtest du dein Leben nicht auch so genießen wie jene, die dich so nerven? Ein gutes Dutzend Mal bist du in den vier Jahren deiner Karriere schon rund um den Äquator gefahren. Dreimal jedes Jahr.«

Wir hören eine Weile dem Brummen des Motors und dem Rauschen der Reifen auf dem Beton zu. Fernwehklänge, ebenso beruhigend wie antörnend. »Ja, das stimmt«, sagt Markus: »Und immer noch gibt es so viel, was ich gerne sehen möchte. Vor allem Europa.« Es ist, als berauschten wir uns an den Rebstöcken, die an uns vorbeiflitzen. Markus sagt: »Ich war noch nie südlich von Rom. Noch nie nördlich von Stockholm. Nördlich von Helsinki auch nicht. Auch die Normandie möchte ich gern einmal sehen. Das Baltikum lockt … Tschechien, Polen. Aber sicher nicht sinnlos und zwecklos leere Tonnagen bewegen. Und wenn schon, dann im Cabriolet, mit Übernachtung in einer schönen Landschaft. Kennst du die Campanile-Hotels? Es gibt sie in Frankreich und bald überall in Europa. Nett und familienfreundlich. Die meisten sind wie amerikanische Motels gebaut. Bungalows mit einem Parkplatz vor der Tür, geräumige Zimmer. Nicht weit von der Autobahn, und vierundzwanzig Stunden geöffnet. Besonders in Frankreich ist das nicht selbstverständlich. Zwei Sterne für fünfzig bis sechzig Euro das Zimmer: Was gibt es Besseres?«

»Große Ferien«, sage ich, »wirklich große Ferien. Du kannst sie dir leisten.«

»Wo denn und wozu? Die Südsee reizt mich nicht, die Karibik auch nicht …«

SWR 3 bringt immer noch oder schon wieder Western und Country. Was ist schon ein Wohnwagen gegenüber diesem Western-Feeling. Markus' Mercedes klingt, als brumme Bobby Troups Stimme aus dem Motor. Schade, hab ich die Blues Harp wieder nicht dabei. In G brummt sie echt ein bisschen wie ein 460-PS-Diesel.

Get Your Kicks on Route 66!

You go through St. Louis, Joplin, Missouri
And Oklahoma City that's mighty pretty
You'll see Amarillo, Gallup, New Mexico, Flagstaff, Arizona
Don't forget Winona, Kingman, Barstow, San Bernardino

Überall, quer durch die Staaten, von der Dirty Side bis zur Sunny Side, von Motel zu Motel. »Super 8« und »Motel 6« beispielsweise. Das genau gleiche Zimmer, der muffige Geruch aus dem Spannteppichsumpf. Hier die Türe, dort das Bett, der Schalter für das Licht ist im Dunkeln zu finden, und jeden Abend, egal, wo man sich gerade befindet, rattert eine ausgeleierte Aircondition das immer gleiche Schlaflied herunter. Unversehens kommen mir die Hollywood-Träume, die sich so tief in unsere kollektive Erinnerung eingeprägt haben, schal und ohne jeden Sexappeal vor. Selbst Bobby Troups Stimme bekommt einen verblichenen Charme. Und wenn ich ganz ehrlich bin, habe ich das Fis meiner G-Harp schon in den frühen Siebzigerjahren zu Tode gequält. Die kuscheligen, herausgeputzten Rebdörfer des Moseltals wollen nicht zu den Gedanken passen. Ich sage etwas traurig: »Das große Gefühl von Freiheit, wie es die US-Trucker einst zelebrierten, davon können wir wohl bloß noch träumen.«

Ein Elefantenrennen später sagt Markus: »Täusch dich nicht. Über die Ardennen, da bist du oft genauso allein mit dir. Der Himmel ist weit, weil der Horizont so fern und so weit unter dir liegt. Warst du mal in Namur? Wer kennt schon Namur und die einsamen Straßen durch die Vogesen. Da bist du so allein mit dir wie irgendwo im mittleren Westen. Nichts kostet die Welt, es rollt und rollt, und abends winkt ein Parkplatz irgendwo in der Steppe, mit Blick in die Sterne.«

Wir lassen uns mitreißen vom Strom des Verkehrs der Mosel entlang. Wir sehen die Wolken kommen, die Wolken gehen, vorüber zieht Mais, vorüber zieht Kohl, vorüber zieht Wein. Es gibt Raststätten, Brücken und zahllose Schilder mit Namen von Orten, die wir von früheren Fahrten her kennen, Orte, deren Namen wir mögen, und solche, an denen wir bald ankommen möchten. Aachen zweihundertzwanzig Kilometer. Aachen hundertneunundfünfzig. Aachen neunundachtzig. Noch genau eine Stunde, wenn alles gut läuft.

Markus öffnet den Kühlschrank, um sich einen Schluck »frische Alpenmilch« aus dem Allgäu zuzuführen. Aus dem Aldi in Aachen. Aus dem Aldi in Aachen, gleich gegenüber der Schokoladenfabrik, stammt auch der Tiroler Bergkäse und der echte Serranoschinken. Es ist ein ewiger Kreislauf der Dinge, eine Kette von Laden, Abladen, Bringen und Holen in unvorhersehbarer Folge. Sattelzüge aus dem Allgäu, aus dem Tirol und aus einer echten Serranoschinkenräucherei haben Schinken und Käse zu Aldi in Aachen geschleppt, bevor Markus vor zehn Tagen alles wieder nach Südfrankreich wegschleppte und jetzt die Reste wieder herschleppt zu Aldi in Aachen, gleich gegenüber der Schokoladenfabrik Lindt & Sprüngli, wohin wir jetzt unsere Schokoladenmasse schleppen, damit die beliebten Goldosterhasen rechtzeitig im Frühling das Licht der Welt erbli-cken und Markus oder sonst einer die frischgeborene Goldschätzchenschar mit ihren roten Mäschlein und Glöcklein am Hals in die Supermarktgestelle schleppt, als Quengelware für verzogene Bengel und ach, für golden leuchtende Kinderaugen natürlich auch.

Ich denke an den Linie Akvavit aus Norwegen, der sich über neunzehn Wochen in alten Sherryfässern in einer Schiffsreise über den Äquator durchschaukeln lässt, und das schon seit 1830, damit er seine besondere Milde und Feinheit erreicht. In schier ununterbrochener Kette strömen uns jenseits des Mittelstreifens Sattelzüge entgegen, genau wie gestern und wie morgen auch wieder, und ich frage mich, ob in einigen der Container gerade ein paar Flaschen Linie Akvavit von einer Weltreise in die Schnapsregale von Aldi oder Lidl geschleppt werden und ob die Milch, der Käse und der Serranoschinken in unserem Kühlschrank wohl auch um die Erde schippern müssten, um ebenso fein und mild zu werden. Ich behalte die verqueren Gedanken für mich, um mich umso mehr der Bewegung hinzugeben, die uns als Kettenglied unaufhaltsam dem Abend entgegenzieht. Schließlich sage ich: »Man müsste uns alle auf ein Förderband stellen und zwischen Süd und Nord laufen lassen.«

»Das Förderband ist schon lange erfunden. Aber weißt du, wie schnell auf diesem Förderband ein Güterzug beispielsweise die Schweiz zwischen Basel und Chiasso durchquert?«

»Nein.«

»Mit genau sechzehn Kilometern in der Stunde.«

Damit ist auch das ausdiskutiert. Nur Esel kommen noch störrischer voran. Die Landschaft unter unseren fünf Achsen glättet sich, je weiter wir meerwärts rollen, von den Hügelzügen der Mosel zu jenen der Eifel, und schließlich wird es flach wie in Holland. »Flach wie ein Kuhfladen«, sage ich, geistig träge von zu langer Fahrt.

Markus orientiert sich nach seinen eigenen Landmarks. Sinzig zum Beispiel. In Sinzig hatte er den Chip seines Passats optimiert. Wo genau, bleibt unser Geheimnis. Ohne einen Eintrag im Fahrzeugausweis machen zu müssen, ist das Frisieren von Chips nur bis zu einem gewissen Grad erlaubt. Um etwas mehr Dampf in die Zylinder zu kriegen, hatten wir als Buben nachts im Keller flüsternd das Motörchen unseres Mopeds auseinandergeschraubt und den Benzineinlass ausgebohrt. Nun macht das der Elektroniker im Handumdrehen, ohne sich die Finger schmutzig zu machen. Man kann den Chip einschicken, und schwupps, ist der Motor »ausgebohrt«. Markus war persönlich hingefahren. Er sagt: »Es hat sich gelohnt, die Heimfahrt war ein Vergnügen. So viel mehr Power, bei gleichem Benzinverbrauch.«

Abends um sieben Uhr im Industriegürtel von Aachen bei Lindt & Sprüngli haben wir hundertsechsundneunzig Liter Diesel verbrannt und sechshundertfünf Kilometer, neun Stunden Fahrzeit und dreizehn Stunden Arbeitszeit hinter uns. Der Tag ist damit noch nicht zu Ende. Wir können gleich abladen. Bis wir auf die Pritschen kommen, muss erst die Kakaomasse abfließen. Bis dann bleibt Zeit für das, was in der Schweizer Rekrutenschule zu unseren Zeiten Mannspflege hieß.

Markus füllte das Körbchen bei Aldi mit einem Liter Frischmilch Bio 1,5 %, drei Bio-Joghurt nature und einer Familienpackung Mini-Toblerönchen für den Kühlschrank. Dann setzen wir uns vor dem Auto auf unsere Klappstühle in dieser lauen Altweibersommer-Nacht, warten auf ein Gewitter, das kommen mag oder auch nicht, und rechnen: »Ein Kilo Kakaomasse ergibt, mit der entsprechenden Menge Kakaobutter, Milchpulver und anderen Zutaten vermengt, rund zehn Kilo Tafelschokolade.« Dann jonglieren wir im Kopf mit ziemlich vielen Nullen und kommen zum Schluss: »Unsere Ladung von vierundzwanzig Tonnen reicht für beispielsweise zwei Millionen vierhunderttausend Tafelschokoladen Lindt Milch Extra, und angenommen, ein Goldosterhase wiegt ebenso viel, für total vier Millionen achthunderttausend golden leuchtende Kinderaugen. Wenn das nicht hundertsechsundneunzig Liter Diesel wert ist. Macht 0,000041 Liter Diesel pro Kinderauge.« Eine Kinderträne dürfte schwerer wiegen.

Downshifting. Paradigmenwechsel

Bei Kakaomasse mit ihrer hohen Viskosität kann sich das Abladen je nach der Leistung der Pumpe über Stunden hinziehen. Heute könnte es Mitternacht werden. Oder noch später. Bis dann schlagen wir die Zeit bei Automatenkaffee in der Kantine des Hauses tot. Am anderen Ende des Saales, im gleichen schattenlosen schwefelgelben Neonlicht, sitzen ein paar Dutzend Arbeiterinnen, die in langen Reihen an ihren Tischen auf den Schichtwechsel warten und deren Sprachen wir nicht verstehen.

Markus auf Nachtwache. Im Outfit des Lebensmittel-Arbeiters. Ich habe immer gedacht, ein Sattelschlepperfahrer und ein Herzchirurg hätten wenig gemeinsam. Doch äußerlich fügen sie sich passgenau zueinander. Im weißen Haarnetz, dem weißen Hygienekittel und den Überschuhen, die auch wir als Gäste im Haus tragen müssen, erinnert mich dieser Trucker mehr denn je an den Halbgott in Weiß, und ich sage: »So wie du jetzt gekleidet bist, sehe ich dich am Ops-Tisch vor mir.«

Markus blickt von der »Bild-Zeitung« auf, die er auf dem Tisch gefunden hat, und schaut mich scharf an: »Ich trug immer Blau oder Grün.«

Macht es einen Unterschied, ob er in einer Spitalkantine oder in einer Schokoladenfabrik Pause macht?

»Du hattest einen Superberuf. Niemand will deinen Umstieg verstehen.«

Etwas unwirsch schiebt er die Zeitung beiseite: »Wahrscheinlich erzählst du meine Geschichte falsch. Ich bin weder abgestiegen noch ausgestiegen. Ich habe auch nicht heruntergeschaltet. Downshifting ist nicht meine Sache.«

Ich wiederhole: »›Umstieg‹ habe ich gesagt.«

»Ich habe mich verändert. Das ist alles. Mein neuer Beruf bereichert mein Leben. Man soll das Fest auf dem Höhepunkt verlassen. Man muss auch aufhören können. Wer möchte nicht mal einen anderen Weg gehen? Eine andere Möglichkeit nutzen? Aus Frust, aus Trotz oder einfach, weil man nicht mehr anders kann, als eines Tages wirklich machen, wovon man so oft geträumt hat. Der Glaubwürdigkeit vor sich selber zuliebe. Koste es, was es wolle. Auch wenn man sich damit seine Träume zerstört. Man sagt, man solle seine Träume leben. Fast ein Vierteljahrhundert hatten Professor Egloff und ich zusammengearbeitet. Sehr gut und sehr gerne. Ich habe mir meinen Wechsel sehr lange und sehr gut überlegt. Ich konnte nicht von einem Tag auf den andern aufhören und etwas Neues beginnen. Die letzten Jahre hatte ich das Herzzentrum Hirslanden als Leiter geführt. Über dreißig Leute, davon rund ein Dutzend Mediziner. Die Spezialisierung verlangte Kontinuität. Deshalb sagte ich schon zur Jahrtausendwende: Noch genau drei Jahre. Länger wäre über meine Zeit hinaus gewesen. Herzchirurgie mag ein Traum sein für viele. Für mich war es keiner. Man muss mir das einfach glauben. Ich bin es fast ohne mein Zutun geworden. Der Weg des geringsten Widerstandes, wie ihn auch das Wasser geht, das keine innere Neigung kennt, sondern stets der äußeren folgt. Mein Herz hat schon immer für Motoren geschlagen.«

Markus kramt nach einer Dunhill und steckt sie wieder weg,

als er das Rauchverbot entdeckt: »Herzen operieren muss man in Top-Verfassung. In der Blüte des Lebens gleichsam. Gewiss, die Erfahrung wächst mit jedem Eingriff, aber die physische und psychische Leistungsfähigkeit nimmt ab. Unmerklich und stetig. Wo sich die beiden Kurven schneiden, ist es Zeit, aufzuhören. Das wurde mir klar, bevor ich recht angefangen hatte, vor über dreißig Jahren.

Katharina war schwanger mit Reto, unserem älteren Sohn. Weil die Wehen frühzeitig einsetzten, musste sie überraschend ins Spital. Ich war schon damals so eingespannt in meinen Job, dass ich Annina, die Ältere, in einem Spitalzimmer hüten musste. Ich machte mir Vorwürfe. Was hatte ich falsch gemacht, dass ich nicht einmal für die Geburt meines Sohnes heimgehen konnte? Von diesem Tag an war mir klar: Sechs von sieben Tagen in der Klinik verbringen. Siebzig bis neunzig Stunden pro Woche. Das geht nicht bis fünfundsechzig. Es wird gefährlich, und wer das nicht spürt, droht in Schlagzeilen zu enden.

Der Entschluss, auf die Straße zu gehen, fiel 2001. Dann, im Dezember 2002, hörte ich im Herzzentrum auf. Drei Monate später gabs in der Klinik Hirslanden ein unvergessliches Fest. Das wars dann. Tschüss. Nach fünf Jahren Führung brauchte ich mich nicht weiter verpflichtet zu fühlen. Im Frühjahr 2003 wollte ich Erfahrung auf der Straße gewinnen. Ich lernte Fritz kennen. Er fuhr seit dreißig Jahren international und wurde mein Lehrer. Fritz Strickler. Er zeigte mir alle Kniffe und Tricks, die einem Fernfahrer das Leben erleichtern.

Es ging nicht lange, bis im Zürcher ›Tages-Anzeiger‹-Magazin der erste Artikel erschien: ›Ein Tag im Leben von Markus Studer‹. Der Herzchirurg, der Fernfahrer wurde: ›Bratwurst statt Kaviar‹. Keine große, auch keine begeisternde Story, aber gerade richtig, um Bruno Bopp anzusprechen, einen ehemaligen Swissair-Piloten. Er schrieb mir, wir trafen uns und wurden uns einig. Im Mai 2003 fuhren wir los. Als Vertragsfahrer. Mit unserer eigenen, gemeinsamen Zugmaschine und dem Auflieger eines Speditionsunternehmens. Du kennst es, Transfood. Der Auflieger ist bis heute derselbe geblieben. Drei Jahre lang teilten wir uns die Wochen auf. Dann hatte er genug. Er stieg aus seinem Chauffeur-Beruf aus. Seither fahre ich ein volles Pensum und arbeite nicht viel weniger als einst im Spital. Und doch ist es anders geworden. Katharina sagt immer: ›Gewiss, jetzt bist du seltener weg. Nur noch einmal in der Woche. Dafür viel länger. Fünf Tage am Stück jedes Mal.‹ Da hat sie recht. Und doch ist es leichter. Weil es Blockzeiten sind. Im Voraus fixiert. Montag bis Freitag, und manchmal Sonntagabend bis Samstagmorgen. Aber ich gönne mir Rast, bin sogar gezwungen zu Rast und zu Pausen. Das kann ich ja nicht als Arbeitszeit rechnen. Ist ja auch keine Arbeit. Nicht wahr? Hat Freizeit eine höhere Qualität?

Warum soll ich, was mir lieb ist, nicht manchmal länger tun, als mir lieb ist. Die letzten Wochen waren herrlich. In den Ardennen, im Massif Central, durch den Fréjus-Tunnel unter den Alpen hindurch ins Piemont. Was will ich mehr? Und das unter blauem Himmel bei angenehmen Temperaturen. Sicher. Nicht einmal Fritz, mein Lehrer, konnte es am Anfang begreifen: ›Wotsch das würkli?‹ Fritz hatte ganz große Fragezeichen in den Pupillen, als er das fragte. ›Ja‹, sagte ich, ›ich will.‹ Es war ein Jawort, wie man es nicht oft im Leben gibt.«

Unter dem Tisch sucht Markus mit den Füßen die Schuhe, die er während der Lektüre der »Bild-Zeitung« abgestreift hat. Dann sagt er: »Wäre ich Winzer geworden oder Gärtner und feierte meine alten Tage mit Wein und Rosen, Kraut und Rüben, wäre das normal. Aber nicht Trucker. Warum eigentlich?«

Das Thema scheint besprochen. Statt auf eine Antwort zu warten, schiebt Markus den Stuhl zurück und steht auf. Wir haben schon lange nichts mehr gegessen. Solange sich jetzt die Kakaomasse durch die Schläuche quält, haben wir Zeit für eine schöne Mahlzeit. Eine original Kantinenmahlzeit. Wir stellen uns etwas Warmes vor, aus großen dampfenden Töpfen. Fragt sich bloß, wo wir das bekommen. Der Rollladen der Theke ist unten, und der fröhliche, kellenschwingende Koch zwischen den Gummibäumen ist aus Styropor und denkt nicht daran, uns etwas zu kochen. Wir streifen durch die langen, schmucklosen Gänge, in denen es abwechslungsweise nach Schokolade, Schmierseife und Ammoniak riecht. Schon eine Tüte Pommes-Chips oder ein gummiges Sandwich mit matschigen Tomaten und durchnässter Salami hätte uns glücklich gemacht. Aber es gibt nichts. Mit leeren Händen schlurfen wir durchs Labyrinth der Gänge in die Kantine zurück. Draußen ist der Abglanz von Scheinwerfern auf dem schwarzen Asphalt des Fabrikhofs zu erkennen. Es hat angefangen zu regnen. Wir sehen es beide und sagen nichts.

Je länger wir zusammen unterwegs sind, desto mehr frage ich mich, ob Herzchirurgie und der Transport flüssiger Lebensmittel nicht vielleicht noch mehr gemeinsam haben, als es die hygienische Schutzkleidung heute Abend vermuten ließ. Ob seine beiden Berufe nicht eher zwei Facetten eines großen, übergeordneten Musters darstellen. Innere Kongruenzen müssen den kaum fassbaren Sprung in Markus Studers Karriere erklären: dass ein Top Dog mit so viel Energie und Zielstrebigkeit eine Rolle mit so wenig Status oder anderen handfesten Vorteilen suchte. Einen Hang zur Selbsterniedrigung oder gar zu Masochismus habe ich bei Markus nicht festgestellt. Es muss etwas anderes sein, das ihn bewogen hatte, für geringstes Entgelt so viel in die Waagschale zu werfen.

Es ist SWR 3, der mir heute Nachmittag während der Fahrt das Stichwort gegeben hat. Die Hörer konnten Sprichwörter und Sprachbilder aus verschiedenen Kulturkreisen einbringen. Jemand sagte, Deutsche haben eine Kröte im Hals, Franzosen eine Katze. Es folgte eine ganze Reihe unterschiedlicher Sprichwörter mit gemeinsamer Bedeutung. Dann sagte jemand: »Der Wolf verliert sein Fell, aber nicht seine Gewohnheit.« Das erinnert mich an Markus. Mögen seine beiden Berufe noch so verschieden erscheinen, es muss einen versteckten gemeinsamen Kern geben – wird er wirklich je Trucker, oder trägt er den Herzchirurgen in alle Zukunft in sich?

Sogenannte Paradigmenwechsel erweisen sich oft nur als Veränderung äußerer Formen. Unversehens fällt mir der Name Daniel Nipkow ein. Als Journalist hatte ich vor gut einem Vierteljahrhundert den jungen Meisterschützen kennen gelernt. Als er so ziemlich alles gewonnen hatte, was es im Schießen mit einem Gewehr zu gewinnen gab, begann er mit Bobfahren. Nicht zur Zerstreuung und nicht als Alternative. Er war ein kluger, reflektierter Bursche. Er suchte die Erfahrung des Gemeinsamen der beiden Sportarten und sagte das auch explizit. Er wolle selber zum Geschoss werden, um loszuschießen und zu spüren, wie das ist: auf einer Laufbahn dem Ziel entgegenzurasen.

Ob Geschoss oder Schütze, Nipkow blieb seinem gewohnten Denken verhaftet. Seine ersten Erfolge im Schießen verdankte er der parallelen Einübung strukturell vergleichbarer Sportarten. In den ersten Schießtrainings hatte er den Augenblick der Schussabgabe als Augenblick einer erstarrten Bewegung erkannt. Also trainierte er im Fitnessstudio seine Muskeln, um die Bewegung, die zur Erstarrung führt, mit ausgebildeten Muskeln beherrschter ablaufen zu lassen. Gleichzeitig übte er sich im klassischen Ballett.

Mit der überdurchschnittlichen Balance eines Tänzers konnte er seine Bewegung zur Schussabgabe im Augenblick des stabilsten Gleichgewichts erstarren lassen.

Markus hat einen beeindruckenden Akt der Befreiung vollbracht und erschließt sich neue Dimensionen von Raum und von Zeit. Während zehntausend Operationen fokussierte er auf diesen faustgroßen Muskel auf dem Operationstisch vor ihm. Der Wolf hat sein Terrain vergrößert, aber nicht seine Gewohnheit. Jetzt sind da noch immer Ventile und Schläuche, aber kiloschwer und meterlang. Gummihandschuhe, dicker als Fahrradschläuche, und ein Arbeitsplatz von Turku bis Palermo, von Lissabon bis Lettland. Gehorcht deswegen sein Denken und Fühlen anderen Regeln? Wie grundlegend neu aber hat er den Kodex seiner Leiden und Freuden geschrieben? Teamgeist hat er gesucht, Kontakt mit Menschen – und hat sich den einsamen Job des Fernfahrers ausgewählt.

Bevor wir uns nach unserem Irrgang durchs Labyrinth der Fabrik in der Kantine auf die gleichen Stühle wie zuvor niederlassen, sage ich: »Markus, du hast einen Riesenschritt aus deiner Welt von gestern in die von heute gemacht. Aus der aseptischen Kapsel deiner Spezialisierung im Operationssaal hinaus auf die Straße.« Er nickt spontan, nachdenklich erfreut. Dann fahre ich weiter:

»Aber. Motor und Herz. Wo ist der Unterschied? Nicht nur der Mensch hat ein Herz. Auch die Welt hat eines. Das klopft im Motor. Laufen nicht beide mit Sauerstoff, und spielt die Aquadynamik nicht hier wie dort eine Rolle? Und wenn wir dein ganzes Auto betrachten: Warum fährst du ausgerechnet flüssige Lebensmittel? Hat ein Tank nicht ebenfalls Kammern, fast wie ein Herz? Und wenn du die Schläuche zusammenflanschst, die Pumpe anstellst oder an den Tankdeckeln schraubst, die Gefäße verschließt: Hast du das bei Dissektomien und Herzoperationen nicht bis zur Perfektion geübt? Und hast du nicht selbst gesagt, dass dir als Arzt Hygiene vertraut war?

Die Knochenschlosserei in deinen Anfängen, die Präzisionsarbeit am Herz wie die Feinsteuerung mit Fuß und Hand in der Fahrerkabine: Nichts davon ist virtuell abzuwickeln. Du bleibst ein Motoriker, bleibst der Welt der Mechanik verpflichtet. Nicht mehr nur mit den Fingern, sondern von Kopf bis Fuß.

Herzchirurgie und Warenverkehr. Die Feinheit der Gefäße vor deinen Augen und die Weite der Straßen in der Poebene, in Polen oder über die Polder in Holland. Sind sie nicht beide Aspekte des gleichen Paradigmas eines vernetzten Systems im dreidimensionalen, fassbaren Raum? Beides verlangt eine physische Leistung, und beides verlangt einfache Entscheidungen: Ja oder nein, links oder rechts. Heute oder morgen. Es ist die Wahl zwischen Möglichkeiten, beim Transport von Blut genauso wie bei anderen ›Lebensmitteln‹. Die Hygiene. Das Zeitmanagement, rechtzeitig ans Ziel zu gelangen. Die langen Arbeitstage. Die Konzentration.«

Man könne nicht halbherzig operieren, sagte Markus einmal. Und schon gar nicht könne man halbe Herzen operieren. Ich nehme den Faden wieder auf: »Auch auf der Straße hängt das Leben an einem Faden. Herz und Sattelschlepper. Stets bist du auf existenzielle Weise gefordert, unter Druck, unter Stress und immer unter dem Risiko des Todes: Auf der Straße droht er nicht nur dem andern, sondern auch dir, ein Meter Knautschzone zwischen Stoßstange und Knien.«

Wohin führt Markus' Reise? Das ist die Frage, die ich ihm gerne stellen würde, aber mich nicht zu stellen getraue: Wie weit haben dich deine halbe Million Kilometer gebracht? Wo möchtest du sein, wenn du deine Last mal ablegen kannst? Wenn du aufhörst.

Was musst du nachholen jetzt, da du nicht mehr auf zehntausend andere Herzen eingehen musst, sondern dein eigenes sprechen lässt? Fährst du einem Jugendtraum hinterher? Wird deine Seele endlos durch Europa geistern müssen? Und was hast du eigentlich gegen Wohnwägeler? Sind sie vielleicht, wie du, süchtig nach Meilen, nach der Horizonterweiterung, hinaus ins gesunde Leben, wo die Muskeln spielen und die Sehnsucht zu Taten und gar zu Untaten lockt? Die Nähe von Sucht und Sehnsucht ist mir noch selten so aufgefallen wie eben in diesem Augenblick. Gehört zur Sucht nicht auch, dass sich die Sehnsucht erst erfüllt, wenn man sich diese Erfüllung nicht mehr wünscht, weil man Meile um Meile erfahren musste, dass man sich eher einen Fluch auflädt, statt dass man das Glück erzwingt?

Der Regen draußen legt kräftig zu. Wir hören schweigend, wie schwere Tropfen auf das Blechdach der Veloständer im Hof trommeln. Die schwersten schlagen in trägerem Zufallsrhythmus von der Dachrinne auf und erzeugen einen dumpferen Ton.

Ich frage: »Wusstest du wirklich, was dich erwartet?«

Markus zögert keinen Augenblick: »Was sollte mich überraschen können? Ich war manche Woche mitgefahren auf dem Nebensitz, genauso wie du jetzt. Ich konnte alles von außen betrachten, wie du, ich hatte Zeit, mir ein Bild zu machen, und weil das Bild mit meiner Vorstellung vereinbar war, entschloss ich mich einzusteigen.«

Unter den Frauen am andern Ende des Saales kommt Unruhe auf. Die Zeiger der Uhr neben der verschlossenen Theke zeigen bald zwölf. Stühle rücken, Metall klirrt an Metall, und noch als sie alle schon nicht mehr sichtbar sind, hört man Schritte auf Klinker klappern und Flügeltüren schlagen.

Ich sage: »Den Kreislauf in Gang halten, das scheint dein Paradigma. Die Metropolen sind die Herzen Europas, und dein Auto ist ein Blutkörperchen, das die Organe des gesellschaftlichen Organismus mit lebenswichtigen Stoffen versorgt. Ein Transportmittel in einem vernetzten System. Kakao aus Brasilien, Palmöl aus Malaysia, Öl aus der Ukraine, Milchpulver aus Neuseeland und Apfelsaft aus Mostindien. Alles fließt. Die Milch, das Öl, der Kakao und der Verkehr. Meile für Meile, Tag für Tag. Das Zentrum des Systems ist das Herz. Das Herz der Städte. Die Arterien führen den Lebenssaft hinaus bis in die äußersten Verästelungen des Organismus, die Venen zum Herz zurück. Im Individuum wie draußen, auf Erden. Hin und Her, Druck und Zugkraft: Systole und Diastole. Rohstoff, Fertigprodukt und Abfallprodukt. Hinein in die Fabrik, und mit Mehrwert wieder hinaus aus der Fabrik. Kreuz und quer durch Europa. Die Autobahnen und Ringstraßen rund um die Metropolen sind Bypässe, welche die organisch gewachsenen, alt gewordenen Verkehrsadern ersetzen. Ein Kollaps des Systems wäre tödlich. Sowohl für die Patienten als auch für die Gesellschaft.«

Nachts um halb eins hängt Markus den Schlauch in die dritte Kammer, während ich von der Pritsche her zuhöre, wie der Regen aufs Dach und auf die Tankkammern prasselt. Zum Einschlafen fresse ich im Geist noch ein paar Hundert Mittelstreifen in mich hinein. Sehe Sattelzüge, wie am Schnürchen gezogen, einer hinter dem andern, von morgens früh bis abends spät. Tausende und Abertausende, von Nord nach Süd, von Ost nach West und umgekehrt.

Irgendwann gegen Morgen ertönt von der unteren Pritsche ein Schnurren wie von einem Dieselmotor.

Dienstag

Aachen – Amsterdam – Luxemburg

Es ist halb sechs und immer noch stockdunkel an der Laderampe in Aachen. Der Asphalt gleißt nass im Licht aus den Fabrikhallen, aber es regnet nicht mehr. Ich gehe barfuß hinter Markus her, quer durch die hell erleuchtete Kantine von Lindt & Sprüngli in die Waschanlagen zum Zähneputzen. Die nackte Düsterheit der Gänge kommt mir bekannt vor, aber auskennen tu ich mich noch nicht. Der Ammoniak- und Schmierseifengeruch weist uns den Weg. Die Spiegel zeigen mein Gesicht im platten Licht der Neonleuchten von einer unerfreulich kränklichen Seite, aber Markus strahlt schon putzmunter aus der Wäsche. Als uns auf dem Rückweg ein paar Dutzend Kopftuchfrauen aus der Nachtschicht begegnen, fühle ich mich auch nicht besser, aber schon beinahe privilegiert. Warum tragen Arbeiterinnen oft so große Handtaschen bei sich? Markus weiß es auch nicht. Aber er lächelt.

Punkt sechs Uhr sitzen wir im Auto und hören im Radio die Verkehrsmeldungen. Wir sind noch etwas zu früh, um abfahren zu dürfen, und müssen erst hören, dass die Polizei die Leiche des vierzehnjährigen Mädchens gefunden hat, das im nahen Königswinter vor zehn Tagen verschleppt worden war. Markus sagt, wenn er der Vater wäre, er würde den Täter mit der Armeepistole erschießen.

Ein Wurstbrot später fügt er an: »Wenn in Birmingham, Alabama, ein Bürger in seinem Haus einen Einbrecher erschießt, kommt er als Held in der Zeitung.«

Um sechs Uhr fünfzehn fahren wir auf die Waage, um das Leergewicht zu bestimmen, und los gehts Richtung Amsterdam. »Genau nach Plan«, sage ich.

»Wenn man seine Pläne nicht einhält, braucht man sie nicht zu machen«, sagt Markus und kontrolliert im Rückspiegel, ob uns beim Ausschwenken hinten in der Dunkelheit nicht ein Torpfosten erwischt. Unbeladen huschen wir wie ein Wiesel über den nassen, sehr schwarzen Asphalt, und die Fabrikmauern zu beiden Seiten der öden Aachener Ausfallstraße widerhallen von unserem 460-PS-Gebrumm. Markus sagt, Aachen habe eine schöne Altstadt. Vage erinnere ich mich, dass wir historischen Boden befahren. Hatte von hier aus nicht Karl der Große über eine Art frühmittelalterliche Europäische Union geherrscht, und zählten nicht mindestens der Dom und das Rathaus zu Eckpfeilern mittelalterlicher Architektur?

Als ich so weit bin mit den Gedanken, ist links und rechts schon Holland. Unmerklich sind wir von hüben nach drüben gerollt. Ein blaues Schild an der Autobahn verrät das Neuland. UIT. Beim dritten oder vierten Schild wird mir klar, dass das AUS bedeutet. Ausfahrt. Eine halbe Stunde später stehen wir wieder in einem Industriegebiet, vor einer Tankreinigungsanlage in Maastricht.

Die Kontamination der Kammern mit Kakaoprodukten verlangt unweigerlich eine Reinigung. So früh und doch zu spät. Vor uns stehen schon vier andere. Drei der vier Anlagen sind noch geschlossen, und wenn jeder Wagen bloß eine halbe Stunde … oder gar drei viertel Stunden … Nicht auszudenken. Markus gibt seiner inneren Unruhe nach. Lieber weiter, rein in den Morgenstau und es in Amsterdam versuchen. Obwohl es dort teurer ist. Was solls. Die Reinigung von Kakaomasse geht auf das Konto von Transfood. Bloß nicht den Tag mit Warten beginnen.

Also rechtsum kehrt, zurück auf die Autobahn. Zehn Minuten verloren. Unwiederbringliche zehn Lebensminuten. Gibt es nicht auch noch eine Reinigungsanlage in Weert, auf halber Strecke nach Amsterdam? Merkwürdigerweise ist noch niemand von Transfood je dort gewesen. Wer weiß, wie sie in Weert mit Kakaomasse umgehen können. Probieren wirs aus. Bis wir dort sind, gibts Äpfel und Joghurt bei 89 km in der Stunde zum Frühstück. Ein Apfel dauert rund acht Kilometer.

Beim Reinigen in Rothrist war ein Kakaofleck zurückgeblieben. Markus hatte ihn gesehen, aber nichts gesagt. Jetzt, während das Auto in Weert im heißen Wasserdampf schwelgt, sagt er: »Ach, die Hygiene. Als Arzt darf ich das etwas lauter als andere sagen. Man darf das nicht so eng sehen. Mischt nicht auch der Koch?«

»Ein Koch, der etwas auf sich gibt, fusioniert.«

»Wie du meinst. Jedenfalls gibt er Muskat in den Kartoffelstock, Essig und Öl und Zucker und Salz in den Salat. Ein halbes Pfund Kakao auf beispielsweise fünfundzwanzig Tonnen Apfelsaft oder Orangenzuckerkonzentrat, das ist ein Hunderttausendstel. Das schmeckt der feinste Gaumen nicht, das nimmt nicht einmal ein Messgerät wahr.«

Arbeiter in Gummistiefeln richten ihren scharfen Strahl aus dem Schlauch in die entleerten Aluminiumtanks, dass es zischt und dröhnt. Eine Hexenküche. Markus wischt Fliegenleichen mit einem Papiertaschentuch von der Frontscheibe. Manche brauchen tüchtig Fensterschutzmittel, um sich in nichts aufzulösen. Oder in fast nichts. Markus sagt: »Eine gewisse Verunreinigung ist im Grund ein Beitrag zur Volksgesundheit: Aseptische Lebensmittel gefährden die Gesundheit auf die Dauer mehr als eine normale Verunreinigung.« Die verflixte Fliege, so tot, wie sie ist, will einfach nicht weg. Das Tüchlein quietscht auf dem fettfreien Glas. Als ob die Fliege schreien würde. Markus sagt: »Warum haben immer mehr Leute Allergien? Weil sich die Allergene im keimfreien Körper ungehindert vermehren. Den Abwehrsubstanzen fehlt der Widerstand, an dem sie sich entfalten. Eine regelmäßige Dosis von Bakterien stärkt die Abwehrkräfte. Die Reinheit einer Herzoperation ist einzig bei genveränderten Ingredienzien geboten. Da können Kontrollen jede Spur dingfest machen.«

Noch vor neun Uhr sind die Kammern durchgespült, das Auto glänzt wie die Morgenröte, und wir brausen weiter über die Autobahn, quer durch Brabant. Das schöne Holland. So sauber, so rechtwinklig, sogar die Industriezonen strahlen die Ordentlichkeit kleinbürgerlicher Eigenheimsiedlungen aus. Wahrscheinlich hat der Regen der letzten Nacht die Dächer, die Fassaden und den Rasen gewaschen. Auf den Grünstreifen beidseits der Autobahn hätte man Golf spielen können. Oder Baseball, mit dem Schläger hinter meinem Sitz. So ruhig wie der Verkehr und das Wasser in den Kanälen unter den Brücken strömen auch die Gedanken dahin. Markus gibt seinem Entzücken auf seine Weise Ausdruck: »Niemand rast, niemand klebt einem am Heck, kein Audi oder BMW drängelt sich mit Lichthupe bei zweihundertzwanzig nach vorn. Um einen zu überholen, stellt man den Blinker, fädelt sich ein – und schon ist man vorn.«

»Und danach lässt der Überholende nochmals kurz den linken Blinker aufleuchten. Warum?«

»Als Zeichen des Respekts unter Kollegen.«

Fahren muss für Markus nicht nur in Frankreich oder Holland die reine Freude bedeuten. »Wir Fahrer heute müssen ja nicht mehr arbeiten«, meinte er einmal, als es gerade so wie im Roadmovie rollte: »Das waren noch Zeiten, als der Motortunnel die Kabine aufheizte, dass der Schweiß in Strömen floss. Aber heute … Die Kabine ist Komfortzone. Wir brauchen sie kaum mehr zu verlassen. Nur noch fahren – und das wunderbare Gefühl, die Erde unter den Rädern abrollen zu lassen.«

Ich halte ihn nicht für süchtig. Aber immer hungrig, immer gierig. Fahren ist Leben. Fahren ist Erregung und Erholung, Stimulus und Tranquilizer zugleich. Er braucht es. Als Energiespender, wie Essen und Trinken für den Körper, wie für den Geist die Sonntagszeitung am Montag. Nicht, dass er das je so sagen würde. Dafür ist Markus nicht der Typ. Nicht Worte, sondern die Kilometer in den Knochen zählen. Das Auto ist sein fliegender Teppich, der Stoff, aus dem Träume sind. Markus, ein Fahrender der großen Radgenossenschaft, wohnt auf Rädern, am Rand der bürgerlichen Gesellschaft. Unterprivilegiert. Einzig aus innerer Notwendigkeit.

Aber fragen kann ich: Wie hat er es während zehntausend Operationen an einem Ops-Tisch ausgehalten? Was hat er damals – Nadel und Faden statt das Lenkrad in der Hand – mit seinem Gasfuß gemacht? Was nützlicher ist, wissen wir von Pompejus: »Navigare necesse est, vivere non est necesse.« Was zählt das Leben eines Einzelnen, gemessen an dem einer ganzen Gesellschaft? Ohne das Getreide aus Ägypten wäre Rom verhungert. Navigieren wir in unserem blutroten Mercedes Actros nicht aus absoluter Notwendigkeit durch den Weltwirtschafts-Stoffwechsel?

Fernweh

Während die Scheibenwischer die letzten Tropfen einer neuerlichen Regenfront wegwischen, meldet sich wie jeden Morgen Michi aus Frauenfeld: »Habt ihr auch so schönes Wetter wie wir im Thurgau?« Disponent Michi, der gute Kerl, der uns einmal mehr eine so schöne Route zugeteilt hat. Markus sagt, der Himmel werde immer blauer – was die Metapher von der halb leeren Wolke doch sehr strapaziert. Mir scheint sie noch ziemlich halb voll. Markus sagt, die Reinigung in Weert sei prima. Vorreinigung von Hand, keine drei viertel Stunden später war der Kakao weg. Fast ebenso preisgünstig wie in Maastricht, doch besser als Maastricht, liegt Weert direkt am Weg. Diesmal ruft Michi nicht nur an, um sich nach dem Stand der Dinge zu erkundigen, sondern auch, um weitere Orders zu geben: Abladen, wie gesagt, bei Cailler in Broc im Greyerzerland – um im gleichen Haus gleich wieder Schokolade für die Biskuitfabrik Wernli in Trimbach bei Olten zu laden. Das heißt: Je weiter nach Süden wir heute nach dem Laden in Amsterdam vorstoßen, umso besser. Weniger gut: Das Navigationsgerät warnt vor stockendem Verkehr und Stau rund um Utrecht. Schon der Gedanke an Stau treibt Markus den Puls in die Höhe. Stau ist eine Art Thrombose in der Wirtschaftsblutbahn und kann einen Herzstillstand des Verkehrs bewirken. Verkehr muss fließen. Ununterbrochen, wie das Blut in den Adern. Staus vorbeugen, Staus meiden, Staus umfahren, je nachdem. Das chronische Übel wirkt selten letal, aber es geht an die Nerven und schwächt das System. Da werden nicht nur Ärzte nervös. Warten müssen, sei es nur eine Minute, entscheidungs- und handlungsunfähig sein zehrt an Markus' Nerven. Wann wird endlich eine wirksame Therapie und Prophylaxe gegen Verkehrsthrombosen entwickelt?

Vor ein paar Jahrzehnten, als Staus rar und eine Autobahn eine staatliche Heldentat war, hatten Trucker noch einen anderen Beruf. Auf den endlosen, schmalen, gewundenen Landstraßen quer durch die Dörfer kam die ganze Drehkraft aufs Lenkrad aus den Armen. Ankommen war alles. Wenn nicht heute, dann morgen. Zur Orientierung in der weiten Welt gab es bloß unzuverlässige Karten. Die Straßen jenseits des Horizonts waren von Träumen besetzt, und manche Truckerfahrt konnte bis Istanbul führen und darüber hinaus, über die Naturstein-Straßenpässe Ostanatoliens, durch die iranischen Mohnfelder über Teheran durch die persischen Wüsten – Fernziel Goa, Benares, Kathmandu.

Markus' und meine Truckerträume nähren sich aus den gleichen seligen Sechzigerjahren. Während er in Hörsälen und Spitälern seine große Laufbahn begann, warf ich Steine auf Polizisten, ließ mir die Haare wachsen und mich im Strom der Weltflüchtlinge ostwärts treiben. Hinter dem fernen Horizont Hollands türmen sich Illusionen des Elbrus-Gebirges und des Hindukusch auf. Ich verfalle in nostalgische Träume der Zeit, als Schah Reza Pahlewi in Persien Liebkind Amerikas war und im mausarmen Afghanistan der gute König Zahir Schah mit milder Strenge für Ausgleich sorgte. Scharenweise rumpelte unsereiner damals auf den Dächern afghanischer Lorries von Herat bis Kabul, von Kandahar bis Masar-i-Sharif durchs Land. Wir hungerten uns durch die Tage in glühender Hitze, bis wir in Trance kamen. Der Wüstensand rieselte durch die Kleidernähte, reizte die Schleimhäute und schmeckte nach Fernweh, wenn man ihn als gelbbraune Masse ins Taschentuch prustete. In den lehmigen Einöden des Khaiberpasses schossen die Kinder mit Steinschleudern auf uns. Hinunter ins fruchtbare, tropische Industal, wo die Jasmin- und Currydüfte von den Geheimnissen Indiens erzählten, dort nahmen uns gelegentlich europäische Trucker mit. Drei und vier Wochen waren sie von der Schweiz und Deutschland aus unterwegs zu den Baustellen an den Flüssen, die das Schmelzwasser und den Humus aus dem Himalaya in den Indischen Ozean tragen und jetzt gestaut werden sollten, um die Millionen Bewohner von Peshawar bis Rawalpindi und Karachi mit Strom zu versorgen.

Jetzt denken wir in bescheideneren Dimensionen. In sechs Kilometern ein Stau, warnt uns das Navigerät. Es empfiehlt uns die Umfahrung Utrechts über den Ostring. Aber ausnahmsweise läuft es heute besser, als das Navigerät drohte. Vor Markus' uneintrübbarer Zuversicht lösen sich die Staus in Luft auf. FILEFRIJ. Das Wort auf den Leuchtschriften über den holländischen Autobahnen liest sich wie »Sesam, öffne dich«. Staufrei. Nichts mehr beeinträchtigt die Aussicht auf einen gelungenen Tag.

Die Aufschriften auf den Vierzigtonnern zeigen: Die gute alte Zeit der Transporteure, Camioneure, Spediteure und Trucker ist abgelaufen. Mit der Landwirtschaft und der Fuhrhalterei ihrer Anfänge haben die Großen der Branche kaum mehr zu tun. Auf ihren Autos steht in eleganten Lettern »Ganzheitliche Logistiklösungen« oder »Value Added Services« oder »Logistische Prozesse«. Bits und Bites bestimmen die Entwicklung der Warentransporte. Die vernetzte Elektronik koordiniert die Fahrzeuge und ihre Lasten wenn möglich auf die Stunde genau. »Warehousing« nennt sich der Geschäftszweig der Zukunft. In den »Waren-Hotels« lagern Kleider und Alkohol, Autos und Schokolade, werden aufbereitet, konfektioniert und in der richtigen Menge geliefert. Die Frachträume von Flugzeugen, Schiffen, Waggons und Sattelzügen spielen die Rolle der Zwischenlager von einst. »Just in time«

geht es direkt in die Fabrikhalle, direkt in den Supermarkt, kreuz und quer durch Europa, egal, ob in der Luft, auf der Straße, auf der Schiene oder zu Wasser. Hauptsache, pünktlich: bei Lebensmitteln in ununterbrochener Kühlkette, wenn nötig über Nacht. Das bringt nicht nur Umsatz, sondern auch Gewinn – sofern die Flotte groß genug ist.

Ein Branchenleader wie etwa Willy Betz mit seinen mehreren Tausend Fahrzeugen kann die Jobs lückenloser und kurzfristiger vernetzen als jeder der vielen Kleinen. Wo immer es etwas zu holen gibt – Betz ist schon dort. Kaum ein Tag vergeht auf der Straße ohne Begegnung mit einem seiner gelb-blauen Sattelzüge. In über zwanzig Ländern in West- und Osteuropa mit eigenen Niederlassungen. Der Umsatz geht in die Hunderte von Millionen. Der einfache Trucker, der nach dem Krieg mit einem Holzvergaser angefangen hatte, war mit Logistik zum Weltunternehmen geworden. Die Imponderabilien der traditionellen Spedition können Vertragsfahrer übernehmen. Eben solche wie Markus, Walo und Fritz.

Seekrank

Während die Stahlseile einer brandneuen Hängebrücke wie Harfensaiten an uns vorüberrauschen, fällt der Blick hinab auf die spiegelglatte Wasserfläche eines Kanals und ein Hausboot, auf dem gerade eine Katze mit einem Fischchen spielt. Markus sagt: »Auf einer Péniche auf den Kanälen Europas schippern. Das kann ich mir schon eher als eine Weltreise oder einen Wohnwagen denken. Kreuz und quer unter Straßen und Schienen hindurchgleiten und auf Schiffshebewerken über ganze Täler hinweg. Von der Biskaya bis ins Schwarze Meer. Von Marseille bis Holland und an die Ostsee.«

Das kann ich Markus nachfühlen. Vor wenigen Wochen habe auch ich mir einen Lebenstraum erfüllt. Eine Jacht. Eine klassische Ketch aus Teak, Mahagoni und gutem, altem englischem Stahl. Der Inbegriff einer englischen Gentleman's Jacht. »Ready to take you anywhere«, wie es so schön in den Verkaufsbroschüren hieß. Schiffe sind Vehikel für Träume. Doch noch bevor ich zum ersten Mal damit den Hafen verließ, wusste ich schon: Ich habe zwölf stolze Meter Besitz zum Verzweifeln. Trucks sind wie Schiffe. Der erste Tag mit Markus in Genua bestätigte es: immer zu klein und zu eng, mit zu vielen Schubladen, die man nur mühsam erreicht. Schiffe wie Trucks sind einsam unterwegs, mit Träumen beladen, schwer zu parken, besonders rückwärts, und chronische Pflegefälle, jeder Fahrt ist der rasche, unaufhaltsame Zerfall eingeschrieben, und sobald sie stillstehen, beginnen die Standschäden. Sie wurden geschaffen, die Welt zu umrunden, doch die Freiheit, die sie beschwören, erweist sich als Fangnetz von Regeln, Vorschriften, Klippen, Untiefen, Pflichten und Verantwortungen. Markus' Mercedes wie meine »Juliane« erschließen eine Welt, die stets am gleichen Ort endet: am Randstein bei Markus; bei mir an einem Quai des Port Napoléon in der Camargue. Im schlimmsten Fall mit Totalschaden.

»Sailing is one out of ten«, sagen alte Jachties. Andere meinen, es gebe zwei schöne Tage im Leben eines Jachties. Den des Kaufs und den des Verkaufs. Und Dritte raten: Verkaufe deine Jacht nur deinem besten Feind. Markus, Markus, hast du es dir wirklich gut genug überlegt? So gut wie ich mir meine Dummheit? Markus ist mir ein Trost. Mir scheint, es gibt Dummheiten, bei denen es die größte Dummheit wäre, sie nicht begangen zu haben.

Markus sagt: »Abends einen Hering am Ufer einschlagen, und das schwimmende Ferienhaus hängt sicher in der Strömung bis am anderen Morgen. Um dem Ganzen Sinn zu verleihen, könnten wir Kies und Sand stromauf- oder stromabwärts transportieren, so wie das manche in den letzten Jahren ja wieder angefangen haben. Aber das geht nicht mit Katharina. Leider. Es wird ihr so himmeltraurig schlecht, wenn sie auch nur von Weitem ein Schiff sieht.«

»Stugeron? Akupunktur? Pflästerchen hinter dem Ohr?«

»Das haben wir schon alles versucht.«

»Kennst du die These von der Histamin-Intoleranz?«

»Das haben wir schon alles versucht.«

Filefrij

Unterdessen ist es zehn Uhr. Das heißt, wir sind endlich zum Überholen berechtigt. In Holland wie auch in Deutschland ist Überholen für Sattelzüge auf vielen Strecken von sechs bis zehn Uhr morgens sowie nachmittags von drei bis abends sieben Uhr verboten. Deshalb fährt Markus am liebsten nachts.

Mit etwas Druck auf der Blase kurven wir um etwa halb zwölf zur Tankstelle, die sich unter Truckern als günstigste rund um Amsterdam einen guten Ruf erworben hat. Kein anderer steht vor uns, wir fahren gleich an die Zapfsäule. Die hundertvierzig Liter, die wir noch im Tank haben, würden nicht bis Luxemburg reichen. Die Ardennen werden einiges wegschlucken. Wir füllen hundertzwanzig Liter dazu. Für weniger als einen Euro pro Liter ist Diesel hier im weiten Umkreis nicht zu haben. Während sich der Tank füllt, kann ich meinen eigenen kleinen Tank leeren – endlich nach über zweieinhalb Stunden Fahrt –, danach suche ich ein unverwechselbares Mitbringsel im Shop. Vergeblich, die Labels sind alle dieselben wie zu Hause im Agip-Tankstellen-Shop gegenüber. Ich kaufe eine Straßenkarte der Beneluxländer Holland, Belgien und Luxemburg und stelle fest, dass wir über Deutschland auf kürzerem Weg und wohl auch schneller in der Schweiz zurück wären. Wären, wenn… Welcher Trucker umfährt schon Luxemburg, solange der Diesel dort so günstig ist?

Als ich im Shop von der Karte aufschaue, sitzt Markus bei laufendem Motor am Steuer: »He, mach schon, komm, wo bleibst du bloß, Gopferteckel, wir müssen weiter.«

Die Zeit ist dauerknapp. Keine Minute zu verschwenden. Etwas eilt immer. Vor Tagesanbruch starten. Noch vor dem Stau hinaus auf die Autobahn. Vor der Mittagspause durchs Fabriktor an die Rampe. Verlorene Sekunden können verlorene Stunden oder Nächte bedeuten. Wenn wir jetzt Pech haben, packen die Holländer ihre transparenten, dreieckigen Plastikschachteln aus und machen sich ans Sandwichmampfen, bevor wir unsere Papiere einreichen können. Das heilige holländische Mittagsmahl. Nichts gegen Holland, aber die schaumgummiweichen holländischen Sandwiches aus dem Supermarkt straft Markus mit Verachtung. Vorbei die Zeiten, als Mutti frühmorgens noch den Henkelmann füllte, unten die Suppe, drüber Kartoffeln und Würstchen und oben Kopfsalat oder ein Stück Kuchen von gestern. Ab zwölf Uhr null null ist in Holland außer Sandwiches nichts zu wollen.

Aber wir haben Glück. Aufschnaufen. Trotz meinen verpinkelten Minuten kommen wir der Mittagspause zuvor. Drei Augenblicke vor zwölf stehen wir mit Haarnetz und hygienischem Wegwerfmäntelchen in einer Amsterdamer Industriezone auf der Waage. Eine Minute vor zwölf beginnen die Pumpen zu laufen.

Um Viertel nach eins öffnet sich die Schranke, um uns, gefüllt mit vierundzwanzig Tonnen heißer Kakaobutter, zu entlassen, hinaus als großes rotes Ungeheuer in das Gewimmel von Fahrrädern, die fast so altmodisch schwarz und zahlreich sind wie einst in China. Doch sitzen nicht auch wir auf genau so einer Tretmühle? Aufs Gas treten und die Räder rund laufen lassen. Am liebsten rund um die Uhr.

Da wir so früh dran sind, will Markus über Antwerpen–Brüssel Richtung Luxemburg starten. Das ist etwas weiter als die Strecke des ältesten Radrennens der Welt, über Lüttich nach Bastogne, aber vielleicht etwas schneller, sofern wir Brüssel vor dem Feierabendstau hinter uns lassen können.

Von Antwerpen sehen wir kaum mehr als von Aachen und Amsterdam: Industriezonen, Autobahnbrücken, Kanäle und ein paar Boote vor Anker. Die Tankstellen, die Ausstellplätze, die Reinigungsanlagen, die Rampen. Sie gleichen sich alle, von Genua bis an die Nordsee. Überall die gleichen Geräusche von Ventilen und Pumpen, der gleiche Duft des Automatenkaffees und der Desinfektionsmittel in den Waschräumen der Lebensmittelfabriken, quer durch Europa. Das vermittelt ein Gefühl von gesichtsloser Beliebigkeit, aber auch eine Art von Heimatgefühl. Wo es Rampen mit Pumpen gibt, fühlen wir uns zu Hause.

Michi, unser Disponent, hält zu uns quer durch Europa die Fäden in der Hand. Ich höre nur Markus: »... Nestlé? Ja sicher. Keine schlechte Firma. Da fahre ich alle paar Tage an die Rampe.« Aber das will Michi nicht wissen. Er hat offenbar höhere Interessen. Markus: »... weil die große Nestlé das kleine Henniez gekauft hat, willst du nun Nestlé kaufen?« Markus schaut zu mir herüber und schüttelt den Kopf. Von den Synergien solcher Übernahmen profitieren meistens die Kurse des kleineren Partners. Wenn schon, müsste Michi Henniez kaufen. Hätte müssen. Jetzt ist es zu spät. Wieder Markus: »Nestlé mit seinen über fünfhundert Firmen ist groß genug, um Henniez zu schlucken wie du ein Glas Wasser. Das wird die Papiere kaum spürbar bewegen.«

Wahrscheinlich hat Michi schon gekauft und hat nun feuchte Hände.

An uns vorbei ziehen Windmühlen, Tulpenfelder und schwarzweiß gefleckte Kühe, die sich unbesorgt um Aktienkurse und Benzinpreise durch den Tag kauen.

Ich dachte, klug reden kann in Geldfragen mancher. Nerven zu bewahren ist die größere Kunst. Und die hatte Markus schließlich täglich am Ops-Tisch geübt. Darüber hinaus hatte er in den finanziell goldenen Neunzigern oft den richtigen Zeitpunkt erwischt. »Es war nicht schwierig«, sagt Markus, »nicht schwieriger als einen Sattelzug rückwärts zu parken. Ich war damals Kunde bei Merrill Lynch und profitierte von den Research-Papers erfolgsverwöhnter Analysten. Die Beiträge damals waren vom Besten in der Branche.«

Ich versuche, mir die richtige Schreibweise von Merrill Lynch vorzustellen. Wirklich alles in allem drei »L« hintereinander? Markus erzählt weiter: »An den Wochenenden entspannte ich mich zu Hause und blätterte in den Artikeln. Wenn Merrill Lynch etwa Metronic empfahl, wusste ich aus Erfahrung, dass es kaum bessere Schrittmacher gab und dass Schrittmacher Zukunft hatten. Ich verkaufte Metronic zum Fünf- und Sechsfachen des Einstiegspreises. So hatte ich Yahoo gekauft und Sysco, bevor die Namen im Volksmund Klang hatten. Warum ich Google nicht kaufte, als es an die Börse ging – frag mich nicht. Ich war überzeugt, dass sie super performen werden, und kaufte doch nicht.«

Ob Michi dem Rat von Markus folgt? »Investiere regelmäßig in solide Fonds. Bei einer Rendite von sechs Prozent bist du in dreißig Jahren mit tausend Euro im Monat Millionär. Zinseszinsen sei Dank.«

Kurzfristig wird beschlossen, über Brüssel zu fahren. Markus sagt: »Mit etwas Glück und Verstand erreichen wir Luxemburg, bevor die Scheibe abläuft.« Ein paar Windmühlen und Tulpenfelder später sind wir immerhin mal in Belgien. Keine Grenze, kein Zoll, nichts. Ich habe mich noch immer nicht ganz an das schrankenlose Binneneuropa gewöhnt. Windmühlen, Tulpenfelder und schwarz-weiß gefleckte Kühe gibt es hüben und drüben. Um halb vier heißt uns eine Tafel in Antwerpen willkommen. Doch unser Ziel ist es, diese Stadt zu vermeiden. Gemäß Leuchtschrift über der Autobahn ist Ring 1 »filefrij«. Oh, wir lieben das Wort. Weit rechts am Horizont überragen ein paar markante Silhouetten die Industriebauten. Das muss die Altstadt sein. Hier die Kathedrale, dort vielleicht das Rathaus. Immerhin mal eine der reichsten Handelsstädte Europas. Möglich, dass wir die Schelde überqueren. Ich weiß es nicht. Möglich auch, dass die Schelde ganz woanders fließt. Das Netz neuer Straßen hat das alte Netz der Flüsse bis zur Unerkennbarkeit überdeckt.

Hauptsache, ein paar Ausfahrten später sind wir bereits auf dem Ring um Brüssel. Nicht mehr ganz »filefrij«. Die Schlüsselstelle der Autobahn Richtung Mechelen, Namur und Luxemburg ist zehnspurig und flicht sich unter Überführungen und über Unterführungen durch. Doch Markus weiß genau, wann er wo von welcher in welche Spur wechseln muss, und navigiert sich souverän an den Kolonnen vorbei. Blinker raus, ausschwenken, und fertig ist die Spurwechslerei. Fast so unaufgeregt wie in Holland. Dabei hatte uns mein Vater immer gewarnt, wenn er rote Nummernschilder auf der Strecke entdeckte. Achtung, Belgier. Sie brauchten damals noch keinen Führerschein und waren automobilistisch als unzurechnungsfähig verschrien. Typisch Belgier. Wir genossen es, die Köpfe zu schütteln. Uns Schweizern tat es ohnehin niemand gleich. Damals…

Von Grenze zu Grenze in Belgien brauchen wir die Autobahn nicht zu verlassen. Aber die Scheibe zwingt uns zu Bodenkontakt. Nach viereinhalb Stunden auf dem Bock wird eine Pause verlangt. Füße vertreten, Kniebeugen, durchatmen und ein paar Klimmzüge an rostigen Reckstangen. Irgendwo vor oder nach Namur, diesseits oder jenseits der Maas, ich weiß es nicht mehr, es ist auch nicht wichtig, fahren wir zur nächsten Raststätte, die so öde ist wie jede andere auch. Markus liest »Metro«, ich höre auf das Knurren des Magens. Gegessen haben wir den ganzen Tag noch nicht wirklich, doch hinter dem Glas der Theken schwimmt alles im Fett, sodass wir uns mit Kaffee begnügen. Endlich ein Kaffee. Beim Tanken in Amsterdam haben wir uns das nicht leisten können. Zeitlich, meine ich.

An dem klebrigen Bartisch stehend, sage ich: »Wir machen heute vier Länder in einem Tag. Fast wie die Japaner in ihren Europaferien.«

»Wer sagte denn, wir seien in den Ferien?«

»Aber Arbeit, hast du gestern gesagt, sei Fahren auch nicht.«

»Hm.« Sei es auf die Intensität des Vergnügens, sei es auf die Leistung: Ein bisschen stolz auf die Summe seines Tagwerks scheint Markus doch. Er sagt: »Wenn ich morgens früh genug in Breda an der holländischen Grenze starte, schaffe ich bis in die Schweiz sogar fünf.«

Steigungen, Neigungen

Und nun die Ardennen. Ein schier vergessenes Stück Europa. Kaum Städte, kaum Dörfer. Ein blinder Fleck auf der europäischen Karte, wo nicht nur Markus seine Wildwestgefühle auslebt. Die Ardennen. Das ist dieses schiefrige Hochland im Süden Belgiens, zwischen Mosel und Maas, französisch Meuse. Außer Christbäumen und Steaks hat die Gegend der Welt nicht viel zu geben. Steinkohle noch. Unter uns lagern Millionen von Tonnen. Aber wer will noch Steinkohle haben. Die Ardennen sind eine dieser Leerstellen, in denen die europäischen Heere immer wieder unbemerkt auffahren und einander abschießen konnten, zu Hunderttausenden – im Deutsch-Französischen Krieg, im Ersten Weltkrieg und noch einmal im Zweiten.

Wo die Ardennen anfangen, hätten wir auf der Karte nicht einzeichnen können. Markus hat die A4 gewählt. Eine lange, schier unmerkliche Steigung hebt uns Richtung Südosten aus der Pancake-Ebene Flanderns heraus, ohne dass der Motor herunterschalten muss. Die Hügelzüge bauen sich allmählich höher auf, aber nie steiler, als dass die Autobahn sie nicht schnurgerade überwinden könnte. Der Blick schweift aus, das Herz geht auf über diesem Teppich aus Tönen von leuchtendem Grün dieses Hochlands zwischen Wiesen und Weiden, Wäldern und Heide.

Im Truck ists wieder wie einst mit dem Fahrrad. Man spürt jede Steigung und keucht sich der Abfahrt entgegen. Markus klopft wohlwollend aufs Armaturenbrett. »Tu beißen, es gibt bald wieder zu trinken.« Die sechs Zylinder, vierundzwanzig Ventile und der Turbolader geben ihr Bestes, um uns auf Trab zu halten. Ehrensache, dass uns jetzt keiner überholt. Die vierhundertsechzig

Pferde scheinen zu schwitzen unter den vierzig Tonnen, die sie bis zum Horizont himmelwärts ziehen, und kaum ist der Sattel erreicht, gehts hinunter mit hundert, damit wir die nächste Steigung schwungvoll angehen können. Ein Gefühl wie auf Kinderschaukeln. Die Schwerkraft scheint sich aufzuheben, um im Gegenschwung umso heftiger spürbar zu werden.

Markus sagt: »Ich könnte am Chip herumdoktern wie beim Passat. Aus den zwölf Litern Hubraum lassen sich gut und gern 600 PS herauskitzeln. Ein Kollege hat das gemacht. Er hat einen Schalter. Wenn er den kippt, macht sein Gefährt sogar unter Volllast einen Sprung, dass selbst Leerfahrzeuge das Nachsehen haben.«

Über diese Wellen der Ardennen, die mit erlahmender Kraft wie der Schwell eines alten, fernen Sturms im Ozean Wallonien, Luxemburg und Teile Frankreichs überziehen, lässt nicht nur Markus die Muskeln spielen. Wenn Elefanten irgendwo in Europa Rennpisten für ihr großes Wettpissen haben, dann hier, auf diesen einsamen Strecken.

»Hier werden die Karten neu gemischt«, sagt Markus und öffnet den Kühlschrank, um sich an einem gehörigen Schluck Allgäuer Bio-Milch 1,5 % Fett zu stärken. Bergauf müssen wir im Rückspiegel zur Kenntnis nehmen, dass die Leeren, die wir bergab mithilfe der Schwerkraft abgehängt haben, langsam, aber unaufhaltsam wieder aufschließen, um uns wenig später mit einem gespielt gleichgültigen Seitenblick hinter sich zu lassen. Schmerzliche Niederlagen. Mit manchen Kollegen wiederholt sich das Ritzeratze drei- und viermal, man sieht sich, sieht sich wieder, doch bevor die Rivalitäten zu Freundschaften gedeihen, verliert man sich zwischen Horizont und Horizont aus den Augen, aus dem Sinn.

»Warum frisierst nicht auch du deinen Chip?«, frage ich ein paar Notrufstellen später.

»Frisieren? Du sagst dazu frisieren? Bubenzeug! Du meinst wohl ›optimieren‹.«

Markus scheint kneifen zu wollen. Ich sage: »Um so richtig den König der Elefanten zu geben, wäre ja so eine, hm, Optimierung schon etwas wert – und auch faszinierend: dass ein so unscheinbares, zerbrechliches Plättchen einem tonnenschweren Stahlklotz Beine machen kann.«

»In der Schweiz geht das nicht.« Markus zögert, dann fügt er an: »Niemand wagt das bei uns, weil unvermeidbar ein Footprint zurückbleibt.«

»Und im Ausland?«

»In Deutschland ist der Eingriff für tausend Euro zu haben.«

»Und was verboten ist, macht uns gerade scharf«, ermuntere ich ihn, in seliger Erinnerung an meine wilden Sechzigerjahre.

Und prompt spielt Markus wieder Besonnenheit aus: »Muss man wirklich alles haben, was nicht erlaubt ist?«

»Hm«, sage ich und denke an den Chip im Passat. Da sind wir schon auf dem höchsten Punkt mit Traumblick bis in den Garten Eden und noch etwas weiter. Augenblick, verweile doch, aber wir schaffen es ohne Anhalten. Ein Blick hinaus in die Schönheit der Welt reicht, uns für den Rest des Tages mit Glück zu versorgen. Fahren, fahren, vorwärtsschauen und kein Zurück. Also ziehen wir auf dem Bleifuß weiter, in diesem Lebensgefühl, diesem Seelen-, Gemüts- und Bewusstseinszustand, in dem alles in Unschärfe verschwimmt, was sich jenseits der Leitplanken abspielt. Mittelstreifen fressen und am Rand des Pannenstreifens entlangtänzeln. Zentimetergenau. Kurven streicheln, Kilometer zählen, in die Zukunft blicken und den Augenblick feiern. Die Welt der Fahrenden spinnt sich als dünner Faden fast unendlich lang über Tage und Nächte, um hie und da an Tankstellen Knoten zu bilden.

Windhaff

In Luxemburg, das sich nahtlos an Belgien anschließt, gibt es an den Raststätten von Capellen und Berchem zwei große Trucker-Tankstellen. Berchem hat mehr Umsatz als jede andere Tankstelle Europas. Zwanzig Tanksäulen füllen von beiden Seiten hundertfünfzig Liter pro Minute in beide Tanks von zehn Trucks gleichzeitig ein. Luxemburg, die Dieseloase, das Traumziel des Trucker-Tanktourismus zum Billigeinkauf des Stoffs, der Europas Wirtschaftspuls schlagen lässt. Luxemburg profitiert von den unterschiedlichen EU-Steuern. Sie reichen von 28 Cent pro Liter in Luxemburg und einigen Ländern in Osteuropa bis zu 47 Cent in Deutschland und 69 Cent in Großbritannien. Die Gelegenheit lässt sich kaum ein Trucker entgehen. Auch wir sind dafür gerne etwas länger und weiter gefahren. Wo sonst gibt es einen Liter Diesel für 93 Cent? Nur Bulgarien, Litauen, Polen, Tschechien und Portugal können mithalten. Aber wer fährt schon soo weit, bloß um Diesel zu tanken. Oder gar nach Ägypten, wo man mit 13 Cent pro Liter noch günstiger fährt.

Wir jedenfalls sparen uns Ägypten, aber auch Berchem und Capellen. Markus folgt einem bewährten Geheimtipp: Nicht ganz legal, weil Transit-Trucks auf den Luxemburger Landstraßen Fahrverbot haben. An einer dritten Luxemburger Tankstelle, nur wenige hundert Meter von der Autobahnausfahrt Windhaff entfernt, liegt einer jener Übernachtungsplätze mit Ferienqualität. Ruhig, weil nicht an der Autobahn – und wenn das Wetter mitspielt, mit Ausblick auf die letzten Wallungen der Ardennen und hinaus ins Grün, das sich im Westen und Süden ins Unendliche hinzieht.

Zehn Minuten nach sieben, noch bevor die Sonne in diffusem, schmutzigem Rot über einem frisch abgeernteten Stoppelfeld verglüht, erreichen wir das Ziel – und sind nicht die Ersten und nicht die Einzigen. Sattelzüge, wohin man blickt.

Wir haben siebenhundertzwei Kilometer hinter uns, dreizehn Stunden und zehn Minuten Arbeitszeit und vier Länder seit heute Morgen in Aachen... ach, wie weit das zurückliegt, eine Weltreise fast. Wie oft sind wir ausgestiegen? Einmal zum Reinigen, einmal zum Tanken, einmal zum Laden und einmal zur Pause. Viermal. Zähle ich richtig?

»Kann sein«, sagt Markus und rechnet auf seine Weise weiter: »Das macht bei neun Stunden Ruhezeit... vier Uhr zehn.«

Ich zögere: »Um zehn nach vier morgen früh starten wir dann schon wieder?!«

»Willst du etwa hier Wurzeln schlagen?«

»Wo denkst du hin, wir verschenken nichts«, sage ich betont überzeugt und sehe, wie Markus die Gesichtsmuskeln spannt: »Jawohl, morgen bis Broc bei Gruyère ist es weit.«

Also bleibt das Fahrrad auch heute, an diesem lauen Herbstabend, am Haken. Aber die Gelegenheit, etwas Warmes zu essen, packen wir beim Schopf. Die Kneipe gegenüber ist unter Truckern bekannt für ihre Pizzas, üppiger als die Räder eines US-Trucks.

»Hey, Fritz, hey, Moni. Ihr da?«

Die Pläne von Disponenten sind unergründlich, und die Erdscheibe ist kaum größer als eine Pizza. Vorhin gerade haben wir von den beiden gesprochen.

Markus hat erwähnt, dass mit Fritz gelegentlich Moni mitfährt und dass auch sie die Lizenz hat, sich ans Steuer zu setzen. Und jetzt, da sie so zufrieden mit dem Rücken zur Wand nebeneinandersitzen, Pizza mampfen und dem Geschehen in der Kneipe zuschauen, verstehe ich, was Markus gemeint hat. Was gibt es Verbindenderes, als zu zweit in der kleinen Kabine einer dieser seltsamen Vierzigtonnenwohnwagen durch Europa zu rollen und sich in einer einfachen Kneipe an einer währschaften Mahlzeit zu laben.

»Markus!«, rufen Fritz und Moni im Chor und springen vom Stuhl: »Du fährst noch?«

»Ja, warum nicht?«

»Hast du dein ›Projekt Trucker‹ nicht auf vier Jahre begrenzt?«, sagt Moni, und Fritz doppelt nach: »Und jetzt ist schon das fünfte!«

»Ihr meint, meine Scheibe sei abgelaufen? Mein Lebens-Fahrtenschreiber verbiete mir die Weiterfahrt? Jetzt fange ich erst richtig an.«

Fritz und Moni schütteln den Kopf. Zu mir gewandt, sagt Fritz: »Weißt du, wie ich Markus kennen lernte?«

»Nein, erzähl.«

»Ich erhielt von meinem Disponenten eine Handy-Nummer mit dem Hinweis, einmal anzurufen. Es sei einer, der sich für einen Job als Unternehmer im internationalen Transport interessiere. Ich rief Markus vom Auto aus an. Er meinte, ich solle mich melden, wenn ich mal zu Hause sei. Wenn er dann nicht abnehme, sei er gerade in einer Operation. – Beim Operieren? Ich wunderte mich und hoffte für ihn, dass alles gut ging ...«

»Das hoffte ich jedes Mal«, grinst Markus zufrieden dazwischen.

»Wir trafen uns dann im Zürcher Restaurant Schlachthof. Ausgerechnet. Du fragtest mich, was ich von deiner Trucker-Idee halte. Moni war auch dabei.«

Markus lacht: »Eure Antwort wurde zum geflügelten Wort bei Katharina und mir.«

Auch Moni lacht. Sie kann sich noch gut erinnern: »Wir sagten, wir verstehen das nicht: Jetzt bist du ein Halbgott in Weiß. Nachher wirst du das Arschloch der Landstraße.«

Was gibt es darauf zu sagen? Während wir schweigen, tänzelt eine sehr junge, feenhafte Frau in pastelligen, wallenden Kleidern durch die Reihen und verteilt bunte Püppchen von Harlekins und Weißclowns auf die Tische. Das Spiel ist vor Jahrzehnten in Szenerestaurants en vogue gewesen. Bevor sie weitertänzelt, schaut sie jeden Gast verführerisch und doch wie abwesend an und reicht einen Handzettel, auf dem steht, dass sie taubstumm ist. Markus und ich bestellen Pizza, jeder eine, obwohl eine einzige für uns alle vier gereicht hätte. Sie hängt auf allen Seiten über den Tellerrand hinaus, so wie wohl auch die Erdscheibe am Rand, dort, wo die Schiffe abstürzen, ein bisschen abschüssig ist. Bald sind wir beim zweiten Bier, und Fritz kommt so richtig in Fahrt: »Wir haben dich gewarnt, Markus. Wir haben dir gesagt, es sei wie Rauchen, wie Alkohol, es sei eine Sucht, man beginne aus einer Dummheit, aus einem Augenblick heraus und kommt nicht mehr weg. Und wir wunderten uns. Chauffeur wird man nicht aus Berufung, das wählt man ja nicht. Man schlittert rein und kommt nicht mehr raus.«

Markus widmet sich ganz seiner Pizza. Der Mozzarella zieht Fäden. Fritz sitzt vor dem leeren Teller, wischt sich den Mund und gabelt den Gedanken wieder auf: »Mein Traum war Autospengler. Aber mein Vater war Bauer und sagte: ›Du wirst Bauer und erbst einen Hof. Dafür brauchst du nichts zu lernen, was du nicht schon kannst.‹ Misten und Melken, das konnte ich wohl, aber wollte ich das?«

Markus wirft dazwischen: »Herzchirurgie… wollte ich das?«

»Jedenfalls saß ich mit zweiundzwanzig im ersten Lastwagen«, fährt Fritz fort. »Kurz darauf wurde ich Ehemann und Vater. In dieser Reihenfolge, wie es sich gehört... Noch zwei, drei, Jahre, sagte ich mir, dann höre ich auf. Dreißig Jahre ist das her – und ich sitze immer noch drin.«

Habe ich den Satz nicht schon von Walo gehört? Während der Kellner die leeren Teller von Fritz und Moni abträgt, sagt Moni: »Du beklagst dich? Willst du wieder mal schimpfen? Alle Chauffeure schimpfen. Wie alle Süchtigen brauchst auch du das. Aber wieso eigentlich? Im Grunde ist es wie mit dem Kaffee in den verschiedenen Kantinen. Mal schmeckt er gut, mal weniger gut. Es kommt, wie es kommt. Günstige Fahrt, ungünstige Fahrt, Stau oder kein Stau. Man muss einfach durch, und bis Ende des Jahres pendeln sich Plus und Minus zu einem alljährlich ähnlichen Stand der Unzufriedenheit ein.«

Fritz schaut sich vergnügt um: »Habe ich mich beklagt? Das ist mein sechstes Auto jetzt. Immer nach rund einer Million Kilometern gibt es ein neues. Ein paar Jahre lang fuhr ich Chemie. Dann putzte ich den Tank durch und durch und stellte auf Lebensmittel um. Fette und Öle, und dieses und jenes. Himbeeren aus Jugoslawien waren etwas Spezielles. Durch Italien zur Fähre nach Dubrovnik und dann laden, irgendwo auf den Feldern. Den ganzen Tank voll, für Aromen in amerikanischer Icecream. Im ersten Jugoslawienkrieg standen Soldaten mit Maschinengewehren beidseits der Straße. Wir kamen vor einem Nagelteppich zum Stehen und fühlten uns etwas unbehaglich. Die Typen wühlten sich durch die Kabine. Wir waren zu zweit. Mein Kollege hatte ein paar Pornohefte dabei. Das war das, was sie suchten. Die Hefte dienten uns als Passepartout, Stück für Stück, wo immer uns Soldaten aufhielten.

Es gibt ja schon seltsame Fuhren. Aus Paris letzte Woche holte ich zwölf Tonnen Parfüm, made in Germany. Ein Kollege hatte sie aus Deutschland zum Flughafen Orly gebracht und lud sie direkt auf meine Brücke um. Die Container waren nach Singapur adressiert. Ich fuhr sie in die Schweiz. Wozu dieser Umweg, ins Zollfreilager von Embrach? Dort wurden neue Papiere geschrieben. Dann schaute ich zu, wie ein Kollege sie für den Hafen in Rotterdam lud. Warum nicht gleich von Deutschland nach Rotterdam? Eine Versandpanne konnte das nicht sein. Etwas Ähnliches hatte ich schon einmal erlebt. Bloß dass ich damals in Embrach die gleichen Container wieder auf meinen eigenen Auflieger lud und damit selber nach Rotterdam fuhr. Ich sagte dem Zöllner in Embrach: ›Wir Chauffeure gelten als Sündenböcke für alles. Als Umweltverpester und Mineralölverschwender – doch es sind andere, die uns für trübe Gewinne krumme Touren einbrocken.‹ Der Zöllner winkte müde ab: ›Du brauchst dir keine Sorgen zu machen. Da haben wir schon viel krummere Dinge gesehen.‹«

Ich fühle mich überfordert von meiner Pizza, die wunderbar schmeckt, aber in ihrer Größe für Fernfahrer und nicht für Beisitzer gebacken ist. Fritz fährt fort: »Manchmal ist es mir schon nicht mehr ganz wohl bei meinem Beruf. Man sieht da so einiges. Als ich noch Lebensmittel fuhr, war es das Ding mit dem Zucker. Bei Export in ein Nicht-EU-Land wird er von der EU subventioniert. Also holen wir ihn in die Schweiz, um ihn zu verflüssigen und mit Fruchtaroma zu versetzen. Eine ganze Reihe Schweizer Lebensmittelfabriken machen das – und reexportieren das ›Halbfabrikat‹ wieder in die EU. Nach Italien, Belgien … In mindestens ein halbes Dutzend Länder habe ich Fruchtzuckerkonzentrat exportiert. Wie oft ich zu Wild nach Eppelheim fuhr, kann ich gar nicht mehr zählen. Wolfgang macht das ja heute noch. Nicht dass es verboten wäre, aber etwas unlauter scheint es mir doch.

Ein Freund von mir holte regelmäßig Fleisch aus dem Osten Deutschlands. Schweinebäuche, Rinderseiten. Er führte sie in langem Reigen von Land zu Land. In jedem Land war ein ›Zwischenhändler‹, der von jedem Stück den EU-Stempel des ›Herkunftslandes‹ wegschnitt und einen neuen Stempel aufdrückte. Das ging so lange von Händler zu Händler, bis die ganze Fracht als Gammelfleisch im Abfallcontainer endete. Das heißt, mit Zollschummeleien war mehr Geld zu machen als mit der Ware. Gut, das ist jetzt zehn Jahre her und wurde seither unterbunden. Aber wetten, mit jedem neuen Gesetz, jeder neuen Vorschrift eröffnen sich neue Wege, um sie zu umfahren. Diese Schiebereien gehören zu unserer Branche. Aber die Vorwürfe treffen die Händler, nicht uns. Wir wollen das nicht. Wir transportieren, was sie uns vermitteln, und verdienen damit unser Brot.

Natürlich war der Verdienst einmal besser. Ziemlich viel besser sogar. Vor ein paar Jahren fuhren wir meistens leer nach Holland. Und wir fuhren gut. Heute haben wir immer in beiden Richtungen geladen. Und fahren nicht mehr gut.

Aber fahren tust du nicht nur fürs Geld. Mit einer Fernfahrt ist noch immer nichts zu vergleichen. Immer die Träume von der Ferne. Letzte Woche war ich zweimal in Paris, eine Woche davor in Madrid. Volle zwei Tage waren mir dafür gegeben. Über Dôle, Bordeaux, San Sebastián und Pamplona schafft man das locker mit sauberer Scheibe. Soeben, heute Morgen vom Amsterdamer Flughafen aus, fuhren zwei Kollegen nach Kiew. Die habe ich ein bisschen beneidet. Nach dreißig Jahren: Warum nicht ich? Kiew. Tausende von Kilometern durch Tschechien, Ungarn und die Ukraine bis zum Dnjepr …«

Moni weiß genau, wovon Fritz spricht: »Wie die Seeleute. Wenn du zu Hause bist, zieht es dich fort, und wenn du fort bist, zieht es dich wieder nach Hause.«

Fritz lässt sich nicht unterbrechen: »Wir fuhren nach Warschau, nach Prag, nach Budapest, als die Welt im Osten noch verschlossen hinter dem Eisernen Vorhang lag. Viele waren damals noch in den Libanon und nach Saudi-Arabien unterwegs. Zweimal versuchte ich aufzuhören. Zweimal vergeblich. Das erste Mal ging ich auf den Bau. Aber jeden Tag am gleichen Ort aufstehen, am gleichen Ort Feierabend. Das hielt ich nicht lange aus. Ein zweites Mal versuchte ich mich im Tunnelbau.«

Markus arbeitet an seiner Pizza. Aber er lässt sich kein Wort entgehen. Er sagt: »Als der Job im Tunnel begann, kannten wir uns schon gut. Du warst todunglücklich, Fritz.«

»So war es nicht ganz. Das Schlimme war, dass ich nicht wirklich aufhörte: Ich fuhr ja auch im Tunnel. Zwanzig und mehr Mal am Tag steuerte ich den Betonfahrmischer hinein ins Loch und wieder hinaus. Neben mir rollte auf dem Förderband der weggebohrte Sandstein ins Freie, und jede Fahrt zur Bohrstelle war noch etwas länger als die davor. Anderthalb Jahre lang. Ich mochte meine Kollegen, doch auch ein Tunnel geht einmal zu Ende. Wenn ich heute durch den Islisberg Richtung Innerschweiz fahre, wirds mir jedes Mal warm ums Herz. Und doch sehne ich mich keine Sekunde zurück.

Wenn ich aufhören wollte, dann nur, um mehr mit Moni zu Hause und mit meinen Freunden zusammen zu sein. Wenn ich mir mit dem Stillsitzen bloß nicht so schwer täte …«

Moni lacht: »Wenn du bloß besser stillsitzen könntest!«

Auch Fritz lacht: »Ich weiß, du kannst das. Trotzdem stelle ich mir auch manchmal vor, in meinem Elternhaus alt zu werden. Im Alter möchte ich ein Herr sein. Ganz mein eigener Herr. Unabhängig von Pflichten. Wie mein Vater. Noch etwas Holz spalten, Pferde züchten, Kutsche fahren. Tiere halten lebendig. Den Schafen beim Grasen zuschauen, das möchte ich auch. Sich Zeit nehmen können, das ist das Schönste. Doch kann ich das je?«

Fritz und Moni sind ein Herz und eine Seele. Wenn Fritz Pause macht oder auf eine Antwort wartet, übernimmt Moni nahtlos: »In der Scheune des Elternhauses haben Fritz und ich ein Wohnmobil stehen. Wir kauften es, als einem unserer besten Freunde von einem Tag auf den andern das Herz stillstand. Das könnte uns genauso passieren, sagten wir uns, und: Wir leben jetzt. Das Wohnmobil ist unser gemeinsamer Traum: Über Ostern dieses Jahr gehts an die ligurische Küste damit. Letzten Sommer besuchten wir einen slowenischen Freund, einen Trucker natürlich, in der Gegend von Ljubljana. Sobald wir uns das leisten können, steigen wir ganz aufs Wohnmobil um. Das Nordkap lockt. Und wer weiß, vielleicht schaffen wir es einmal nach Kiew.«

Aufs Stichwort Wohnmobil hat Markus sich diskret aus dem Staub gemacht. Fritz greift in die Vorvergangenheit zurück: »Bevor wir den Wohnwagen hatten, setzten wir die Zugmaschine als Wohnmobil ein. Moni machte die Prüfung; sie darf fahren wie ich. Wir fuhren schon manche Touren zusammen: nach Amsterdam, Rotterdam, Hamburg. An den Wochenenden zogen wir den Zapfen raus, ließen den Auflieger stehen und fuhren ans Meer, legten uns an den Strand und ließen uns das Hirn durchblasen vom Wind, der dort immer weht. Einfach so.«

Unsere Pizzas liegen zur Hälfte unbewältigt unter Papierservietten, und die junge Frau in ihren zart wallenden Kleidern tänzelt wieder von Tisch zu Tisch. Sie zieht die Figürchen, die niemand kauft, wieder ein. Danach leert sich das Lokal ziemlich schnell. Markus ist nicht der Einzige, der für morgen früh Großes geplant hat. Unterdessen ist er zurück und schlägt die Beine übereinander: »Alle reden immer vom Aufhören. Warum eigentlich?«

Fritz sagt: »Das hält man ja nicht bis fünfundsechzig durch. Wovon träumst du, wenn du dich satt gefahren hast?«

»Wovon soll ich träumen? Ich bin jetzt zweiundsechzig und fange erst richtig an.«

Die kurze Pause, die jetzt entsteht, ist die Gelegenheit für den Mann am Nebentisch, der bisher nichts gesagt hat, den niemand kennt und den wir vielleicht auch nie wiedersehen werden. Er wirkt etwas fahrig und lehnt sich in einer Aufmerksamkeit heischenden Bewegung weit vor: »Kennt jemand Geißlingen?«, fragt er und stellt sich als Fred vor. Aber niemand von uns kennt Geißlingen, dieses scheinbar so harmlose, winzige Nest, das auch Geislingen, Gaislingen oder Gaißlingen oder Geisingen heißen könnte, weil Fred nicht mehr sehr deutlich spricht. Er sagt, dieses Geißlingen liege in Baden-Württemberg, haargenau zwischen zwei Hügeln und sei als die Stadt der tausend Ampeln berüchtigt: »Ehrlich, so viele Ampeln habt ihr noch nie auf einem Haufen gesehen.« Fred weiß es genau, in Geißlingen ist er geboren, Geißlingen ist seine Geißel: »Zuschütten sollte man dieses Nest, bis nur noch der Kirchturm rausschaut. Drumherum bauen wir einen Kiosk mit sehr vielen Trucker-Parkplätzen. Eine Pizzeria, nicht anders als hier. Für alle, die es satt sind, vor Ampeln zu stehen.« Fred muss das einfach loswerden, um sich aus der Enge seiner Kabine, seiner Geißlinger Kindheit, seiner Ehe oder sonst was zu befreien, und hier, die Pizzeria, ist dafür jetzt der richtige Ort.

»Was hast du gegen Ampeln? Fährst du lieber um Kreisel herum?«, fragt Fritz, um ein neues Reizwort in die Runde zu werfen. Schweigen. »Achtundsiebzig Kreisel sind es von Broc bis Beauvais. Nur so als Beispiel.« Nachhaltiges Ausrufezeichen. Fritz hat sie alle gezählt und zur Kontrolle noch zweimal nachgezählt: »Allein in Bulle sind es zwölf.« Bulle. Noch so ein Meilenstein für jeden Akteur in diesem Nonstop-Roadmovie, in dem jeder am Tisch als Held des Alltags eine Hauptrolle spielt.

Mittwoch

Luxemburg – Gruyère

Um vier Uhr morgens ist es noch stockdunkel in den engen Gassen zwischen den schlafenden Sattelzügen auf dem Parkplatz von Windhaff. Nichts zu hören als hier und dort die Motoren und Gebläse der Kühlaggregate in den Lebensmitteltransportern. Fast alle, die gestern vor uns angekommen sind, ruhen noch in Frieden. Allein im Waschraum der Tankstelle dampft schon Dusch-Gel und duftet Rasierwasser. Während die Tankwarte die Fliesen mit Ammoniak aufziehen, schlürfen Schatten im fahlen Neonlicht der Bar Automatenkaffee. Markus sagt ausdrücklich, dass er nicht ungern schlafe. Aber das Aber lässt nicht lang auf sich warten: »Wenn ich fahren kann, fahre ich.«

»Und wenn uns die Polizei an der Autobahneinfahrt von der Landstraße schnappt?«

Markus, der sich gerade fliegend rasiert, lässt sich nicht beirren: »Dann bezahlen wir die hundert Euro, fahren postwendend zur Tankstelle zurück und erhalten den Betrag sofort und fraglos zurückerstattet. Die Tankstelle hätschelt ihre Kunden. Sie lebt von den tankenden Truckern. Die Polizei weiß das, will dem Staat das Geschäft mit den Treibstoffzöllen nicht vermiesen und kontrolliert nicht allzu oft.«

Wenn man so früh aufsteht, will und will es nicht tagen. Überdies werden die Nächte im September länger und kühler. Es ist dunkel in Metz und bleibt noch dunkel bis Nancy, der Mosel entlang, die sich hie und da schwarz-silbern glänzend im Licht von Straßenlampen durch Wiesen und Gebüsche schlängelt, um sich wieder in Nebelbänken zu verkriechen.

Markus sagt: »Nachts gehört die Straße dir allein. Ganz allein. Dir und ein paar anderen, leidenschaftlich besessenen Seelen.«

Er überlegt eine leichte Linkskurve lang. Als die Heckleuchten des Autos vor uns um die Leitplanken verschwunden sind, sagt er: »Ich bekäme Anfälle, wenn sie mir das Ticket wegnähmen wegen irgendeiner Dummheit.« »Seich«, hat er gesagt, auf gut Schweizerdeutsch.

»Oft war ich schon vor Morgengrauen im Spital und verließ es erst spät nach Einnachten wieder. Tag für Tag sah ich um mich herum für manche Stunde nur die Kacheln des Operationssaals. Die Vergrößerungsbrille verengte das Gesichtsfeld auf ein paar Quadratzentimeter. Alle Sinne fokussierten auf einen stillgelegten Muskel in einer offenen Brust. Und dann zum ersten Mal im eigenen Auto ganz allein fort von zu Hause. Fahren, fahren, fahren. Es war eine Befreiung. Es war das Jahr 2003, das Jahr des heißen Sommers mit seinen fast schon langweilig sonnendurchglühten Tagen. Ich fühlte mich frei, die Welt stand mir offen wie einst im Mai. Heute in Amsterdam in einer chinesischen oder indonesischen Kneipe Fried Rice, morgen Schwartenmagen und Bier im Bahnhofbuffet Olten und übermorgen in Frankreich Schnitzel Pommes frites an einem Tisch mit Chauffeuren aus aller Herren Länder Europas. Die Freiheit lasse ich mir nicht nehmen.«

Bei Remiremont zeigt ein Wegweiser rechts hinauf nach Demoiselle, wo das Restaurant Routier lag – das mit der echten Demoiselle, der Mutter aller Trucker, die Erfüllung aller Truckersehnsüchte, mitsamt einem Viergangmenü, einem Glas Wein und Mineralwasser à discrétion, wo kein echter Routier nicht hängen bleibt. Wir drehen bloß beide schweigend den Kopf hin und fahren weiter. Gedankenverloren. So früh am Morgen haben wir noch Handfesteres vor als die Erfüllung der Sehnsüchte bei einer Demoiselle.

SWR 3 spült uns Hurrikane, Grenzwerte, Höchstwerte und einen Busunfall in Südindien ins Ohr. Der Mörder des Mädchens in Königswinter wird immer noch gesucht, jeder Hinweis aus der Bevölkerung sorgfältig geprüft, und weiter streben wir über die Vogesen südwärts. Sind diese Hügel die Vogesen? Egal. Shakespeare glaubte Böhmen am Meer und schrieb trotzdem unsterbliche Dramen. Hauptsache, wir spüren den Hauch des Südens auf der Haut. Wiesen und Wälder wie einst, so weit das Auge reicht. Über vier Stunden sind wir schon unterwegs. Fast allein. Von den Hauswänden hören wir das Echo des eigenen Motors, und aus den Nebelbänken am Flussufer ragen die Spitzen der Bäume, frühmorgens im Herbst. Im milchigen Dämmerlicht schweben wir über sanfte Hügel, dem Sonnenaufgang entgegen.

Plädoyer

Sieben Kilometer nach Vesoul schwenken wir aus zur Zwangspause auf den fußballfeldgroßen Schotterparkplatz vor einem kleinen Restaurant Routier in einem Nest namens Quenoche, hüpfen um die Wasserlachen vom Regen, der in der Nacht den Himmel sauber geputzt hat, und vertreten uns die Füße bei einem Grand Café.

Wir kauen Croissants, um nicht reden zu müssen, genau wie die anderen Männer, die hier Ellbogen an Ellbogen stehen. Was gibt es zu sagen? Wir sind Routiers. Trucker. Fernfahrer. Camionisti. Chauffeure. Sie, und wir beide auch, unterwegs über Vesoul und Quenoche Richtung Süden, oder umgekehrt. Pause ist Pause, und Warten ist Warten.

Die Camions, die an uns vorbeidonnern, weil sie noch keine viereinhalb Stunden auf dem Gewissen haben, bringen die Scheiben der kleinen Kaffeebar zum Zittern. Wozu denn anhalten? Was ist schon Quenoche, außer dieser Bar und außer der jungen Frau, die uns bedient. Ein paar Osteuropäer wirbeln mit großen Händen und stechenden Blicken an einem Pinball-Kasten herum. Wir sagen »Encore un grand café, s'il vous plaît« und nehmen die Croissants wortlos aus dem Körbchen.

Zurück auf dem Parkplatz, ermahnt mich Markus, den Dreck und die Steinchen an den Sohlen gut abzuwischen, um den Teppich in der Kabine nicht zu beschmutzen. Vierzig Tonnen bringen wir auf die Straße. In der Kabine wiegt jedes Brösmeli schwer. Markus wischt sie mit einer Kleiderbürste aus den Ritzen von den Sitzen, von den Teppichen, vom Fußboden, hinaus ins Freie. Die halbe Million Kilometer sind spurlos an diesem Fahrzeug vorbeigegangen. Der Wohnwagen eines Rentnerpärchens hätte nicht sauberer sein können.

Auf dem Schlick in den Pfützen des Schotterparkplatzes drehen die Räder bei der Wende butterweich zurück auf die Straße. Unterdessen ist die Sonne hoch genug gestiegen, um ihre Strahlen links durchs offene Fenster herein- und gleichsam im Transit rechts wieder hinauszusenden. Wenn ich an Markus vorbei ins Freie schaue, leuchtet das Gras wie Neon.

Markus hängt andern Gedanken nach. Je länger wir zusammen

fahren, desto stärker wird mir bewusst, wie verschieden wir die Dinge wahrnehmen. Wir fahren in der gleichen Kabine, doch auf verschiedenen Stühlen. Markus macht Meilen und kuppelt Schläuche. Ich genieße die Muße, in die Wolken zu gucken und mir vielleicht etwas dabei zu denken. Kräutertee oder Sonnenblumenöl, was geht es mich an. Für mich ist Unterwegssein ein Zustand, der sich seine eigene Gegenwart schafft; für Markus ist es stets ein Transit: ein flüchtiger Augenblick auf ein Ziel hin. Trotzdem verbindet uns die Zeit zu einer Art Einheit – zu einer Fahrgemeinschaft mit beschränkter Haftung vielleicht, und vielleicht zu mehr. Wir fahren gut miteinander.

Unvermittelt fängt Markus zu reden an. »Siehst du, hier in Frankreich kannst du fast überall problemlos parken. Bei uns in der Schweiz suchst du oft vergeblich nach einem Parkplatz, und die, welche es noch gibt, verschwinden Stück für Stück. Sie werden einfach gestrichen. Mit was für einer Begründung? Wir bezahlen anderthalb Milliarden Franken LSVA im Jahr. Und was fällt für uns davon ab? Nichts. Warum nimmt man uns dazu auch noch die Parkplätze weg? Womit haben wir auch noch diese Schikane verdient?«

Um uns herum ist ein Prachttag erwacht. Der Himmel ist stahlblau, und das Magmarot des Mercedes Actros hebt sich in perfekter Komplementärfarbe gegen das Wiesengrün beidseits der Straße ab. Markus kommt richtig in Fahrt.

»Wir fordern keine VIP-Lounge für uns. Aber ein Minimum an Wertschätzung würden wir herzlich verdanken. Bei uns in der Schweiz, aber auch in Deutschland. Nimm Rudolf Wild in Eppelheim, wo Wolfgang jeden Tag hinfährt. Das große, hochmoderne Werk, das ›Capri-Sonne‹ herstellt. ›We create great taste‹. Aber große Sympathie hat Wild bei uns Fahrern nicht. Innerhalb des

Zauns stehen fast uferlos Parkplätze bereit. Aber übernachten dürfen wir dort nicht. Egal, wie weit her wir zum Abladen gekommen sind. Es könnte ja der eine oder andere von uns seinen Kaffeesatz auf den Asphalt klopfen oder morgens um vier unter den Auflieger pinkeln. Aber wir sind nicht so. Die meisten von uns wissen, dass man die Schuhe nicht an den Vorhängen sauber wischt. Und man könnte uns ja auch Waschräume und Toiletten bereitstellen.

Man lässt seine Leute nicht vor der Türe stehen wie Zigeuner, die man nur benutzt, um sich den Kessel flicken zu lassen. Bloß weil wir am Berg eine Kriechspur brauchen, brauchen wir noch keine Buße zu tun. Deswegen sind wir noch keine Menschen zweiter Klasse.

Und überhaupt: Warum schikaniert man uns so? Vor allem in der Schweiz. Unser Land sitzt wie ein Kreisel in Europa. Ein fragwürdiges Kunstwerk, das man mit Vorteil umfährt. Schon der Zoll in Weil am Rhein ist ein Skandal. Demütigend für alle Angehörigen eines ehrenhaften, wichtigen Berufs. Und eine Schande für unser Land. Warum ist für uns Trucker die Grenze von Nord nach Süd erst von sieben Uhr morgens an geöffnet, und warum macht sie schon abends um halb sechs wieder dicht? Täglich frühmorgens vor der Öffnung stauen sich die Wagen auf der Autobahn in zwei Kolonnen zwei bis sieben und mehr Kilometer. Das ist Obstruktion, das ist die staatliche Verhinderung unserer lebensnotwendigen, staatserhaltenden Tätigkeit. Manche stellen sich schon am Vorabend an, um morgens früher wieder ihre Pflicht erfüllen zu können. Als ob wir nicht eine angenehmere Nacht verdient hätten. Es gibt kein Restaurant, keinen Kiosk, nicht einmal Waschanlagen oder Toiletten, und wenn wir am Straßenrand tun, was wir nicht lassen können, gelten wir als Schweine – doch der Staat macht uns dazu. Und zu Tätern obendrein. Er lässt uns keine andere Wahl.

Unfälle sind nicht zu vermeiden. Bei Nebel und Regen sind wir von hinten schlecht auszumachen. Jahr für Jahr machen tödliche Auffahrunfälle Schlagzeilen, aber verändern können Schlagzeilen nichts. Oft warten die letzten der Ausgestellten bis zehn Uhr morgens auf ihre Abfertigung. Und das ist erst der Anfang. Eine Fahrt durch die Schweiz gleicht einem ›Eile mit Weile‹ über Schikanen.

In Chiasso der gleiche Skandal. Kolonnen von unabsehbarer Länge erwarten uns, jedes Mal, wenn wir aus dem Süden heimkommen. Dann dieser dunkle, schmutzige Zollhof, für den sich selbst ein Entwicklungsland schämen würde. Auch hier keine Toiletten, nichts, das uns den Aufenthalt angenehm macht. Was denken die ausländischen Fahrer, wenn unsere Schweiz sie wie Abschaum deponiert. Stundenlang, nächtelang. Warum dauert alles so lange? Wegen Abfertigungsproblemen, heißt es. Aber ist Abfertigung nicht ihr ureigener Job? Wenn Abfertigung ein Problem für sie ist, fehlt es an Kompetenz. An der Grenze in Chiasso kürzlich bin ich ausgerastet. Jawohl, das kann ich, wenn es sein muss. In gutem Italienisch. Von meinen vielen italienischen Patienten. Mitsamt den Kraftausdrücken. Ich sagte: Sie sind ein Dienstleistungsbetrieb, aber was tun Sie? Sie stehen sich selber im Weg. Arrogant und dumm und frech. Ich ließ nicht locker, bis sich der Leiter der Zollstelle persönlich entschuldigen kam. Und wenn die Lösung Kosten verursacht, noch einmal: Wofür dienen denn unsere 1,5 Milliarden LSVA?«

Später verströmt der Altweibersommer seine milde Wärme, ziehen die Düfte von Schweinen, Kühen und Heu durch die offenen Kabinenfenster, an Baustellen sticht der beißende Geruch von Teer in die Nase, und um die Kreisel herum wimmern die gequälten Reifen ihr Leid von der Sinnlosigkeit so mancher Kurve im Leben. Markus bleibt beim Thema: »Sind Zollschranken in Europa nicht ein Anachronismus geworden, schön für das Bühnenbild im dritten Akt von ›La Bohème‹, aber unwürdig für jede mobile, freie Gesellschaft? Wenn der Zoll die einzige Katastrophe wäre. Ist man endlich durchgewinkt, beginnen die Alpenschikanen. Mit geschwellter Brust und breiten Hüften verfügt die Urner Kantonspolizei die Phase Rot. Der größte Teil des Schweizer Transitverkehrs fließt durch den Gotthard-Straßentunnel, aber was tut der Schweizer Bundesrat? Unter dem Deckmäntelchen der Sicherheit lässt er einen mit seiner Bieridee des sogenannten Dosiersystems immer wieder hängen, um diesen wichtigsten Transit zu behindern. Zum ersten Mal bereits vor Luzern. Drei bis vier Stunden Fahrzeit gehen da auf einem Ausstellplatz sinnlos verloren, bis einen ein gnädiger Securitas-Mann weiterwinkt – bis zur nächsten Dosierstelle in Buochs und zur übernächsten an der Raststätte Altdorf. Je nach Lust und Laune der Beamten darf man vor der Tunneleinfahrt noch einmal warten. So verschleppt sich die Fahrt, sodass die Bahn mit ihrer Durchschnittsgeschwindigkeit von 16 km/h das Ziel schließlich fast noch vor uns erreichen könnte. Da, schau, die ›NZZ am Sonntag‹.«

Die Augen weiterhin auf das Asphaltband gerichtet, das sich durch die Wiesen windet, greift Markus mit der linken Hand in die Kartentasche in der Tür und zieht mit einem Bündel Zeitungen auch ein ziemlich vergilbtes Blatt hervor. »Da, lies mal. Das ist von Harry Kuipers, einem der größeren Transporteure der Niederlande im Nord-Süd-Verkehr. Rund dreitausendmal pro Jahr durchquert er die Schweiz, rund vierhunderttausend Euro stopft er der Schweiz jedes Jahr an LSVA in die Tasche. Hie und da, wenn der Stau am Gotthard überhandnimmt, schickt er seine Fahrzeuge im Huckepack von Duisburg nach Novara oder von Basel ins Tessin. Und was sagt Harry Kuipers über unser Land? ›Die Schweiz ist das größte Hindernis auf dem Weg nach Italien.‹

Kuipers und ich sind uns einig. Bei freier Fahrt auf der Autobahn durchquert ein Sattelzug die Schweiz von Grenze zu Grenze innert vier Stunden. An anderen Tagen kommt man morgens um acht von Basel weg und ist abends um fünf noch immer nicht in Chiasso. Man muss hier warten, dort anhalten, und schließlich brennt am Gotthard das rote Licht. Das zehrt an den Nerven, vergrault die Kunden und kostet uns Geld.

Trotzdem ist auch für Kuipers die Bahn keine Alternative. Weil sie schlicht zu lange braucht und weil die Ankunftszeit einiges ungewisser ist als auf der Straße. Bereits die Abfahrt kann den Fahrplan ruinieren. Wer eine Viertelstunde zu spät an die Ladestation kommt, kann lange auf den nächsten Zug warten. Oft mehrere Stunden. Ob die Bahnhöfe nicht ebenso überfüllt sind wie die Straßen und die Bahnstrecken ausgebucht, ist erst noch nicht sicher. Es gibt Staus auf den Schienen, es gibt Streiks und Baustellen. Oft weiß die Bahn nicht einmal, wo sich die Güter, die wir ihr anvertrauen, gerade befinden und wann sie ankommen. Unsere Verträge garantieren aber eine Ankunft innert vierundzwanzig oder achtundvierzig Stunden. Je nachdem. Wenn wir das nicht schaffen, beziehen die Kunden einen Gratistransport.

Gewiss, auch Kuipers würde die Schweiz per Bahn ›überfliegen‹ – wenn es so wäre wie in den Niederlanden im Verkehr mit den Inseln. Jede halbe Stunde eine Fähre. So sollten es auch die Schweizerischen Bundesbahnen schaffen. Jede halbe Stunde ein Zug. Hinfahren, aufladen, abfahren.

Kuipers hält dem Schweizer Volk und seinen Politikern den Spiegel vor. Das Schweizer Volk mag noch so oft an der Urne entscheiden, die Bahn auszubauen, um die Güter von der Straße auf die Schiene zu bringen. Selbst beim besten Schienenausbau wird das nicht klappen. Weil die Bahn zu bürokratisch ist. Sagt Kuipers.

Er sieht es von außen. Neutraler als ich. Für mich steht fest: Selbst die stärksten Mittel reichen nicht aus, das Rad zurückzudrehen ins 19. Jahrhundert, als die Eisenbahn unsere Zukunft war.

Warum werden nicht die Personenwagen zur Seite gebeten? Die Mehrzahl von ihnen hat kaum mehr als einen Koffer geladen, und die noch größere Mehrzahl ist lediglich in der Freizeit unterwegs, das heißt zum Selbstzweck. Und warum holt man nicht die Reisecars raus, die ebenso fett sind wie wir und genauso mit Diesel laufen? Ihre Fracht ist ausschließlich zum Selbstzweck unterwegs. Warum sollen sie nicht huckepack fahren, oder noch einfacher: Warum können die Passagiere nicht ein Ticket für einen Personenzug lösen? Ja, warum wird nicht der Personenverkehr umgelagert?

Nur noch sechshundertfünfzigtausend Trucks sollen jährlich gemäß dem Volkswillen der ›Alpeninitiative‹ im Jahr 2009 den Tunnel durchqueren. So viele sind es bis jetzt schon. Und es ist erst September. Wir werden jedes Jahr mehr. Nicht weil wir uns unzüchtig vermehrten oder so. Sondern weil in Zeiten einer blühenden Wirtschaft die Tonnagen zunehmen und die Bahn ihre Schwächen noch schlechter verbergen kann. Auf den Zufahrtsstrecken, im Rollmaterial, bei den Terminen. Man wird uns je länger, je mehr nötig haben. Warum haben jetzt die eidgenössischen Räte das Ziel der sechshundertfünfzigtausend um gleich zehn Jahre auf das Jahr 2019 verschoben? Weil ihnen im Grunde genauso klar ist wie uns Fahrern, dass eine Verschiebung auf den Sankt Nimmerleinstag die einzige Lösung ist, diese unselige Volksabstimmung ad acta zu legen.

Es gibt keinen realen, überzeugenden Grund, warum der Schwerverkehr am Gotthard die Rolle des Stiefkindes spielen soll. Es gibt nur die feigen politischen Gründe, dass ein paar Weicheier in der Regierung nicht wagen, dem Schweizer Stimmvolk reinen Wein einzuschenken. Im Grunde wissen sie so gut wie wir: Es braucht uns, jeden Tag und nachts ebenso. Just in time. Wer sonst, wenn nicht wir auf der Straße, liefert so pünktlich? Quer durch Europa.

Man sollte uns die Räder küssen, aber was tut man? Man spuckt uns ins Gesicht. Das lassen wir uns nicht mehr ewig bieten. Darum gilt die Warnung: Wenn die Politik so weiterfährt, lassen wir die Wirtschaft stillstehen. Wir sind die entscheidende Kraft im physischen Warenverkehr. Wir brauchen bloß etwas zu bummeln, einen Tag lang nicht fahren, wenn alles nichts hilft, um beachtet zu werden. Drei von vier Tonnen bleiben liegen, wenn wir stehen bleiben.

Bis heute ließen wir uns von all den Schikanen und Vorschriften gängeln. Murrend und zähneknirschend nahmen wir hin, was man von uns verlangte. Wir lassen uns nicht behindern, sagen die Invalidenverbände, und kämpfen für ihre Rechte. Wir sind nicht invalid. Aber wir lassen uns behindern. Warum? Weil jeder allein in seiner Kabine sitzt und seine Wut im Stillen nährt. Das ist unsere Schwäche. Es zersplittert unsere Kräfte. Aber wir wissen um die Wut aller andern. Das vereint unsere Kräfte. Jeder in seiner Kabine, aber alle auf der gleichen Seite der Straße.

Wir können unsere Wagen quer stellen, an einem strategischen Kreuz, an den Einfallstraßen nach Zürich, oder so. Immerhin sind wir sechzigtausend allein in der Schweiz, und fünfzehntausend davon sind in den Routiers Suisses organisiert.

Vor ein paar Monaten haben uns italienische Camionisti gezeigt, was Sciopero bringt. Es reicht, eine Fahrspur zu blockieren, und der Pendlerverkehr bricht zusammen. Mailand, Rom und Neapel waren abgeriegelt. Zwischen Ventimiglia und Frankreich stellten sich zweitausend Fahrzeuge quer. Nichts ging mehr. In zwei Werken schickte Fiat die Arbeiter nach Hause, weil die Montageteile ausblieben. Zwangsurlaub für fünfundzwanzigtausend Leute. Bei Barilla war basta mit Pasta. Es gab keine Teigwaren mehr. Nach drei, vier Tagen Streik waren einige römische Supermärkte leer. Kein Obst mehr, kein Gemüse. Die Ware verrottete in den Lagerhäusern. Ende der Woche waren über die Hälfte der Tankstellen ›chiuso‹.

Nach dem Grund für den Streik brauchst du nicht lange zu fragen: die Dumping-Konkurrenz aus Osteuropa. Manche Camionisti fahren für kaum mehr als tausenddreihundert Euro im Monat – und sitzen zwölf, dreizehn oder gar fünfzehn Stunden täglich am Steuer. Aber ich beginne mich zu wiederholen. Es stimmt zu vieles nicht in unserer Branche. Ich, Markus Studer, Internationale Transporte, bin sofort bereit, Zähne zu zeigen, mit 460 PS Beißkraft und einem Gewicht von vierzig Tonnen auf der Waagschale.«

Zwei Radarfallen später scheint das Plädoyer vergessen oder verdrängt, oder es gärt unbemerkt in den Eingeweiden weiter. In guten Augenblicken ist fahren wie fliegen. Im Gleitflug über das Rollfeld schweben und abheben. Durch die Jahreszeiten und ihre wechselnden Farben. Sehen, wie die Zeit vergeht. Die Feuchtigkeit und die Kälte im Winter, die Blütendüfte im Frühling, im Sommer der Raps. Auf der Suche nach dem Garten Eden jenseits des Navigationsgeräts. Ich sage: »Markus, du könntest fliegen, wenn du wolltest, mit höheren Zielen vor Augen, in einem Jumbo oder allein für dich in einer kleinen hübschen Cessna.«

»Bitte nicht. Das wäre mir zu langweilig. Wenn schon, in einem Helikopter.«

Wenn ich gerade im Einklang bin mit mir und der Welt, gebe ich ihm gerne recht. So ein Bock hat es in sich, mitten drin in dieser Welt und doch abgehoben von ihren Niederungen. Das Leben eines Taugenichts zu führen und mir nichts, dir nichts fast nebenbei eine vierzig Tonnen schwere Pflicht zu erfüllen. Gegen Mittag steigen wir die Höhenzüge des Juras hinauf, und der Blick überquert das Schweizer Mittelland in die frisch verschneiten Alpen hinüber.

Kleiner Zoll

Kurz vor der Schweizer Grenze, in Pontarlier, klingelt das Telefon. Michis Recherchen nach dem Stand der Dinge sind fällig. Aber es ist Kurt.

»Morgen, Kurt, wie gehts?… Ja, kurz vor der Schweizer Grenze in Vallorbe… Und du? Bist du beim Urologen gewesen?… Hast du schon ein PSA?« Markus lässt seinen Blick nicht von der kurvigen Straße abschweifen, aber sein Kopf ist bei diesem PSA: »Und jetzt weiß man nicht, ob der Laborbefund ideopathisch ist … Das heißt, man weiß nicht, woher das positive PSA kommt … Wie heißt der Arzt? … Gantenbein? … Nein, kenne ich nicht … Okay. Und er empfiehlt die Da-Vinci-Methode?« Markus runzelt besorgt die Stirn: »Ich bin kein großer Freund der Endoskopie. Man verkompliziert und verlängert manche Operation. Aber bei Prostata sieht es etwas anders aus. Bei der offenen Methode ist das Risiko von Komplikationen noch größer als bei der Endoskopie… Ja, vor allem Inkontinenz und Lymphdrüsenentzündungen kommen bei Endoskopie seltener vor … Was meint Gantenbein wegen Impotenz? … Also doch auch. Das habe ich befürchtet … Sehr groß heißt über fünfzig Prozent … Trotzdem möchte ich nicht mit einem Karzinomrisiko leben … Aber entscheiden musst du.«

Markus benennt die Dinge und baut bei seinem Kollegen Angst ab. Jetzt aber hat er ein näherliegendes Problem: »Kannst du später nochmals anrufen, Kurt, wir sind jetzt gleich im Zollhof … Ja, in fünfzehn bis zwanzig Minuten sind wir wohl abgefertigt.«

Wir fahren in Vallorbe auf den Zollhof zu. Es geht prima. Je kleiner der Zoll, desto netter die Zöllner, aber das jetzt nur nebenbei. So weit die Erfahrung. Auch heute wieder. Keiner der Beamten kümmert sich um den Dieselstand. Obwohl es naheliegend ist, dass wir in Luxemburg den Tank gefüllt haben – zu voll gefüllt haben –, greift keiner der Grenzer nach dem Messstab. Markus findet, das sei auch gut so. Ausländer dürften einführen, so viel sie wollten. Nur wir Schweizer nicht, ins eigene Land. Das ist ungleiches Recht und sollte schon lange abgeschafft sein. Dies als handfester Vorschlag zu Markus' Plädoyer von heute Morgen.

In weiten Kurven gleiten wir von einem sanften, bewaldeten Grat in die Niederungen des Mittellandes hinab. Jenseits eines ausgedehnten, flaumig transparenten Kaltluftsees bieten uns die Alpen ihre Flanken noch unverschneit dar, doch ein nasskalter Tag, und die Kulisse sieht anders aus.

Kurt ruft wieder an. Das Gespräch klingt jetzt heiter beschwingt. Markus sagt: »In Yverdon … Am 22. September? Augenblick, ich schau in der Agenda nach … Ja. Ja, im Mercedes geht das prima. Ich kann das Lenkrad mit den Knien festhalten. Zum Essen, zum Rasieren, zum Telefonieren, kein Problem … Doch, das Datum ist gut. Lass mir Beatrice grüßen. Und das andere«, sagt Markus erst zögerlich, dann bestimmt: »Ich glaube, ich würde es machen.«

Zwangspause

Wir schweigen lange, allgemein sowie über dies und jenes. Bulle sei die Stadt der zahllosen Kreisel, hatte Fritz in Windhaff angekündigt. Wir kreiseln, bis sich uns der Kopf dreht. Markus sagt: »Das Geschirr um die kleinen Radien herumzurupfen, kann glatt einen Liter Diesel kosten. Kreiseli sind das eben.« Die Reifen wimmern, der Diesel gluckert in die Zylinder, und während Markus so am Lenkrad kurbelt und immer wieder in den Rückspiegel guckt, ob er mit dem Hinterrad nicht die Stiefmütterchen der Pflanzenanlage platt macht oder gar ein bedeutendes Werk der staatlichen Straßenkunst vandalisiert, frage ich mich einmal mehr, ob Fahren Arbeit sei, und komme zum Schluss, dass es da mehr als eine Antwort geben muss.

Um zwölf Uhr dreißig, wenige Sekunden vor den Mittagsnachrichten unseres Hirtensenders, stehen wir in Broc vor dem Tor von Cailler, einer Fabrik aus der Frühzeit der Industrialisierung, als es noch keinen elektrischen Strom gab und die Fabriken sich in Schluchten duckten, um die Energie aus dem Gefälle der Bäche über lange Riemen auf die Maschinen zu bringen. Wir können unverzüglich abladen und kurven zwei Stunden später auf die Schattenseite des Produktionsgebäudes, um die verlangte Schokoladenmasse für die Biskuitfabrik Wernli im nahen Trimbach bei Olten zu laden. Anderthalb Stunden lang. Die braune Sauce rieselt wie Sand durch eine Stundenuhr. Zeit, um die alten Bäume am Bach beim Schwanken in der Bise zu betrachten. Damit haben wir nicht gerechnet. Markus wischt wieder Brosamen vom Sitz und putzt die Scheiben mit Glasreinigungsspray und Elefantenklopapier, um seine Unruhe in messbare Leistung umzusetzen. Er schaut auf die Uhr und sagt: »Verdammt noch mal.« Ein Ventil der Pumpe klemmt. Herzklappenfehler gleichsam. Eine halbe Stunde später klemmt es noch immer.

Wenn das so weitergeht, kommen wir heute nicht mehr nach Trimbach, bevor die Scheibe voll ist. Das Navigerät zeigt jetzt schon zehn Kilometer Stau auf halber Strecke, vor Schönbühl. Wie schlägt man Zeit tot, und wenn sie tot ist, wo ist sie dann? Markus klappt seinen Klappstuhl auf, aber die Bise pfeift so saukalt, dass die ersehnte Muße zum Durchhaltetest degeneriert. Ich hätte die Warterei gerne genutzt, Markus im weißen Haarnetz und dem weißen Wegwerf-Hygienekittel des Lebensmittelpersonals zu fotografieren, um die Nähe seines früheren mit seinem jetzigen Beruf sichtbar zu machen. »No way!«, wehrt er sofort ab, »ich lasse mich nicht camouflieren. Nicht vor dir, und schon gar nicht vor der Belegschaft. Wenn du mich als Arzt sehen willst, schicke ich dir ein Bild von damals.«

Für einen Augenblick herrscht dicke Luft. Die neuesten Staumeldungen tragen das ihre dazu bei. Aus zehn Kilometern sind zwölf geworden. Wenn das schon um halb vier so weit ist, dürfte es noch schlimmer werden, wer weiß, bis Wankdorf oder gar darüber hinaus, und wir müssten die Fahrt nach Trimbach auf morgen verschieben. Ich wage das nicht zu sagen, aber es würde mir passen.

»Schluss für heute«, sagt Markus. Pause. Zum ersten Mal eine richtige Pause. Um vier Uhr morgens aufgestanden, und nach nur zwölf Stunden und fünfhundertzweiunddreißig Kilometern von der Scheibe ausgebremst. Das ist bitter für Markus. Aber er entspannt sich zusehends. Der Druck lässt nach. Der Zwangsaufenthalt im Greyerzerland schenkt uns jene innere Zufriedenheit, der wir seit Montagmorgen hinterherfahren. Warum sind wir nicht bei der Demoiselle eingekehrt? Warum haben wir die Klappstühle nicht auf den Höhen des Juras ausgefahren? Im Nachhinein ist man immer klüger.

Als die Tanks schließlich bis zum Rand voll Schokoladenmasse sind, fahren wir an den Dorfrand auf einen kleinen Sport-Flugplatz, von dem Markus schon mehrmals geschwärmt hat. Der Parkplatz, auf dem wir ganz allein stehen, liegt mitten in einer Grünfläche, die mancher Schlossherr gerne sein Eigen nennen würde. Wir haben einen Logenplatz. Die Piper und Cessna starten und landen in lockerem Reigen, und über einem Wald, hoch über der Anflugschneise, zaubern das mittelalterliche Schloss und das Städtchen von Gruyère Ferienstimmung in die Landschaft. Die Bise wischt die letzten Wolken weg. Sie pfeift so grimmig über die Ebene, dass die kleinen Flugzeuge beim Starten und Landen manchmal fröhlich mit den Flügeln winken und manchmal so bedenklich wanken, dass wir den Piloten die Daumen drücken. Die Verpflegung ist wie üblich. Markus macht sich auf dem Lenkrad ein Sandwich mit Baguette und Schinken von Aldi. Ich habe vom Einkauf bei Aldi noch ein Stück Tiroler Bergkäse übrig. Und das in Gruyère, dessen Name für manchen Liebhaber als Inbegriff der Käsekultur gilt. Aber soll gute Laune von einem Stück Käse abhängen?

Wir sind gerade dabei, zur Feier des frühen Feierabends mit Bier anzustoßen, als Michi anruft und das weitere Programm durchgibt: »Morgen früh nach dem Abladen bei Wernli Tankreinigung in Olten, in Eglisau laden für Eppelheim und am Freitagmorgen um sechs abladen.« Eppelheim, wo die Fernfahrer nachts vor dem Tor warten müssen, liegt in der Nähe von Mannheim und ist doch eigentlich Wolfgangs Revier, das ihm wegen der Staus und Autobahnkreuze kaum jemand streitig macht. Eppelheim an einem Freitag hätte wirklich nicht sein müssen. Es bedeutet, ein Auto zu mieten, wenn wir noch am Freitag nach Hause kommen wollen.

Ich überlege, ob ich mein Bündel packen und nach Hause fahren soll. Die Fülle der Eindrücke reicht für mehr als eine Woche, und was uns jetzt noch erwartet, will nicht recht in die Dramaturgie der Reise passen. Aber Neugierde, Sympathie, Fahrlust und eine merkwürdige Art von Solidarität mit meinem Trucker, dem ich praktisch auf keine Weise nützlich bin, halten mich in der Kabine.

Donnerstag/Freitag

Gruyère – Eppelheim

Die Nacht ist mondhell und kalt. Ich glaube, es ist halb fünf Uhr morgens, als wir zum Pinkeln barfuß ins taunasse Gras des Flugplatzes treten. Der Wind pfeift durch den Hosenschlitz rein. Die Zähne putzen wir mit Wasser aus dem Wassertank im Auto. Punkt fünf Uhr mit den Nachrichten vom Hirtensender geht es los. Im bekannten Schweizerradiohochdeutsch erfahren wir von »Mionen und Miarden Fanken Velusten einer Goßbank im Immobienmarkt«. Um das zu hören, haben wir uns wecken lassen? Darauf folgt das »Regialjouaal« und die »Wettepogose«. Albula und Julier werden schneebedeckt gemeldet, für die Furka werden Ketten verlangt. Während sich Markus fliegend rasiert, singt Louis Armstrong *What a Wonderful World*.

> *I see trees of green, red roses too*
> *I see them bloom for me and you*
> *And I think to myself what a wonderful world*

Wie wohl das tut. Ich schlürfe die Worte rein wie vierundzwanzig Tonnen Schokoladenmasse. Die Tonart stimmt zum Klang aus den sechs Zylindern und vierundzwanzig Ventilen auf der Fahrt zum Abladen in Trimbach.

Doch wozu stehen wir schon in der ersten Dämmerung vor Wernlis Fabrikareal? Es ist dunkel und still wie auf einem Friedhof um Mitternacht. Nirgends Licht. Wernli schläft noch. Keine Menschenseele auf dem weiten Asphalt vor der Fabrik. Das Empfangshäuschen leer. Rollladen unten. Wir fahren aufs Geratewohl an die Rampe. Markus tigert dem Auto entlang auf und ab und raucht. Eine ganze Stunde lang. Dann schüttelt er den Kopf: »Was ist das für eine Fabrik? Wie amortisieren sich die Öfen, die Teigmisch- und die Verpackungsmaschinen?«

Ich schlage vor, die Schläfer mit der TGV-Hupe zu wecken. Kein Echo. Dann sage ich: »Wir machen etwas falsch. Ein guter Handwerker kommt immer zu spät. Damit man sieht, dass er viel Arbeit hat.«

La donna è mobile

Darauf dreht Markus wieder den Hirtensender an. Der begeht gerade den Tod eines berühmten Tenors, von dem ich nebenbei viel Neues erfahre, und der nun, tot wie er seit heute Morgen ist, noch einmal seine Kunst entfalten darf. Gerade als die Sonne ihre ersten Strahlen über den Platz wirft, schmettert er *La donna è mobile* stereo über das leere Fabrikareal. Ich sage, keine Donna sei so mobil wie unser Mercedes. Dann stampft Markus mit seinen rotweiß gestreiften Sneakers auf den Boden und schmettert mit dem Tenor um die Wette, dass es von den Fabrikwänden widerhallt: »Gopferteckel. Was ist denn das für eine Bude. Man reißt sich den

Arsch auf – und wird hängen gelassen. Und wer ist der Neger? Immer der Chauffeur.«

Als wir aufschauen, haben wir Zuschauer. Sie mustern uns aus den geöffneten Fenstern rund herum. Keine Ahnung, woher sie gekommen sind, doch nun sind plötzlich Leute da, die wissen, wen man rufen kann, um jemanden zu holen, der weiß, wer uns weiterhelfen könnte. Bis wir erfahren, dass unser jemand noch zu Hause im Bett liegt, verplempern wir eine weitere Stunde. Ich besorge ein halbes Pfund helles Solothurner Brot in der Bäckerei nebenan und krame die »Bild-Zeitung« von vorgestern aus Aachen aus dem Handschuhfach. Als Feature zu einem wichtigen Filmfestival ist ein Interview mit Woody Allen abgedruckt. Er sagt: »Das Leben ist traurig. Wir werden geboren und wissen nicht, warum. Wir leben und wissen nicht, wofür, wir sterben, und es erwartet uns kein Paradies.«

Schließlich, so gegen zehn Uhr, kommt etwas Leben in die Bude und dann der Bescheid aus dem Labor, die Schokoladenmasse genüge Wernlis Qualitätsansprüchen nicht.

Waaas? Labor? Qualitätsansprüche?

Sind wir zum Abladen in eine Fabrik oder zu einer gerichtsmedizinischen Untersuchung gekommen?

Für Markus ist klar: »Die spielen sich auf.«

Für mich ist klar: »Wir sind nicht die Kunden, sondern nur die Lohnkutscher.«

Schließlich kriegen wir eine Ablade-Sondergenehmigung, aber was nützt sie, wenn die Leitungen mit Schokoladenmasse des vorherigen Lieferanten verstopft sind? Wieder warten. Zum Abladen. Beim Abladen. Auf die Papiere. Vor der Mittagspause werden wir unsere elf Tönnchen kaum mehr los.

Ich erinnere mich nicht mehr, wie wir nach Eglisau gekommen

sind, aber daran, dass Markus unterwegs einmal sagte: »Wir haben eine grüne Welle. Bloß hat das Grün eine seltsame Farbe. Im Herbst wird es immer so gelblich.« Jedenfalls ist die Bise weg. Eine Altweibersommersonne scheint mild auf Eglisau herab, neben der Fabrikationsanlage gibt es eine Wiese, in die wir uns legen können, mit einem Grashalm im Mund. Auch Lucky Luke hat schließlich einmal auf seinem Lebensweg den Glimmstängel durch einen Grashalm zwischen den Lippen ersetzt.

Gerade als wir eindösen, klingelt das Handy. Katharina fragt per SMS, was sich Markus am Freitag zum Abendessen wünsche.

»Wenn morgen das Wetter so nasskalt wird, wie der Hirtensender verspricht, ein Käsefondue. Das stimmt so schön auf den Winter ein.« Er sagt, er denke sich jeweils etwas aus, auf das er sich freuen könne, und sie kaufe dann zuverlässig das Richtige ein.

Radio Googoo, Radio Gaga

Eppelheim. Womit haben wir das verdient. Diesen dummen Schlenker ins deutsche Einerlei. Genfersee. Oder Bozen, Meran. Das wäre etwas gewesen. Oder Straßburg vielleicht. Und wollten wir nicht beide wieder mal nach Nancy, das wir unterwegs nach Aachen so achtlos links liegen gelassen haben. Nancy und sein Plan Stanislas: einer der schönsten Plätze Europas mit seinen schmiedeisernen, vergoldeten Toren und seinen quicklebendigen Straßencafés. Aber Eppelheim. Gut, wenn wir Wolfgang damit einen Gefallen tun können: Aber muss er deswegen einmal weniger fahren? Die paar Tonnen Orangensaftkonzentrat aus Eglisau. Das ist ein Tropfen in Wilds Millionen Beuteln »Capri-Sonne«.

Vielleicht liegt es am Wetter, vielleicht an den müden Farben und Formen der Landschaft, die sich kaum zu bewegen scheint: Jedenfalls kommt mir der Tag länger vor als die Tage zuvor, unstrukturierter auch – bloß ein rollender Übergang in ein Wochenende, das wir uns bereits auf der Fahrt nach Amsterdam abverdient haben.

Mindestens hundertmal täglich hören wir auf SWR 3: »Der beste Musikmix. Mehr Spaß an der Arbeit. Und kommen Sie gut an. SWR 3 wünscht eine sichere Fahrt.« Der Muntermacher der Na-tion, das geistige Kriechöl im deutschen Wirtschaftsgetriebe penetriert zuverlässig und fein zerstäubt den werktätigen Alltag, um an trüben Tagen wie heute verharzte Prozesse ins Laufen zu bringen.

»Wussten Sie, dass Sie pro Jahr bis zu dreihundert Kilogramm CO_2 ausatmen?« Die Stimme wirkt besorgt, aber hilfsbereit, fast wie beim Arzt: »Hören Sie auf zu atmen und halten Sie drei Wochen durch. Wir vergüten Ihnen tausendfünfhundert Euro Umweltbonus beim Kauf eines Neuwagens. Wer bis Weihnachten durchhält, erhält nochmals fünftausend Euro. Ihr Ford.«

Als der Spot zum dritten Mal läuft, ist seine Wirkung verpufft. Doch bereits soll ich mir Gedanken machen zur Frage: »Hatten Sie schon mal einen Sechser im Lotto?« Bevor ich mir das wünschen kann, fährt der Sprecher fort: »Dann greifen Sie zu den sechs verschiedenen Geschmacksrichtungen von Haribo. Neu auch mit Apfel. Die Supersechs. Haribo macht Kinder froh.« Über bunten Gedanken an Gummibärchen schlummere ich süß weg, bis mich ein nerviges Schnarren ins Bewusstsein zurückruft. Es kommt nicht vom Feld, es kommt nicht von der Straße, es kommt aus dem Auto.

Markus sagt: »Bloß der Linienassistent. Ich habe ihn eingeschaltet. Er schnarrt, sobald ein Rad eine Seitenlinie berührt.«

Ich bin hellwach: »Das ist wohl die zweitletzte Maßnahme gegen die Schlafapnoe.«

Markus sagt knapp: »Der Actros hat das serienmäßig eingebaut.«

Nach dem nächsten Schnarren hake ich nach: »Wo hast du eigentlich deine Notapotheke?« Markus lässt sich nicht aus der Fassung bringen: »Griffbereit rechts oben. Genau, wo sie hingehört.«

»Was hast du drin?«

»Alles, genau nach Vorschrift.«

»Skalpelle, Scheren, Klammern, Spritzen …?«

»Nein, alles genau nach Vorschrift.«

»Du könntest dich als Lebensretter hervortun. Ritter der Straße werden oder so was.«

»Natürlich habe ich auch schon geholfen. Das braucht kein Werkzeug. Das braucht zuerst einmal Nerven, einen klaren Kopf, die richtigen Worte und Hände, die zupacken können.«

»Und dann…?«

»Machen die Ärzte im Notfallwagen den Rest.«

Stunden später singen die Rolling Stones *Let it Bleed* auf SWR 3. Ich frage: »Hast du mal einen Unfall gehabt?«

Markus überlegt eine Weile: »Im Gegenverkehr auf der D139 schnitt ein Kollege die Kurve. Er kam auf meine Seite und riss mir ein ›Ohr‹ ab. Ohne Rückspiegel kommst du nicht weit. Aber ist das ein Unfall?«

Ich sage: »Ein Unfall ist, wenn du die Notapotheke brauchst.«

SWR 3 versucht unentwegt, das Schlimmste zu verhindern, soweit es verhinderbar ist. »Vorsicht: Zwischen Horb und Rottenburg liegt ein Karton auf der Autobahn.«

Markus sagt: »Dann soll ihn die Polizei wegnehmen. Das ist ihr Job.«

Zwischen Bretten und Bruchsal läuft ein Hund. Vor Gaildorf gibt es einen Unfall. Zwölf Kilometer Stau. Und Vorsicht: Es liegen weiterhin Körperteile auf der Fahrbahn. Habe ich mich verhört?

Markus sagt: »Unglaublich, immer noch. Nach anderthalb Stunden.«

Um mir die Zeit totzuschlagen, beginne ich, von den Straßenschildern und Verkehrsmeldungen Ortsnamen zu sammeln, die ich nicht als Adresse haben möchte: Wiesloch zum Beispiel. Oder Darmstadt, Schweinfurt, Müllheim. Aber auch Namen wie Feuchtwangen, Mannheim oder Mutterstadt beflügeln die Fantasie. Das Stuttgarter Kreuz zeigt sich von seiner christlichen Seite und nagelt uns nicht lange fest, und für die Strecke danach besteht Hoffnung. Endlich wird die alte Lotterautobahn zwischen Stuttgarter Kreuz und Pforzheim sechsspurig. Hier liegt der berüchtigte Pforzheimer Stutz. An dieser schier unendlich langen Steigung sind nonstop Elefantenrennen im Gang. Das ist die Stelle, um den optimierten Chip zu testen, für die, welche einen haben, und im Rückspiegel zu schauen, wie die vernaschten Elefanten langsam, aber sicher zu Mücken schrumpfen. Wir müssen umgekehrt erleben, wie aus Mücken Elefanten werden und dass wir an diesem Pièce de Résistance mit unseren 460 PS voll geladen nicht viel besser dran sind als die Holländer mit ihren 380. Ja, wir kommen flach raus.

Die Baustelle sieht aus wie eine gerade, schroffe Wunde in der Haut der Erde, mit einem rostigen Säbel gezogen. Breit wie ein Rollfeld frisst sich der Bagger durch Wälder und Felder bis zum Horizont. Überstunden für die Betonmixer. Wo die Arbeit schon fertig ist, fliegen wir wie auf einem Teppich voran.

Me don't want no monkey to stop my show
Me don't want no monkey to bring me down
Me don't want no monkey to make me frown

Wally Warnings Sommerhit läuft bis zum Abwinken. Wahrscheinlich haben sie den Song in Hot Rotation zu einem Discountpreis gekriegt. Immer das Gleiche. Gut neunzig von hundert Sattelzug-Kilometern sind in der Regel Autobahn. Wir pflegen eine merkwürdig statische Unruhe auf diesem Betonband, das fast ununterbrochen und ununterscheidbar von Palermo bis Holland und noch weiter unter einem wegrollt, ohne dass wir dabei viel weiter kommen.

Markus sagt: »In ein paar Minuten erwarten uns zwei Kilometer Stau.«

Autobahn zurück in die Zukunft

Für uns als Kinder war Europa ein anderer Kontinent gewesen. Größer, aber auch begrenzter, und umgeben von einem schier unerreichbaren Rand. Nur wenige von uns waren damals schon einmal am Meer gewesen, hatten die Erdkrümmung gesehen. Rimini, Monaco, Amsterdam. Das waren Zauberwörter mit schier unwiderstehlicher Verführungskraft.

Während wir durchs nasse Grau und Braun dieses Tages nordwärts brummen, entrollen sich unversehens andere Autobahnen vor meinen Augen: die ersten, die ich mit meinen Eltern als Kind befahren habe, auf unserer ersten Auslandsreise, kurz vor oder kurz nach dem Ungarn-Aufstand und der Suezkrise. Es waren deutsche Autobahnen aus brüchigen Betonplatten, aus deren zugeteerten

Ritzen das Gras spross, weil Gras damals schneller wuchs als das Verkehrsaufkommen.

Markus' und meine Kindheit ist von den Fünfzigerjahren geprägt. Das Auto stand für einen neuen, aufregenden Cocktail von Emotionen, dem sich kaum jemand entzog. Die Zerrspiegelungen in den Raddeckeln und Stoßstangen der Nachkriegsjahre, als Chrom den Rostschutz des matten Nickels übernahm, strahlten verheißungsvoll in die Zukunft. Autostoppen schenkte uns die Freiheit in der Ferne – und fern von Mama und Papa. Autofahren war ein Roadmovie avant la lettre. Ein Fünfsterneerlebnis mit allen Lüsten und Schrecken, die das Leben begleiten. James Dean, das rebellische Idol der Epoche, konnte nicht anders als in einem Porsche zu Tode kommen. Schneller leben, jünger sterben. Für beides sind Markus und ich unterdessen zu alt. Aber sind das nicht die Visionen, die in unseren Herzen immer noch nachbrennen? Selbst heute auf den banalen Autobahnen, die uns der Alltag beschert, glüht ein bisschen das alte Feuer, das wir immer wieder zu entzünden versuchen, bis der Regen den letzten Funken löscht.

»Deine ersten Autofahrten als Kind, wie hast du die erlebt? Was war anders damals? Was hat es dir bedeutet, was bedeutet es dir jetzt?«

Markus gönnt sich die einzige Dunhill Menthol des Tages, zieht mit Genuss und lässt die Gedanken strömen: »Meine Brüder waren wie ich schon von klein auf ziemlich in Autos vernarrt. Als meine Eltern mit ihren vier Kindern endlich den Batzen für den ersten eigenen Wagen beisammenhatten, waren Beat, Erich und ich schon Teenager. Doch was für eine Marke, was für ein Modell durfte es sein? Brigitte war alles recht, aber wir Brüder taten uns dann gleich als Berater hervor. Nicht ganz selbstlos, aber umso begeisterter sammelten wir Broschüren in den nahen Garagen und konnten

Mama und Papa von einem Simca Vedette Beaulieu überzeugen. Mit seinen Heckflossen und dem schmallippigen Fischmaul-Kühlergrill hatte er etwas ziemlich Amerikanisches und innen Platz für sechs. Vor allem aber hatte er einen V8-Motor von Ford und diese damals hocheleganten Weißwand-Pneus. Die meisten Beaulieus waren zweifarbig. Unterhalb des Chromstreifens meist eierschalig. Darüber gab es eine hübsche Palette heller, pastelliger Töne: lichtblau, lindengrün, milchig-rosa, zitronig. Wenn ich mich recht erinnere, wählten wir Schwarz mit eierschaligen Flossen. Noch besser erinnere ich mich, wie kurz nach der Wegfahrt vom Händler eine der goldenen Radkappen von der Felge sprang und wie ein Häschen neben uns her über den Asphalt hoppelte, bis sie sich über die Böschung in die Büsche schlug. Um aufkommende Zweifel über die Qualität unserer Beratung zu zerstreuen, unternahmen Beat, Erich und ich bald einmal Testfährtchen in die ländlichen Grenzregionen unseres Kantons. Da draußen, zwischen Schaffhausen und Deutschland, herrschte das Gesetz des Dschungels. Erlaubt war, was gefiel, und im Falle eines Falles, so glaubten wir, würden uns die Gummikappen auf den Chromstahlstoßstangen schützen. Aber sie wurden nicht auf die Probe gestellt. Ein Beaulieu war bis auf die Lenkradschaltung, die man am besten mit zartledernen Autohandschuhen anfasste, auch nicht so anders als ein Meili-Traktor. Jedenfalls hatte ich ziemlich genau am achtzehnten Geburtstag die Fahrprüfung in der Tasche. Ohne eine einzige Stunde bei einem Lehrer. Damit war der Virus ausgebrochen. Eine chronische Krankheit. Keine Medizin konnte mich je wieder heilen. Vielleicht war ich ja auch genetisch disponiert. Die Studers fuhren von den ersten Mittelmeer-Ferien an durch. Ob Viareggio- oder Rimini-Seite. Du machst ja nicht nach den ersten paar Meilen schon schlapp. Du hast doch ein Ziel.«

»Wenn ich ans Autofahren in den guten alten Zeiten denke, werde ich immer nostalgisch. Irgendwann kippte das Erlebnis von damals in eine andere Qualität. Es macht nicht mehr den einstigen Spaß. Sei es, weil wir keine Kinder mehr sind, sei es aus anderen Gründen.«

»Ja, das ist ein kontinuierlicher Prozess. Gewiss wird es immer weniger schön. Die Freiheiten nehmen ab, die Vorschriften zu. Stell dir vor, seit Kurzem gibt es in Belgien auf zweispurigen Autobahnen ein generelles Überholverbot für Lastwagen. Und bald kommt die nächste Schikane. Man redet schon davon, auch in Personenwagen Fahrtenschreiber zu verlangen.«

Unterdessen schieben die Scheibenwischer unentwegt einen Film aus Nieselregen, Staub und Öl von der Scheibe. Es ist noch Tag, aber so trüb, dass die Augen am besten der Lichterkette der Heckleuchten folgen. Ich gebe mich meinen Nostalgien hin und träume von den Zeiten, als erst ganz wenige Autobahnen die Landschaft tranchierten. Die Autofahrten glichen Hauseckenrennen, unentwegt auf den historischen Landstraßen, mitten durch die Siedlungen hindurch. Schon kürzere Reisen reizten mit den Imponderabilien des Abenteuers. Die Kindertage des Automobils waren maßlos und unbeschränkt. Rasen ein Kavaliersdelikt. Mein Vater klammerte sich am Lenkrad fest und riegelte an der Stockschaltung die Gänge rauf und runter. Dieser Hauch von Kampfsport, zu dem die Überholstrecken lockten, aber auch das Gefühl des Zigeunerlebens, wenn wir irgendwo an einem Waldrand zu Füßen der Räder ins Gras sanken und die belegten Brote und die Thermosflasche mit dem lau gewordenen Tee aus dem Picknickkorb kramten. Die Reifen waren noch dünn, die Pferde zahlreich, Radwechsel häufig. Wir Kinder klaubten die Nägel aus dem Gummi und sammelten sie: Trophäen von Expeditionen an den Rand des Bewusstseins. Gleich nach der Grenze begann die Risikozone.

Schon in St. Blasien spähten wir Kinder nach Schweizer Nummernschildern, und oft noch bevor wir sie erkannten, ging ein Gehupe los, und Mama sagte: »Lueg deet, no en Schwiizer.« Beruhigende Signale, dass wir noch nicht ganz verloren waren und uns auch auf Neuland noch auf ein Netz der Zivilisation, wenn auch ein dünnes, verlassen konnten. Zur Aneignung teilten mein Bruder und ich das Land links und rechts der Straße auf: Mir gehört die Kolonialwarenhandlung. Dir das Schwimmbad. Mir das Pferd. Dir der Traktor. Bruderherz sagte: Pfui, Rossbollenpferde. Ich: Ööö, Rosttraktor, der läuft gar nicht mehr. Bruderherz: Mein Traktor ist stärker als dein Pferd… Mama rief, Ruhe jetzt, sonst gehört alles links und rechts Papa und mir. Dann zählten wir die Telefonstangen oder die VW-Käfer. Manchmal zählten die geparkten, manchmal nicht.

Um Bodenkontakt mit der Exotik zu finden, parkten wir an deutschen, italienischen und französischen Straßenrändern, kauften in Waldshut billige Butter, in Luino billige Schuhe und bunt karierte Wolldecken. Es gab Orte, für die wir aus Vorfreude schon Stunden im Voraus auf den Sitzen rumhüpften. In Montélimar reihten sich die Nougat-Geschäfte beidseits der Straße, und am Titisee fielen unseren Eltern Dorf ein und aus die Kuckucksuhren mit ihrem Dauertürchenklappern und unser Gequengel auf den Wecker.

Als Höhepunkte zwischen den alljährlichen Sommerferien, die uns auf immer neue Campingplätze in Jesolo, in Hyères oder an der Costa Brava brachten, gab es an schönen Tagen im Mai und im Juni Passfahrten. Furka–Grimsel–Susten war sehr beliebt, und gegen Ende der Zahltagsperiode musste vielleicht auch mal der Klausen genügen. Am Straßenrand standen Bergbauernmädchen und hielten Alpenrosensträußlein feil. Aber nicht für uns. Sicher nicht. Zum Preis eines Sträußchens bekamen wir einen Liter Benzin, und ein Liter Benzin brachte uns gute zehn Kilometer weiter im Leben. Na also. Unser Käfer war langsam genug, dass wir uns auf die Sitze stellen durften, um die Köpfe durchs offene Schiebedach zu strecken und mit den Händen im Fahrtwind den Velofahrern zu winken. Wir erlebten, dass 60 km/h bereits einen beachtlichen Luftdruck erzeugen und dass 80 oder 90 km/h auf den Rücksitzen reichlich Tränen fließen lassen.

War das nicht alles zu einem Standbild gefroren? Wer sich Jugendträume erfüllt, dreht das Rad der Zeit nicht zurück. Er betritt nicht noch einmal die Straße von damals. Doch so lange ist es noch gar nicht her, ein halbes Jahrhundert vielleicht, dass wir den teuren italienischen Sprit mit Benzingutscheinen günstiger einkaufen konnten und die Autobahn-Mautstellen Bonbons als Retourgeld gaben, wenn wir die verlangte Summe nicht auf ein paar Tausend Lire genau hinblättern konnten.

Wir klauben Cola aus dem Kühlfach und hängen unseren Gedanken nach, bis Markus sagt: »Schau, dieser silberne Maserati.« Ich habe ihn auch gesehen. Er huscht wie ein Schatten an uns vorbei und zieht auf der linken Spur um die nächste Kurve: »Er überholt uns schon zum dritten Mal.«

Ich sage: »Er spielt mit uns das Märchen vom Hasen und vom Igel.«

Markus meint: »Wahrscheinlich ein Prostata-Patient. Muss an jedem Rastplatz sein Wasser abschlagen.« Markus sagt es mit einer medizinischen Selbstverständlichkeit, die keinen Nebenton anklingen lässt. Einfach eine Möglichkeit, die aus seiner Sicht naheliegt.

Wie lange schon fressen wir das Endlosband der Autobahn

in uns hinein? Es lässt sich an der Mückenleichendichte auf der Frontscheibe ablesen. Einerlei. In der ersten Blüte des Automobilismus, noch vor der Zeit der Autobahn, noch vor der Radarfalle, hatte an jeder Kurve, jeder Kreuzung der Tod an den Nerven gekitzelt. Vor allem aus Frankreich, aus dem Midi, blieben mir Bilder in Erinnerung. In den endlosen, schnurgeraden Platanenalleen, die französische Armeeführer als Aufmarschstrecken für ihre Heere in alle Himmelsrichtungen bis ans Mittelmeer angelegt hatten, schnitten die Bäume das Licht in schmale Scheiben, die während der Fahrt mit einem stroboskoplichtartigen Flimmern die Sinne verwirrten. Staus und das Nahen von Blaulicht ließen augenblicklich das Herz höher schlagen. Es hatte wieder geknallt. Godards »Weekend« setzte dieser Epoche der entfesselten Lust an Leben und Tod am Sonntagnachmittag ein bewegtes Monument. Da kristallisierte der Überschuss an Leidenschaft und Dekadenz zu einem Bild der kollektiven Erinnerung einer Generation.

Markus sagt: »Das ist vorbei. Die Polizei hat den Finger drauf. Die Unfallziffern sinken markant. Bald kann sich Frankreich mit Holland, Norwegen, Schweden und der Schweiz messen.«

Da reitet mich auf einmal der Teufel: »Nimmt dir das nicht die Lust am Fahren, wenn du mit jeder Fahrt dem Abenteuer von damals noch etwas weiter davonfährst?«

»Ich fluche manchmal. Das wohl. Aber sicher nicht über die zunehmende Sicherheit. Ich fluche über die Schweizer Alpen- und Grenzübergänge. Ich beschimpfe mal diesen und jenen. Ich hasse es, mir den Arsch aufzureißen und dann sitzen gelassen zu werden. Das weißt du ja alles. Aber im Grunde ist es wie am ersten Tag: ICH FAHRE GERNE AUTO. Fuhren wir nicht vor ein paar Stunden an dieser Sägerei vorbei? Fenster runter und durchatmen. Hast du nicht noch immer diesen wunderbaren Duft in der Nase?«

Autohof

»Warum sind in Deutschland fast alle Abstellplätze auf den Autobahnen angrenzend zur Straße gebaut, und warum sind diese Abstellplätze stets so eingerichtet, dass die Kabine zur Straße zu stehen kommt?« Markus schüttelt den Kopf: »Haben wir keine Ruhe verdient? Übernachte mal an so einem Platz. Es dröhnt, als führen dir die Kollegen zwischen den Ohren hindurch. In Frankreich ist das ganz anders: Da stehst du an der abgelegensten Stelle und schaust in die Landschaft hinaus.«

»Wie die beiden Alten auf ihrem Ruhebänklein… Das waren noch Zeiten, als man den ganzen Lebensabend lang ruhend aufs Land hinausschaute.« Die beiden Figürchen sind mir schon lange aufgefallen. Zwischen Armaturen und Frontscheibe hat Markus ein kleines, ziemlich naives Kunstwerk aus Lindenholz stehen. Ein Bauer und eine Bäuerin, er munter und selbstbewusst, sie den Blick melancholisch gesenkt. Markus sagt: »Eine Brienzer Schnitzerei.« Ich schaue ihn so lange an, bis er erzählt: »Zum ersten Mal hatte ich unseren Hochzeitstag vergessen. Den dreiunddreißigsten. Katharina ließ sich nichts anmerken, überreichte mir ein kleines Päckchen und sagte: ›Auch ich wünsche dir einen schönen Hochzeitstag.‹ Leichtherzig, aber sehr deutlich, hatte sie ›auch‹ gesagt. Schande über mich. Zum ersten Mal kam ich mir wirklich alt vor. Seither begleitet mich die Vision unserer gemeinsamen Zukunft, wohin ich auch fahre. Unser Maskottchen.«

Öfter, als Markus und seinem Maskottchen lieb ist, kann die Fahrt bei aller strategischen Planung in einem Autohof enden. An Autohöfen ist entlang deutschen Autobahnen kein Mangel. Ich lerne: Autohöfe sind Raststätten für Trucker, mit ein paar hundert

Parkplätzen, von denen jeder sechsmal so groß ist wie ein herkömmlicher Parkplatz. Autohöfe sind Verpflegungs- und Übernachtungs-Industriegebiete im raumplanerischen Niemandsland zwischen den Städten, wo das Land billig und die Zivilisation fern ist. Es gibt Tankstellen und Restaurants und was Trucker sonst noch so brauchen. Waschräume mit sechs Duschen zum Beispiel. Eine halbe Stunde warten wir mit Seife und Frottiertuch in einem zugigen Durchgang.

Warum bloß hat es uns nach Bruchsal verschlagen? Das war nicht vorgesehen, doch die Zeit hat uns eingeholt und die Scheibe einen Strich gemacht durch die Weiterfahrt bis Eppelheim. Wenn es schon sein muss, wäre Rheinböllen die bessere Adresse gewesen. Der Urtyp des Autohofs. Aber Rheinböllen liegt nicht hier. Trucker sind fast immer zur falschen Zeit am falschen Ort. Fast immer gibt ein Ort Anlass, von einem andern zu träumen. Markus kommt gleich ins Schwärmen: »In Rheinböllen leben sie von den Truckern, und sie leben für sie. Für uns. Dort kriegst du einen Teller randvoll mit Schweinenackensteaks, Blutwürsten, Speckschwarten und Pommes frites, so freigebig fett wie in alten Zeiten, für nur zwölf Euro...« Solche Kneipen, es sei wieder einmal geklagt, sind heutzutage selten geworden. Aber auch die Trucker mit Stiernacken, Fett und Muskelpaketen und Cowboyoutfit sind selten geworden.

Und jetzt ausgerechnet Bruchsal. Welch ein Schicksal. In keinem anderen Bundesland gibt es wohl einen größeren, lauteren und hemdsärmligeren Autohof als Bruchsal mit seinen über dreihundert Abstellplätzen. Die Restaurants, nicht öder und nicht weniger öd als die in anderen Raststätten, sind fast allein von Männern bevölkert. Das macht den Unterschied. Die Fahrer stehen schweigend an der Bar, sitzen an Einzeltischen und scheinen eine müde Faust in der Tasche zu machen. Der Fernfahrer-Dauerfrust scheint mit Händen zu greifen. Doch was wollen wir mehr? Was das Herz begehrt, ist da. Ein McDonald's, ein Casino, sogar eine Kapelle, für die, welche wieder mal ihrem Schutzengel danken oder Verkehrssünden abbitten wollen. Nicht zuletzt lockt Erdbeermund zu weiteren Sünden.

Ach, die guten alten Zeiten sind vorbei. Früher, als die alte Garde der Fahrer wie Wolfgang, Fritz und Walo anfing, standen auf jedem Parkgelände Wohnwagen, in denen man sich zu verführerischen Angeboten kurz hinlegen konnte.

Klar, gibt es heute immer noch Orte. In Rotterdam etwa, rechts neben der HIWA, an einem Straßenstück von rund zweihundert Meter Länge an der Hafenmauer. Solche Dinge sprechen sich rasch herum in der Branche.

Erdbeermund ist das Rotlicht, das diesen oder jenen Trucker an Leib und Seele erfreut. Das Logo mit dem erdbeerroten Neonmund leuchtet von einem Turm aus himmlischen Höhen auf den nassen Asphalt der Welt der Trucker herab. Es gibt Shops und Kinos, Spiegelraum, Darkroom. Aber wir sind heute zu früh aufgestanden und zu lange gefahren. Wir bewahren eine saubere Weste. Markus will gleich schlafen gehen. Allein finde ich es nicht lustig und gehe mir bloß die Hinweisschilder anschauen. Es gibt zwei Abteilungen. Die erste heißt »Man sieht sich«. Die zweite heißt »Mann sieht sich«. So ist dafür gesorgt, dass jeder seine paar Hundert Kilometer langen Fantasien an geeigneten Partnern ausleben kann.

Erdbeermund? Ist das Wort nicht in meinem literarischen Wortschatz registriert? Lautlos, um Markus nicht zu wecken, steige ich in die Kabine zurück und google auf dem Handy. Siehe da: Da erscheint die verliebte Ballade des deutschen Expressionisten Paul Zech für ein Mädchen namens Yssabeau.

Ich bin so wild nach deinem Erdbeermund,
ich schrie mir schon die Lungen wund
nach deinem weißen Leib, du Weib.
Im Klee, da hat der Mai ein Bett gemacht,
da blüht ein süßer Zeitvertreib
mit deinem Leib die lange Nacht.
Da will ich sein im tiefen Tal.
Dein Nachtgebet und auch dein Sterngemahl.

Im tiefen Erdbeertal, im schwarzen Haar,
da schlief ich manches Sommerjahr
bei dir und schlief doch nie zu viel.
Ich habe jetzt ein rotes Tier im Blut,
das macht mir wieder frohen Mut.
Komm her, ich weiß ein schönes Spiel
im dunklen Tal, im Muschelgrund...
Ich bin so wild nach deinem Erdbeermund!

Im Wintertal, im schwarzen Erdbeerkraut,
da hat der Schnee sein Nest gebaut
und fragt nicht, wo die Liebe sei.
Ich habe doch das rote Tier so tief
erfahren, als ich bei dir schlief.
Wär nur der Winter erst vorbei
und wieder grün der Wiesengrund!
... ich bin so wild nach deinem Erdbeermund!

Über Zech hinaus präsentiert Google eine Reihe von Pop- und Rockvertonungen des Textes – und das Neonrot des Logos erscheint mir grell und ausgewaschen zugleich.

Bereits früh am nächsten Morgen sind wir wieder auf der Strecke, um unser Orangensaftkonzentrat abzuladen. Wir finden den Umfüllstutzen an der abgelegensten Seite des weiten, stacheldrahtumzäunten Geländes. Nordseite, uneinsehbar von den repräsentativeren Büros aus. Das Auto verschwindet in der Düsternis, und so, wie die Flüssigkeit aus unserem Tank schießt, hat es etwas von einem Straßenjungen, der sein Wasser im nächsten heimlichen Winkel abschlägt.

Nach dem Abladen fahren wir zur Tankreinigung und mieten einen VW Golf für die Fahrt nach Hause, zu Katharinas Freitagabendfondue. Mit dem VW Golf unterwegs zu sein, kommt mir vor, wie nach dem Schleppen eines Kartoffelsacks die Hände vom Staub freizuklatschen. Die Arbeit ist getan, wir sind bereit für weitere Taten. Am Montag wird es weitergehen. Es geht immer weiter, zum nächsten Wiegen, zur nächsten Tankreinigung, wieder zum Laden, weiß der Teufel wohin zum Abladen.

Markus scheint immer bereit. Immer irgendwie rastlos, aber selten gehetzt. Seine Pläne sind immer gemacht, die Batterie immer geladen, die Maschine immer mit 460 PS unterwegs.

Lieber Markus, vor was fährst du davon? Wie weit suchst du dein Glück? Es liegt auf der Straße, Meile für Meile. Sammle es ein. Noch mal so weit fahren, und du bist Kilometermillionär. Ich habe Antwort auf Fragen erwartet, auf die ich auch für mein Leben bis heute keine Antworten fand. Erst eben wird mir klar, mit was du dir Respekt verdienst und wie weit du mir und so vielen anderen voraus bist. Ein Mann geht seinen Weg. Es ist dein Weg. Gerade weil dieser Weg so unnachvollziehbar anders verläuft, ist es dein Weg. Unverrückbar gradlinig, zuverlässig, pünktlich.

Angesichts unserer Tagesziele haben wir nie darüber geredet, aber jetzt ist es Zeit. Dort, wo wir einen Knick in deiner Laufbahn vermuten, hast du deine Paradigmen nur auf die Probe gestellt. Du bist dir treu geblieben, von Kindsbeinen an. Mit der gleichen unermüdlichen Energie, mit der du Auto fährst und von Autos besessen bist, hast du deine zehntausend Herzen operiert. Die Griechen hatten für zehntausend den Begriff »Myriade«, der die unfassbare Stelle des Übergangs zwischen »sehr viele« und »unendlich« bezeichnet. Myriaden Meilen. Myriaden Herzen. Du hast operiert, als wären die Operationen nur eine Übung für das Leben auf dem wirklichen Weg. Hier wie dort bestimmen Routine, Sachzwänge und taktisch weite Voraussicht den Tag. Tausendundeinem Must-and-do-not ausgeliefert. Nur nichts falsch machen, immer alles so rasch und präzise wie möglich, ob nun die menschliche Natur oder die Natur des Verkehrs und Michis Regie bestimmen, was als Nächstes zu tun ist. Man könnte das Fremdbestimmung oder Zwanghaftigkeit nennen, wenn es nicht eine Freiheit gewährte, die nur jenen vergönnt ist, bei denen Pflichtgefühl und Neigung die gleiche Richtung einschlagen. Wer das schafft, scheint mir, hat im Leben sehr viel erreicht.

Das Nachwort

Mit dem Autor Markus Maeder habe ich zwei interessante und anregende Wochen auf Europas Straßen verbracht. Jeder Mitreisende – meistens habe ich Gäste dabei – sieht meine Arbeit aus seiner Perspektive, die naturgemäß nicht immer meiner eigenen Betrachtungsweise entspricht.

Nach dreißig Jahren wunderschöner Tätigkeit im medizinischen Sektor hatte ich das Privileg, eine neue, mir völlig unbekannte Welt kennen lernen zu dürfen: die Welt des internationalen Güterverkehrs, die Welt des Motors der Wirtschaft.

So bin ich aus der engen Perspektive des chirurgischen Subspezialisten in die große Welt des internationalen Warentransportes gelangt und habe mich sogleich unheilbar mit dem Virus des Truckens infiziert.

Ich genieße die wunderschönen Landschaften Mitteleuropas, die perfekte Infrastruktur für uns Fahrer in Frankreich und die Diskussionen mit Kollegen aus allen Nationen nach einem abendlichen Viergangmenü in einem Routiersrestaurant. Ich freue mich über schöne Übernachtungsplätze an der Maas im Herzen Rotterdams, am Rhein, am Bodensee, an der Aare oder am Baldeggersee und über das gute Image des Truckers in Holland und Frankreich.

Wenn ich unsere Schokoladenindustrie in der französischen Schweiz mit Kakaobutter aus Amsterdam bediene, ist für mich der Weg über Maastricht, Lüttich, die wunderbaren, mich immer wieder faszinierenden Ardennen, Luxemburg, Nancy, die Vogesen, Vesoul und Besançon das eigentliche Ziel. Und komme ich nach anschließendem langem Aufstieg auf die fantastische Hochebene von Pontarlier im französischen Jura, unweit der schweizerischen Grenze, ist das kaum noch zu überbieten – außer es erschallt gleichzeitig die Dritte von Beethoven ganz laut in Stereo!

Ich ärgere mich aber auch über das schlechte Image des Truckers in Deutschland und in der Schweiz und über die Isolation der Schweiz innerhalb Europas, die bei jedem Grenzübertritt am Zollamt offensichtlich ist. Ich schäme mich als Schweizer über die unsäglichen, in Europa einzigartigen Schikanen für alpenquerende Transitfahrer am Gotthard und am San Bernardino und kann über die zunehmende Gesetzes- und Kontrollflut für LKW-Fahrer nur staunen. Ich ärgere mich über die lächerlichen Statements unserer Verkehrspolitiker, welche die Verlagerung des Gütertransportes von der Straße auf die Schiene propagieren und dabei die ungenügenden Bahnkapazitäten, die dies in absehbarer Zukunft völlig illusorisch machen, tunlichst verschweigen.

Ohne jeden Zweifel jedoch überwiegt in meinem neuen Beruf das Schöne bei Weitem, und ich habe meinen Schritt keine Sekunde bereut. Ich danke meiner Familie, insbesondere meiner Frau Katharina, von Herzen dafür, dass sie mich bei meinem Spurwechsel vorbehaltlos unterstützte.

Markus Studer

www.markus-studer.ch

Die Traumfängerin

Isabel Stadnick
Wanna Waki
Mein Leben bei den Lakota
Mit einem Vorwort von
Federica de Cesco

248 Seiten, gebunden
mit Schutzumschlag
Mit Fotos von Pascal Mora
13,5 x 21,2 cm
ISBN: 978-3-03763-007-5
www.woerterseh.ch

Als Isabel Hartmann im Sommer 1989 nach Süd-Dakota reist, ahnt sie nicht, dass sie im dortigen Pine-Ridge-Indianerreservat das Land ihrer Träume und ihre große Liebe finden wird: Bob Stadnick, einen Lakota. Die 32-Jährige entschließt sich, für immer zu bleiben, und heiratet ihn. Schnell schlägt sie Wurzeln. Sie ist glücklich, wird akzeptiert und taucht in eine Welt ein, die schöner und grausamer nicht sein könnte. Acht Jahre später nimmt Isabel Stadnicks Schicksal eine tragische Wende. Bob stirbt. In ihrer Verzweiflung bricht sie ihre Zelte ab und reist mit den drei gemeinsamen Kindern in die Schweiz zurück. Aber das Heimweh lässt ihr und den Kindern keine Ruhe: »Wanna waki«, verspricht sie eines Tages und macht dieses Versprechen im Sommer 2008 wahr – sie kehrt zurück.

Schöner Parken

CARSTEN OTTE
GOODBYE AUTO
Ein Leben ohne Führerschein

GOLDMANN ORIGINAL

352 Seiten
ISBN 978-3-442-15556-9

Mobil ohne Auto –
Carsten Otte ist dem neuesten Trend auf der Spur

GOLDMANN

Überall, wo es Bücher gibt und unter www.goldmann-verlag.de